KAFFE FASSETT

FARBENFROHES PATCHWORK

von Daniel und Markus
Weihnachten 2004

KAFFE FASSETT

In Zusammenarbeit mit Liza Prior Lucy

FARBENFROHES PATCHWORK

MEINE WELT DER STOFFE

Fotos von Debbie Patterson

AUGUSTUS

Die Deutsche Bibliothek – CIP-Einheitsaufnahme
Ein Titeldatensatz für diese Publikation ist bei Der Deutschen Bibliothek erhältlich.

Die englische Originalausgabe erschien erstmals 2001 unter dem Titel
Passionate Patchwork
bei Ebury Press Limited, London

Übersetzung aus dem Englischen: Bernadette Mayr, Kempten;
Helene Weinold-Leipold, Aystetten
Lektorat der deutschen Ausgabe: Margit Bogner
Umschlaggrafik und Herstellung der deutschen Ausgabe: Karin Kristen
Layout: Polly Dawes
Fotos: Debbie Patterson, Jon Stewart
Grafiken: Ethan Danielson, Kate Simunek

Augustus Verlag München 2002

Satz: satz-studio gmbh, Bäumenheim
Druck und Bindung: Tien Wah Press, Singapore

ISBN 3-8043-0964-X

Printed in Singapore

Inhalt

Einleitung

„Was haben Sie denn als Nächstes vor?", werde ich oft nach meinen Diavorträgen gefragt. Das Publikum erlebt, wie ich mich für Stricken und Sticken, für Teppichknüpfen, Patchwork und Mosaik begeistere. Für mich bedeuten all diese Techniken dasselbe, nämlich ein Spiel mit Formen und Farben – deshalb kommt mir auch nie der Gedanke, ich wäre in allen Techniken nur ein Dilettant und ich würde nichts „richtig" machen. Der Wunsch jedoch, mich mit jeder dieser Techniken intensiver zu befassen, über-

OBEN UND RECHTS Ein neuer Hintergrund aus Blumendrucken fasst die alten Medaillons und Teile von Wedding-Ring-Streifen in unserem Quilt „Medaillon-Kreise" aufs Schönste zusammen. Jo-Jos verleihen dem Ganzen Struktur.

RECHTS UND UNTEN Die handgenähten antiken Blöcke in meinem Quilt „Großmutters Blumengarten" schmiegen sich wunderbar in meinen Stoff „Römisches Glas". Obwohl die Stoffe in den Medaillons recht gewöhnlich sind, gewinnen sie seltsamerweise in der größeren Komposition des Quilts an Reiz. (Zum Einarbeiten alter Blöcke in einen Quilt siehe Seite 149.) RECHTE SEITE Die altmodischen Blumenrabatten im Garten von Parham House in West Sussex spiegeln die feine Ausgewogenheit des Quilts wider.

fordert bisweilen meine Kräfte und meine Zeit.

Dieses Buch, das ich wieder mit meiner treuen Co-Autorin Liza erarbeitet habe, war daher für uns beide zutiefst befriedigend. Wir konnten Ideen ausbauen, auf die wir bei unserem ersten Patchwork-Buch gekommen waren. Zunächst verbrachten wir Tage mit dem Studium von Ausstellungskatalogen, um die Abbildungen alter Quilts zu betrachten. Patchwork-Enthusiasten dürfte nicht entgangen sein, dass ich in meinen Mustern stark auf die klassische Geometrie zurückgreife. Meine Logik lautet: Warum nach komplizierten, schwierig zu nähenden Kombinationen suchen, wenn einfache Quadrate, Rhomben und Dreiecke so unendlich faszinierend sind!

Die Arbeit mit Kreisen hat sich als etwas komplexer erwiesen. Sie führte zum ersten Mal das Wort „Applikation" in

meinen Patchwork-Wortschatz ein (siehe Seite 19 und 21). Aber man versicherte mir, Applizieren sei ganz einfach. Und wie viel Freude doch so ein Kreis bereitet!

An dieser Stelle möchte ich auch noch einmal daran erinnern, dass ich selbst nicht nähe. Liza arbeitet neben mir und schneidet die Stoffteile zu, die ich dann zu einem neuen Patchworkmuster auslege. Anschließend näht sie die Teile zusammen und bereitet alles zum Quilten vor. So teilen wir uns die manchmal mühevolle Aufgabe des Entwerfens: Wir arbeiten immer als Team, wir planen den Stoffeinkauf zusammen, wir gestalten neue Stoffmuster und Farbschemata für meine Kollektion an Patchworkstoffen und wir entscheiden gemeinsam über die Einfassung und die Farbe des Quiltgarns. Und bei Liza stimmen hinterher auch die Nähte!

Zum Entwerfen und Einkaufen komme ich immer für ein oder zwei Wochen zu ihr nach Pennsylvania. Wir verwandeln

Lizas Esszimmer in einen Arbeitsraum für unsere Entwürfe. Alle vier Wände bestehen aus riesigen, mit kamelfarbenem Flanell bezogenen Dämmplatten. Ich arrangiere meine Patchworkteile auf diesen Wänden und kann die Anordnung jederzeit verändern, weil die kleinen Baumwollflecken auf dem Flanell haften. Wenn Quilt und Umrandung genau so aussehen, wie ich es möchte, fotografieren wir das Ganze und nehmen die Stoffteile vorsichtig wieder ab, damit Liza sie nach meiner Abreise zusammennähen kann. Auf diese Weise erarbeiten wir etwa acht Ideen in einem Zug. Manche Entwürfe, die fertig nicht mehr überzeugend wirken, verwerfen wir später.

LINKS UND LINKE SEITE Die antiken Sterne im Quilt „String Stars" sind so auffallend, dass sie sich sogar gegen meinen „Perlen"-Stoff durchsetzen. Beim Randstreifen aus Wimpeln dient mein Stoff „Blaue und weiße Streifen" als Hintergrund; antike Wedding-Ring-Blöcke bilden die äußere Umrandung. UNTEN Diese uralte Patchwork-Oberseite erstand ich beim Internationalen Quilt-Festival in Houston.

Besonders spannend fand ich bei der Arbeit an diesem Buch das Einarbeiten alter Patchworkblöcke in neue Quilts. Liza und ich haben uns beim Internationalen Quilt-Festival von Houston durch unzählige Schachteln voll antiker, unvollendeter Modelle gewühlt. Zu diesem Markt kommen Händler aus aller Welt,

die meisten jedoch aus dem Mittelwesten und dem Süden der Vereinigten Staaten. Sie bringen alte Patchwork-Oberseiten oder auch nur Bündel von Blöcken mit, die einst Teil eines Quilts werden sollten. Doch vielleicht verstarb ihr Schöpfer, oder er widmete sich einer anderen Aufgabe. Ich kann Ihnen gar nicht sagen, wie anregend es ist, diese Blöcke zu übernehmen und darum herum einen neuen Quilt zu gestalten! Ich habe solche Blöcke in meinen Quilts „Medaillon-Kreise", „Großmutters Blumengarten" und „String Stars" verarbeitet (siehe Seite 7, 9 und 11). Es hat viel Spaß gemacht, die alten Quiltblöcke auf einem neuen, gemusterten Untergrund zu platzieren und Randstreifen für sie zu entwerfen. Diesen alten Blöcken wohnt eine so seltsame, ja geradezu naive Freiheit inne, dass ich direkt Lust bekommen habe, das Nähen doch einmal auszuprobieren!

Das Neue und Interessanteste war für mich die Auseinandersetzung mit der Applikationstechnik. Welch eine Freude,

OBEN UND RECHTS Hier ist eine tolle Patchwork-Idee für Stricker: in Kontrastfarben gestreifte Quadrate aus Baumwollgarn, die zusammengehäkelt werden. Die fertige Decke sprüht vor dem grünen Wohnwagen geradezu Funken. RECHTE SEITE Diese antike Patchwork-Oberseite kaufte ich einem Sammler in Kalifornien ab. Die Taschentuchecken-Blöcke sind aus lauter fröhlichen Drucken zusammengesetzt. Ich kann dieses Patchwork stundenlang betrachten und entdecke immer wieder neue Muster.

endlich die Kreise und Gefäßformen einsetzen zu können, die meinem Herzen immer besonders nahe standen! In meinem Buch „Glorious Colour" sehen Sie, dass ich von den Keramikarbeiten im *Victoria & Albert Museum* in London geradezu besessen bin und sie in meinen Stick- und Strick-Entwürfen regelmäßig verarbeite. Für „Interiors – Meine Welt des Wohnens" habe ich einen Schlaufenteppich und Keramikfliesen entworfen, die mit Gefäßen bedeckt sind. Sollten Ihnen je die Ideen ausgehen, besuchen Sie das Obergeschoss des *Victoria & Albert Museums,* wo Keramiken aus aller Herren Länder in einer einzigartigen Sammlung zu sehen sind!

Wie immer, wenn ich ein Buch veröffentliche, versuche ich mir vorzustellen, was Sie als Leser und Patchworker aus meinen Ideen machen werden. Zusammen mit Liza und meinem Assistenten Brandon Mably habe ich Workshops in aller Welt über die Rosy-Quilts aus meinem ersten Patchworkbuch abgehalten. Wie viele unterschiedliche Variationen dabei aus einem so einfachen Entwurf entstehen, versetzt mich immer wieder in Staunen. Wenn ich die Quilt-Läden in verschiedenen Ländern besuche, bin ich stets neugierig darauf, wie andere Menschen etwas ganz Persönliches und Eigenes aus meinen Stoffen und Ideen schaffen.

Jetzt kann ich es kaum erwarten zu sehen, wie Sie beispielsweise die applizierten Schalen (siehe Seite 15) umsetzen. Sie werden feststellen, dass ich meist eine Farbalternative für meine Entwürfe ausgearbeitet habe – bei den Garten-Quilts sogar vier Farbkombinationen (siehe Seite 27ff.). Das soll Sie ermutigen, weitere Variationen zu jeder Idee zu entwickeln. Nur zu, überraschen Sie mich! Ich weiß, dass Sie es können!

Rund herum

Für mein erstes Buch „Glorious Knitting“ entwarf ich ein Strickmuster namens „Persischer Mohn“, das bei den Lesern außerordentlich gut ankam. Es bestand ganz einfach aus versetzt angeordneten Reihen gestreifter Kreise mit kontrastfarbenem Mittelpunkt. In aller Welt entdeckte ich zahllose wundervolle Versionen dieses schlichten Kreisdesigns. Kreise spielen in allen Techniken, in denen ich arbeite, eine große Rolle. Seit langem will ich auch im Patchwork mit runden Formen spielen, aber das Applizieren erschien mir bisher immer zu kompliziert. Jetzt, da Liza und ich uns endlich an diese interessante Technik gewagt haben, fühle ich mich befreit, und die Ideen für kreisförmige Motive sprudeln nur so aus mir heraus.

RECHTS Durch die schlichte Form der Schalen und die heiteren Farbkreise auf dem Randstreifen passt der Wandbehang „Dunkle Reisschalen“ in ein modernes ebenso wie in ein traditionell möbliertes Haus. (Anleitung siehe Seite 72.)

Inmitten all der Spitzen und Ecken in unserer zeitgenössischen Architektur vermitteln Kreise eine wohltuende Menschlichkeit. Denken Sie daran, wie ein rundes Fenster oder eine Tür mit Bogen ein Gebäude mit strengen Kanten auflockert. Patchwork mit Rundungen – etwa die Wedding-Ring-Quilts mit ihren verschlungenen, gestreiften Kreisen – tun dasselbe. Als Inspiration diente mir auch der dynamische Einsatz von Kreisen in den traditionellen persischen Suzani-Stickereien. Riesige Sternmotive sieht man oft in Quilts, selten jedoch Kreise dieser Größe.

Dunkle Reisschalen

Schlichte Schalen haben für mich etwas zutiefst Befriedigendes. Ich habe ganze Regale voller Schalen zuhause und werde nicht müde, sie zu betrachten. Die Zusammenstellung von Schalen auf dem Wandbehang „Dunkle Reisschalen" (links unten und Seite 15) wurde durch ein Gemälde inspiriert, das ich in Seattle sah. Die Wiederholung der Schale mit ihrem hellen Inneren und der gemusterten Außenseite hat einen angenehmen Rhythmus. Alle Stoffe dieses Patchworks stammen aus meiner eigenen Quiltstoff-Kollektion (siehe Bezugsquellen auf Seite 159). Meine einfarbigen Baumwollstoffe in warmen, erdigen Farben liefern eine sehr lebendige Palette von fast tibetanischer Anmutung. Die handgearbeiteten Quiltstiche folgen einfach den Konturen der Schalenformen, der Schatten und der Blöcke.

Weil mich die Kombination von Blau und Weiß von Jahr zu Jahr immer mehr anspricht, entwarf ich eine zweite Version der „Dunklen Reisschalen". Die Schalen auf dem Wandbehang „Blauweiße Reisschalen" (rechts) sind aus zweien meiner

LINKS Die handgenähten Applikationen und das Umrissquilten verleihen dem Wandbehang „Dunkle Reisschalen" eine feine und elegante Struktur.
OBEN Die hübsche Form einfacher Schalen erscheint auch oft in meinen Stillleben. RECHTS Der Quilt „Blauweiße Reisschalen" zeigt weniger Schalen, aber diese dafür in einem Raster aus Gitterstreifen.

Druckstoffe „Pressed Roses" geschnitten. Sie können andere blauweiße Drucke aus Ihrer eigenen Restekiste verwenden, sollten aber darauf achten, dass sie frisch und einfach sind. Nur dann hat der Quilt diese ruhige Wirkung.

Während ich über andere Farbkombinationen für dieses Schalen-Patchwork nachdenke, fällt mir eine Porzellanplatte aus meiner Sammlung ein: Sie ist über und über mit Blüten in Pastelltönen bedeckt. Stellen Sie sich nur einmal den Reisschalen-Entwurf mit lauter reizenden Blumenmustern vor – in jedem Block ein anderes Muster! Oder probieren Sie für eine zartere Wirkung französische Toile-de-jouy-Drucke auf blassgrauem Hintergrund aus. Wenn Sie keine Lust haben, solche Mengen von Applikationen zu nähen, arbeiten Sie stattdessen einige Kissenhüllen, jede mit einer einzelnen Schale und mit Randstreifen aus farblich passenden Druckstoffen.

Pastell-Punkte

Tupfen und Punkte ziehen mein Designer-Auge seit jeher an. Vor einiger Zeit, als ich zu einer Signierstunde mit Liza in einem Quilt-Laden in Pennsylvania saß, blickte ich auf eine Wand voller Stoff-Reproduktionen aus den 1930er Jahren. Im Grunde war das nicht meine Art von

LINKS, OBEN UND RECHTS Eine Sammlung von reproduzierten Quiltstoffen aus den 1930er Jahren bildete die Grundlage für „Pastell-Punkte", im Bild rechts zusammen mit Keramikarbeiten von Rupert Spira. Aus der Nähe wirken die Drucke recht süßlich, doch sie ergeben einen überraschend raffinierten Quilt. (Anleitung siehe Seite 76.)

Stoffen, doch viele hatten das, was ich „Tupfen-Thema" nenne: Punkte, kleine, runde Blüten, kreisförmige Blätter und so weiter. Fast all diese Drucke waren überwiegend weiß und hatten niedliche Drucke in süßlichen, sanften und kreidigen Pastelltönen. Ihr nostalgischer Charme erinnerte an die Kleider- und Schürzenstoffe alter Damen. Meistens sieht man sie zu traditionellen Patchworkmustern wie „Pinwheel" oder zu Applikationen wie „Sunbonnet Sue" verarbeitet. Als die Signierstunde beendet war, hatte ich den Quilt „Pastell-Punkte" bereits im Kopf, und wir verließen den Laden mit einem Packen von etwa dreißig dieser Dreißiger-Jahre-Drucke sowie einem Stapel anderer, vorwiegend weißer Stoffe.

Weil ich die fröhliche Tupfenstimmung voll ausleben wollte, sonderte ich die weniger deutlich gepunkteten Druckstoffe aus. Außerdem fügte ich der Sammlung einen weißen Stoff mit winzigen Pünktchen hinzu, der aus der Entfernung grau wirkt. Daraus entstand das Feld in der Mitte des Quilts, auf dem bunte, applizierte Kreise verschiedener Größen treiben. Liza verwendete später einen Faden in einem anderen Pastellton für die Plattstich-Umrandung jedes einzelnen Kreises. Darauf folgt ein doppelter Rahmen aus Windrädern mit einer Reihe von „Snowball"-Blöcken dazwischen, die das Kreisthema wieder aufnehmen. Das ganze Modell wirkt so heiter wie ein Kindergeburtstag oder wie eine Hochzeit, bei der das Brautpaar gerade durch den Konfetti-Regen schreitet.

Liza war sich wegen der Stoffauswahl für „Pastell-Punkte" zunächst nicht ganz so sicher, doch das fertige Ergebnis gefiel ihr – und das ermutigte mich zu einer Farbvariante dieses Entwurfs. Der fertige Quilt „Byzantinische Punkte" erscheint sehr erdig, in üppigen Lehmtönen mit leuchtenden Einsprengseln in den Farben Türkis, Lapislazuli und Kobalt. Wenn man tiefer hineinblickt, tauchen weichere graubraune Töne und schmutzigeres Türkis auf. Außerdem erscheint ein blasses Goldgelb. Das Zentrum mit meinen „Roman-Glass"-Stoffen bildet mit den kleinen und kleinsten Tupfen eine besondere Augenweide.

Nachdem ich nun selbst zwei Farbvarianten des Punkte-Patchworks erarbeitet habe, kann ich es kaum erwarten zu sehen, was meinen Leserinnen und Lesern alles einfällt, denn dies ist ein Entwurf, der sich in viele Richtungen entwickeln

LINKE SEITE, LINKS UND UNTEN
„Byzantinische Punkte" wurde genauso gestaltet wie der Quilt „Pastell-Punkte" auf Seite 18/19, doch durch das veränderte Farbschema wirkt er viel üppiger und erdiger. Die dunklen Dreiecke in den Windrad-Blöcken sind unterschiedlich platziert, sodass sich die Räder in verschiedene Richtungen „drehen". Das verleiht dem Entwurf zusätzliche Dynamik.

lässt. Überwältigend könnte zum Beispiel ein sehr dunkler, ja sogar schwarzer Hintergrund wirken, der mit Kreisen in stark kontrastierenden Farben übersät ist.

Suzani-Quilt

Jack Francis, ein Fachmann für Textilien, der in den 1970er Jahren ein wundervolles Teppichgeschäft in Piccadilly, London, betrieb, machte mich mit den prächtigen gestickten Suzani-Wandbehängen bekannt. Wie die persischen Künstler dabei mit Kreisen unterschiedlicher Größen spielen, entzündete meine Fantasie und führte zu Strick-Ideen wie „Persischer Mohn" (siehe Seite 14).

Ich entdeckte fantastische gestickte Suzani-Kreise in unendlich vielen verschiedenen Größen und Variationen – oft ganz kleine rote auf cremefarbenem Stoff, umgeben von marineblauen, blattartigen Details. Dann wieder stolperte ich zufällig über eine Version mit riesigen kraftvollen Kreisen, die mich bis ins Innerste erregen. Wenngleich die Kreise gewöhnlich in leuchtendem Rot auf wollweißem Hintergrund gestickt sind, habe ich ein Farbschema mit Schwerpunkt Gold für meinen Suzani-Quilt ausgewählt. Es erinnert mich an die Tabletts aus getriebenem Messing, die meine Mutter sammelte, als ich ein Junge war. Mein Ziel war ein satt goldener Untergrund, aus dem die Orange- und Weinrottöne hervortreten sollten. Mein indianischer, breit gestreifter Stoff passt als Schrägstreifen-Einfassung gut zu den einfarbigen Kreisen; Sie können stattdessen aber auch jeden anderen mehrfarbigen Streifenstoff verwenden.

Der Suzani-Quilt ist eines der wenigen Modelle in diesem Buch, die ich tatsäch-

lich selbst in meinen primitiven Vorstichen von Hand gequiltet habe. Ich verwendete Sticktwist in kontrastierendem Gold, Rot und Dunkelrosa und arbeitete unregelmäßige, parallel verlaufende Wellenlinien über die applizierten Kreise und den Hintergrund sowie konzentrische Kreise in jedem „Snowball"-Block.

Der Suzani-Patchwork-Entwurf wirkt auch in anderen Farbstellungen sehr effektvoll: Schwarz und Rot stehen für Dramatik und Kontraste, Steinfarben passen zu einer zurückhaltenden, ruhigen Einrichtung. Jetzt würde ich für mein Leben gern die „Snowball"-Blöcke aus dem Randstreifen des Suzani-Quilts für ein flächendeckendes Muster verwenden. Es ist erstaunlich, wie die geraden Kanten

LINKE SEITE, LINKS UND OBEN Dieses Patchwork bekam den Titel Suzani-Quilt, weil antike persische Stickereien namens Suzani die Inspiration dafür lieferten (Anleitung siehe Seite 80). Der Quilt wurde in Parham House in West Sussex fotografiert. Bitte beachten Sie mein passend zum Patchwork gestricktes Kissen (ganz links).

des Quilts hier die starke und überzeugende Illusion einer Rundung erzeugen. Aus einiger Entfernung meint man, hier würden Kreise von anderen Kreisen eingerahmt.

Hutschachteln

Meine Begeisterung für alte Hutschachteln nahm ihren Anfang, als ich eine Sammlung davon im American Museum in Bath/England sah. Diese austapezierten Behälter in altertümlichen Farbtönen und mit kühnen Mustern brachten mich auf die Idee für einen Quilt. Der Trick bei diesem Entwurf bestand darin, so viele Stoffe wie möglich mit großformatigen Blüten auf hellem Hintergrund für die Hutschachteln und Deckel zu sammeln. Zusätzlich werden Streifen- und kleine Flächenmuster für den Rand der Deckel benötigt. Die „Tapeten" für die Hintergründe der kleinen Quadrate schließlich sollten möglichst dichte Druckstoffe nahezu ohne freie Flächen sein.

Stoffreste für die Hutschachteln zu sammeln war ein Riesenspaß. Die Stoffe für die Schachteln und die „Tapeten" haben wir aufgrund des Druckstils ausgewählt, wobei wir viele verschiedene Farben zuließen. Alle Stoffe sollten an die altertümlichen Tapeten erinnerten, die einst für das Beziehen von Hutschachteln verwendet wurden. Toile-de-Jouy-Drucke, Motive nach alten Stichen, üppige Blumenmuster, provenzalische Stoffe, Handdrucke, Leinenstrukturen – wir nahmen alles. Die Zwischenstreifen, die Böden unter den Hutschachteln und die äußeren Randstreifen wurden alle in sanftem Beige mit Akzenten in staubgrauen Farbtönen gearbeitet, sodass eine einheitliche Farbe die riesige Vielfalt an Schattierungen zusammenhält.

LINKE SEITE, OBEN UND LINKS Die Toile-Drucke für den äußeren Randstreifen des Hutschachtel-Quilts wurden in schwarzen Tee getaucht, um den Hintergründen einen sanften Eierschalen-Ton zu verleihen. Ein winziges Detail, das dieses Projekt zum Glühen bringt, ist der leuchtend violettrote Faden, mit dem die Hutschachteln aufgenäht sind.

Liza hatte einen großen Vorrat provenzalischer Stoffe, die sich hervorragend als dunkle „Tapeten“ eigneten. Bei diesem Projekt kam eine große Stoffsammlung zum Einsatz, die sich aus den Abschnitten und Resten längst vergangener Einrichtungsgeschäfte speiste.

Rechter Winkel

Seit ich denken kann, begeistert mich der Anblick schlichter Vierecke: Auf einem Regal gestapelte Schachteln, Ziegel auf einer Baustelle, aus Steinquadern zusammengesetzte Mauern oder Luftbilder von Feldern und Wiesen – all das erinnert daran, wie kraftvoll diese einfachste aller geometrischen Formen ist. Weil sich Quadrate leicht zusammennähen lassen, sind die Patchwork-Variationen auf Basis eines quadratischen Blocks kaum zu zählen. Der Strom an Ideen, die auf diesem einfachen Motiv aufbauen, scheint nie zu versiegen. Ich liebe es, in Büchern über alte Quilts zu blättern! Besonders niederländische und englische Quilts enthalten sehr schöne Blöcke aus quadratischen oder rechteckigen Teilen.

RECHTS Die Schachbrett-Blöcke auf dem Quilt „Zigeunergarten" stechen deutlich ins Auge, ohne den großformatigen Blumendruck „Flower Lattice" zu überschatten, der für die großen Quadrate verwendet wurde.
OBEN, BILD RECHTS UNTEN Eine Collage aus zerrissenen Zeitschriftenseiten schmückt die Tür eines Theaters in Durban, Südafrika.

Ein zeitgenössischer Quilt, der mir bei einer Ausstellung im Gedächtnis geblieben ist, bestand aus vielen kleinen, schiefen Quadraten, die von einem kontrastierenden Randstreifen aus Quadraten eingerahmt wurden. Nichts Besonderes eigentlich – und doch kamen die Leute immer wieder zu dieser faszinierenden Decke aus Quadraten zurück.

Zigeunergarten

Alte Chintz-Quilts wirken durch ganz einfache Arrangements von Patchwork-Blöcken bezaubernd und äußerst raffiniert. Mein „Zigeunergarten" geht auf diese Inspiration zurück. Ich begann den Entwurf mit großen Quadraten eines auffallenden, groß gemusterten Stoffes, der den Eindruck grüner Üppigkeit erweckt. Die frischen Schachbrett-Blöcke aus 16 Quadraten treten aus dem dichten Blätter- und Blütendruck nach vorn.

OBEN Der Quilt „Zigeunergarten" und seine Farbvarianten wurden nur aus quadratischen Teilen zusammengesetzt (Anleitung siehe Seite 86). RECHTE SEITE Die Version „Frühlingsgarten" habe ich aus meinen zahlreichen eigenen Blätterdrucken gearbeitet.

Beim Betiteln dieses Quilts dachte ich an jene flotten spanischen Zigeunerschals aus schwarzer Seide, die mit Blüten in leuchtenden Farben bestickt sind. Am meisten mag ich an diesem Modell den Stoff mit den aufgedruckten Blumensträußen aus dem Randstreifen: Davon hatte ich gerade noch genug, um den Quilt fertig zu stellen.

Die einfache Geometrie von „Zigeunergarten" begeisterte mich derart, dass ich drei weitere Versionen davon entwarf, wobei ich verschiedene Farbvarianten meines Stoffes „Flower Lattice" (engl.: Blumenspalier) verwendete: „Flower Lattice" ist ein großformatiger, flächiger Blütendruck mit einem deutlichen diagonalen Raster aus dichtem Blattwerk. Die Hälfte der Blöcke für die Garten-Quilts ist aus diesem Stoff zugeschnitten, daher entscheidet seine Farbe über Stimmung und Farbwirkung der benachbarten Schachbrett-Blöcke.

Dass die zarten Grüntöne des Patchworks „Frühlingsgarten" so anziehend wirken, ist kein Wunder. Der Frühling ist die Zeit des Aufbruchs, in der wir ehrfürchtig erkennen, dass die Welt sich jedes Jahr erneuert. Ich stelle mir vor, dass dieser Quilt vor einer orientalischen Tapete mit handgemalten Pflanzen auf zartblauem Grund fantastisch wirken müsste. Die frischen blassgrünen Töne könnten ein

Schlafzimmer in eine Orangerie verwandeln!

Mein „Nebelgarten" ist rund um das steingraue Farbschema des „Flower-Lattice"-Stoffs aufgebaut. Ich witzele oft, dass man sich mit der Farbe Grau arrangieren müsse, um in England leben zu können; in Wirklichkeit aber finde ich die Kombination verschiedener Grautöne ungeheuer spannend. Ihre Sanftheit strahlt eine solche Ruhe aus. Graue Steine am Strand in tausenderlei Schattierungen können mich für Stunden fesseln. Big Sur an der kalifornischen Küste ist voll von silbergrauen Holzhäuschen, die mich immer besonders anrühren, wenn ich dort die Stätten meiner Kindheit aufsuche. Sogar mein graues Haar fasziniert mich, wenn ich in den Spiegel blicke. Die warmen und kühlen Grautöne in „Nebelgarten" lassen mich auch an alte Spukhäuser denken.

Was aber lässt die Schattierungen von Gold in der Variante „Honiggarten" so wohltuend wirken? Vielleicht erinnern sie uns an glühende Sommerabende. Die Altrosa-, Goldocker- und Cremetöne des Quilts sind sehr warm, während das klare Grün als kühles Element das Gleichgewicht herstellt. Um die Stimmung dieses Farbschemas zu erzielen, müssen Sie sorgfältig darauf achten, es nicht mit zu dunklen oder grell leuchtenden Tönen zu durchbrechen.

Die Garten-Quiltserie liegt mir sehr am Herzen. Ich hoffe daher, dass diese vier Variationen Ihnen den Weg zu vielen individuellen Versionen zeigen.

LINKS Ein Hauch von Ocker und Rosa erwärmt das Farbschema des „Nebelgarten"-Patchworks. OBEN UND RECHTS „Honiggarten" mit seinen angenehmen Goldtönen.

Japanischer Brokat

Der Quilt „Japanischer Brokat" entstand, nachdem ich beim Internationalen Quilt-Festival in Houston über eine große Sammlung japanischer Brokatstoffe gestolpert bin. Sie waren zwar weit teurer als gewöhnliche Patchworkstoffe, doch Liza und ich mussten sie einfach haben! Jeder Stoff mit seinen großen Musterrapporten ist so zart und fein ausgearbeitet, dass mir gleich ein Quilt aus riesigen Einzelteilen vorschwebte – die Drucke sind einfach zu märchenhaft, um in kleine Stücke geschnitten zu werden.

Weil all diese japanischen Stoffe so gedämpft und dezent erscheinen, harmonieren sie so perfekt miteinander wie die Steine einer alten Mauer; keine der Blüten tritt übermäßig hervor. Viele der Blumenmuster sind auf Damast gedruckt, was die Gesamtwirkung zusätzlich steigert.

Der innere Randstreifen wurde aus einem Rosendruck auf verwaschen blauem Hintergrund geschnitten, der wie Gobelinweberei oder -stickerei aussieht. Nach Art chinesicher Kleider rahmten wir das Ganze mit einem gestreiften Rand aus allen Brokatstoffen und platzierten jeweils ein Quadrat aus meinem Designers-Guild-Stoff „Rosamundi" mit einer riesigen Blüte auf violettem Grund in der Mitte der Randstreifen. Die Zwischenstreifen in kühlem Blau liefern einen Kontrast zu den großen Quadraten in warmen Farben, doch insgesamt wirkt der Quilt wie in schwarzem Tee gefärbt. Ich bat darum, ihn dicht und wirbelig zu quilten, damit die Blumendrucke etwas zurücktreten. In einem kühlen, neutralen Raum mit Flächen in ausgeblichenem Holz müsste dieser Quilt seine perfekte Wirkung entfalten.

OBEN UND RECHTS Liza und ich kauften eine sehr teure Sammlung japanischer Brokatstoffe mit Rosendruck und wollten deren große Muster optimal zur Geltung bringen. Der Quilt „Japanischer Brokat" mit seinen einfachen Stoffquadraten, die von Zwischenstreifen eingerahmt werden, ist das Ergebnis (Anleitung siehe Seite 89).

Moody Blues

Es macht mir nichts aus, dass man am Titel des Quilts „Moody Blues“ merkt, wie alt ich bin: Diese Popgruppe gehörte zu meinen Lieblingsbands, als ich in den späten Sechzigern nach England kam. Für das Patchwork sammelte ich Stoffe mit dezenten Farbkontrasten. Der Gesamteffekt sollte ein blauer Fleck sein, aus dem schrille Akzente in Pink und Gold hervorstechen.

Vor Jahren, als ich zum ersten Mal nach London reiste, malte ich nur Stillleben Weiß in Weiß. An diese Zeit fühlte ich mich erinnert, als ich Stoffe für eine alternative Farbkombination von „Moody Blues“ zusammensuchte. Es war ganz schön knifflig, die richtigen Farben dafür zu finden. Immer wieder fügte ich Stoffe

OBEN UND RECHTS Die Quiltstiche bei „Moody Blues“ heben die diagonalen Bänder farbharmonischer Quadrate hervor. LINKS „Moody Whites“ ist eine helle Variante aus sehr zarten, monochromen Drucken in kreidigen Farbtönen.

hinzu, die sehr blass erschienen, bei Tageslicht aber plötzlich herausschrieen. Ich rate Ihnen, so viele Stoffe wie irgend möglich zu sammeln und dann die Töne herauszusuchen, die so nahe beieinander liegen, dass man sie kaum auseinander halten kann – und hell, hell, hell müssen sie sein. Oder Sie versuchen sich an einer Variante des „Moody Blues"-Quilts, indem Sie den Kontrast zwischen den einzelnen Blöcken verschärfen, ohne das tiefblaue Thema zu verlassen! (Anleitung auf Seite 92.)

Red Courthouse Steps

„Red Courthouse Steps" ist erst mein zweiter Versuch eines Log-Cabin-Patchworks – ein Muster, das mir in alten Quiltsammlungen oft ins Auge gestochen ist und das ein hervorragendes Medium für das tiefrote Thema darstellte, das mir vorschwebte. Wie viele andere Künstler wurde ich von Matisses Werk „Das rote Atelier" (1911) beeinflusst, das ich als junger Mann zum ersten Mal sah und nie vergessen konnte. Es zeigt einen wundervollen Raum, der ziegelrot gestrichen und in derselben warmen Farbe möbliert ist. Wenn man in einem Werk fast nur lebhafte Rottöne verwendet, entsteht eine enorme Energie. Dabei denke ich auch an die tiefroten Federgewänder der Ureinwohner auf den pazifischen Inseln, an südamerikanische Webarbeiten und an die roten Seidenkostüme der Peking-Oper.

Schon allein all diese satt roten Stoffe für „Red Courthouse Steps" einzukaufen, war aufregend, und als sie endlich zusammengenäht waren, übertraf das Ergebnis meine Erwartungen. Tiefes Weinrot hebt heiße Pink- und Blutorangetöne wunder-

LINKS, OBEN UND RECHTS „Red Courthouse Steps" war die erste von drei Versionen dieses Log-Cabin-Patchworks. Auf dem rechten Bild sehen Sie auch mein gestricktes „Courthouse"-Kissen. (Anleitung für den Quilt auf Seite 96.)

schön hervor, und die Einsprengsel von Grün und Gold in den Druckstoffen beleben die Palette. Machen Sie nicht denselben Fehler wie ich, einen Stoff mit zu viel Weiß einzubauen! Ich hatte einen fantastischen weißen Rosendruck mit einem Hintergrund in dunklem Bordeauxrot verwendet, fand aber dann, dass er aus dem fertigen Arrangement fürchterlich herausstach. Um dem abzuhelfen, übermalte ich die Bereiche mit den weißen Rosen in Pink, sodass sie sich ins allgemeine Farbschema einfügten. Mein eigener Stoff „Roman Glass" ergab eine harmonische Umrandung, und die chartreusegrünen Quadrate im Zentrum der Blöcke leuchten sanft.

Als ich die vielen Gelbtöne für „Yellow Courthouse Steps" sammmelte, fühlte ich mich, als würde ich gelbe Blumen auf einer Wiese pflücken! Ich versuchte, mich an Unis und sehr dichte Gelb-in-Gelb-Drucke zu halten. Zwar kommt im einen oder anderen Stoff etwas Blassblau, Rosa oder Creme vor, doch jeder Druck mit größeren Weißflächen wurde aussortiert – sie ließen das Ganze zu weich erscheinen. Ich verwendete dunkle Gold- und Zitronengelbtöne sowie helleres Primelgelb. Das Ergebnis sollte satt gelb wirken, deshalb versuchte ich, allen Stoffen zu widerstehen, die zu stark in Richtung Rosa oder Blau gingen und das Thema verwässert hätten. Sieht der Quilt nicht aus wie Zitronen, Bananen und Papayas in einer Obstschale?

Als die Stoffe zusammengetragen, in Streifen geschnitten und rund um Mittel-

LINKE SEITE Durch Stickereien wurden die grünen Mittelquadrate in „Yellow Courthouse Steps" abgeschwächt. LINKS UND UNTEN „Indigo Courthouse Steps" enthält japanische, indonesische und afrikanische Indigo-Drucke.

quadrate in Chartreusegrün genäht waren, schockierte es mich, wie dunkel und hart diese Zentren wirkten. Derselbe Grünton sah bei den beiden anderen „Courthouse-Steps"-Variationen ausgesprochen hell aus. Offenbar verwandelte das blendend helle Gelb das Chartreusegrün in ein dunkles, schmutziges Moosgrün. Meine Lösung war, dieses Grün als Zentrum Dutzender gestickter Gänseblümchen zu verwenden. Es machte mir einen Riesenspaß, mit den konzentrischen Farbringen bei jeder Blüte zu spielen. In der Blütenmitte blieb jeweils ein kleiner Kreis in Chartreusegrün sichtbar. Die Blumen habe ich alle in einfachen Spannstichen gestickt, die strahlenförmig vom Mittelpunkt jedes Gänseblümchens ausgingen. Ich verwendete etwas Seidenfaden und eine Menge von Strick- und Stickgarnen aus Baumwolle, alle in einer stark orientalischen Farbpalette: Die Garne in leuchtendem Rosa, Himmelblau und Apfelgrün stehen in schönem Kontrast zu den vielen Gelbschattierungen. Winzige Saatstiche in den grünen Blütenzentren und kleine Sternstiche in Orange runden den Quilt ab.

Wie stark sich doch der Quilt „Indigo Courthouse Steps" von seinem roten Vetter unterscheidet, obwohl die Blöcke das gleiche chartreusegrüne Mittelquadrat haben (siehe Seite 39)! Als ich durch Südafrika reiste, begeisterte mich die große Vielfalt an Indigo-Drucken. Sie sind allgegenwärtig in diesem überaus faszinierenden Land – eingeführt vermutlich durch die Niederländer. Immer wieder zerbrach ich mir den Kopf darüber, wie ich diese Stoffe effektvoll verwenden könnte. Diese Log-Cabin-Variante erschien mir auf einmal genau richtig. Wir fügten Teile aus Lizas eigener Sammlung japanischer, indonesischer und afrikanischer Indigo-Drucke hinzu und spielten mit der reizvollen Vielfalt solch einer begrenzten Palette. Große Muster erscheinen heller, winzige Tupfen und Karos hingegen wirken tiefblau. Man kann kaum glauben, dass hier nur Indigo vorkommt, weil so viele Schattierungen und Sättigungsgrade auftauchen. Und obwohl viele Muster einen intensiv dunkelblauen Hintergrund haben, ist der Quilt überraschend lebendig und hell.

Nona

Ein Jahr vor ihrem Tod schenkte mir meine Großmutter eine großartige asiatische Stickerei in satten Rosa-, Gelb- und Lindgrüntönen auf schwarzer Seide. Bevor ich mich richtig daran freuen konnte, wurde sie mir gestohlen, doch die Erinnerung daran hatte sich in mein Gedächtnis eingebrannt. Deshalb habe ich dreißig Jahre später den Versuch unternommen, sie in Patchwork neu zu schaffen. Der stärkste Eindruck der Stickerei war das Aufeinandertreffen von Sonnengelb und Bonbonrosa mit Lindgrün. Für meinen Quilt „Nona" verwendete ich diese star-

OBEN UND RECHTS Die blau und naturweiß gestreiften Stoffe bringen Ruhe in die Sonnengelb-, Bonbonrosa- und Lavendeltöne des Log-Cabin-Quilts „Nona" (Anleitung siehe Seite 99).

ken Farben und fügte Lavendeltöne von warmem, klarem Lila bis hin zu tieferen, kühleren Schattierungen hinzu.

Wenn Sie Stoffe für Ihre Version von „Nona“ aussuchen, sollten Sie die Palette hell und klar halten und nur einige gedeckte, dunklere Töne wie Graublau oder Weinrot dazunehmen. Die Gitter- und Randstreifen aus taubenblau und naturweiß gestreiftem Stoff, der an Matratzendrell erinnert, beruhigen die leuchtenden Pastelltöne und liefern den etwas altmodischen Eindruck, der mich so reizt. Jeder Block ist in rechtwinkligen Spiralen gequiltet, die vom Blockzentrum ausgehen. Auf Zwischen- und Randstreifen verlaufen jeweils vier freihändig gearbeitete parallele Quiltlinien.

Fensterblende „Quadrate“

In einem Buch über russische Interieurs entdeckte ich ein Patchwork-Top ohne Vlies und Rückseite, das mit fantastischer Wirkung als Lampenschirm eingesetzt war. Für eine zarte Fensterblende nach demselben Prinzip wählte ich Stoffe in ausgeblichenen Pastelltönen und Weißschattierungen. Um einen schachbrettartigen Effekt zu erzielen, setzte ich abwechselnd Blöcke mit blassen und solche mit hellen bis mittleren Farbtönen nebeneinander. Die Stoffe in der blasseren Gruppe erinnern an chinesisches Porzellan mit zartblauem Transfermuster und winzigen Blümchen. Für die anderen Blöcke verwendeten wir alle möglichen Schattierungen von Pastellfarben. Ein hellgraues oder blass pfirsichfarbenes Quadrat aus leichtem Baumwollstoff mit unversäuberten Kanten auf jedem Block läßt die einzelnen Blöcke aussehen wie reizvoll gerahmte Vierecke. Der Stoff hinter den leicht schiefen, einfarbigen Mittelquadraten wurde ausgeschnitten, sodass das Licht hindurchscheinen kann. Im Laufe der Zeit werden die offenen Kanten der Mittelquadrate durch den Gebrauch sachte ausfransen – ein Effekt, der durchaus beabsichtigt ist und zum zwanglosen Charme des Modells beiträgt.

LINKS UND OBEN Statt der Stoffe in ausgeblichenen Pastell- und Weißschattierungen wie hier könnten Sie bei Ihrer eigenen Fensterblende z.B. dramatische Effekte ganz in Rot erzielen. Oder wie wäre es mit vielen Rosatönen? In Kombination mit apfelgrünen Mittelquadraten fiele so sanftes, warmes Licht in den Raum.

Schön schräg

Nachdem wir nun gesehen haben, wie fantasievoll sich einfache Quadrate arrangieren lassen, erhalten wir durch das diagonale Teilen eines Quadrats wieder ein neues Element für das Patchwork: das Dreieck. Noch interessanter und „schräger" im besten Wortsinn ist allerdings der Rhombus. Schon gerade Reihen von Rhomben sind ein Blickfang, doch auch elegante „Tumbling Blocks" (engl.: Bauklötzchen) und strahlende Sterne gelingen mit dieser spitzen Form aufs Schönste. Dieses Kapitel ist voll von Dreiecken, Rhomben und Sternen und umfasst Modelle mit kraftvollen Windradblöcken bis hin zu Zickzackmustern. Mir wird ganz schwindlig, wenn ich sehe, wie umwerfend Sterne in alten Quilts eingesetzt wurden: In Randstreifen oder als

RECHTS Zu den Akzenten in Rost, Ocker, Moosgrün, Türkis und Kobaltblau im Farbschema des Quilts „Fonthill" wurde ich durch Henry Mercers Schloss in Doylestown, Pennsylvania, inspiriert. Die frei mit der Maschine gequilteten Nahtlinien mäßigen die energiegeladenen geometrischen Windräder (Anleitung siehe Seite 105).

wiederkehrende Elemente in Flächenmustern sind sie sehr eindrucksvoll, doch richtig überwältigend wirken Quilts mit einem gigantischen, den gesamten Raum füllenden Stern. Manchmal werden diese riesigen Einzelsterne aus vielen kleineren Rhomben zusammengesetzt oder in Streifentechnik aus Resten genäht (siehe Seite 10).

Fonthill

Für mein erstes Buch über Patchwork wurden einige meiner Quilts in einem zauberhaften Museum fotografiert: Fonthill. Liza brachte mich zuerst dorthin. Das exzentrische Schloss voller Kunsthandwerk wurde von Henry Mercer in Doylestown, Pennsylvania, erbaut. Das Gebäude, eines der ersten aus Beton-Fertigteilen, ist angefüllt mit Mercers eindrucksvoller Sammlung alter Fliesen. Es hat die Ausstrahlung einer Sandwüste, in die Juwelen eingebettet sind! Ich war von der Schönheit dieser äußerst originellen Räume bezaubert, aber auch verblüfft darüber, dass es kaum Textilien gab, die zu der erdigen Palette der Fliesen passten. Das ließ mich einen Patchwork-Quilt ersinnen, der die Räume widerspiegeln sollte: byzantinische Gewölbe, von glänzenden Fliesen bedeckt, die wunderbar mit den Steinen und dem Beton des Gebäudes harmonieren. Der Quilt „Fonthill" mit

OBEN LINKS Der Farbkontrast der Stoffe ist an manchen Stellen des Quilts „Fonthill" so raffiniert, dass die Windräder sich wirklich zu drehen scheinen. LINKS, OBEN UND RECHTS „Haiti-Fonthill" ist im selben Muster, jedoch in einer völlig anderen Farbstellung gearbeitet.

seinen Akzenten in Rost, Ocker, Moosgrün, Türkis und Kobaltblau greift meine Erinnerungen an Mercers Schloss auf.

Liza sammelt mit Leidenschaft naive Gemälde aus Haiti, und ich mag die kräftigen Pastelltöne einiger dieser detailliert ausgearbeiteten Landschaften. Viele sind reine Fantasiedarstellungen voll apfelgrüner Hügel und rosafarbener Bäume unter türkis leuchtendem Himmel. So suchte ich alle leuchtenden Magenta-, Himmelblau-, Apfelgrün- und Türkistöne zusammen, die ich finden konnte und erarbeitete daraus eine völlig andere Version des moosigen „Fonthill"-Quilts, die ich „Haiti-Fonthill" nannte (siehe Seite 47). Statt mit den dunklen Fliesenfarben des Originals spielte ich hier mit den blendenden Pastelltönen eines haitianischen Farbschemas. Ich denke, es ist eine ansehnliche Tagesdecke mit einem Schuss Optimismus herausgekommen – etwa wie ein großes Tablett voller zerbrochener Tafelkreiden. „Haiti-Fonthill" könnte eine kühle Überraschung in einem zartgelb oder rosa gehaltenen Raum darstellen. Ambitionierte Patchworkerinnen können die breiten Streifen aus meinem Blütenstoff „Gazania" gegen einen anderen Stoff austauschen und allein dadurch die gesamte Stimmung verändern. (Anleitung zu „Haiti-Fonthill" siehe Seite 109.)

Hochzeitsquilt

Ich weiß nicht, wie's Ihnen geht, aber ich bin jedesmal tief bewegt beim Anblick alter, eingerissener Wände, auf denen hie und da noch Reste früherer Tapeten kleben. Mit diesem Bild im Kopf begann ich meinen von Sternen übersäten „Hochzeitsquilt". Ich trug die hellsten Druckstoffe zusammen, die ich bekommen konnte. Sie wirkten alle nahezu weiß, doch als sie zusammengenäht waren, staunte ich, wie verändert plötzlich einige von ihnen aussahen. In diesem Sortiment

OBEN UND RECHTE SEITE Der „Hochzeitsquilt" schwelgt in sanften, ausgeblichenen Tönen. Die Patches wurden aus einem Sortiment an Druckstoffen mit Blüten- und Streifenmustern geschnitten (Anleitung siehe Seite 110).

finden sich keine wirklich leuchtenden Stoffe – stattdessen aber Unis, verwaschene Toile-Drucke, Streifen, stark gedämpfte altmodische Blumenmuster und einige Karos. Das Patchwork sieht aus, als wäre es über Jahrzehnte hinweg gewaschen und im Sonnenlicht gebleicht worden. Insgesamt wirkt der Quilt süß wie Konfekt und erinnert mich deutlich an jene oben erwähnten Tapetenreste.

Das Muster ist eine Kombination aus Stern- und Windrad-Blöcken, die von einer Zickzack-Bordüre eingefasst werden. All die spitzen Formen verleihen der

Geometrie eine erstaunliche Bewegung, die in einem reizvollen Kontrast zu der gedämpften Farbpalette steht. Das gesamte Patchwork ist in zarten, mit der Maschine gearbeiteten Blütenformen gequiltet, das sich den vorherrschenden Blumenmustern gut anpasst.

Ganz anders würde der „Hochzeitsquilt" mit klareren Kontrasten wirken, etwa in Anthrazitgrau, kombiniert mit Drucken in tiefen Pastelltönen. Probieren Sie's doch selber aus – aber vermutlich komme ich Ihnen dabei zuvor!

Delfter Körbchen

Jahrelang habe ich Bücher über antike Quilts durchgeblättert und blieb plötzlich bei einem Muster hängen, das mir für einen Strick-Entwurf geeignet erschien: „Lady of the Lake" (engl.: Dame vom See; mystische Figur aus der Artus-Sage, gleichzeitig traditionelles Patchworkmuster; Anm. d. Übers.). Ich verwendete es in meiner Rowan-Strickkollektion für Sommer 1998, und es strickte sich traumhaft. Als ich das Material für dieses Buch vorbereitete, fiel mein Blick auf denselben alten Quilt in dem Buch, und so entstand diese Patchwork-Version „Delfter Körbchen".

In meiner Begeisterung für Blau und Weiß wollte ich ein neues Muster finden, das zu meinen „Pressed-Roses"-Druckstoffen passen sollte. Sie wurden zur oberen Hälfte der großen quadratischen Blöcke, die aus zwei Dreiecken zusammengesetzt und „auf Spitze" in den Hintergrund mit diagonalem Schachbrettmuster eingesetzt sind. Diese Blöcke sahen schließlich aus wie Körbe voller Rosen und führten zum Namen für diesen Entwurf. Die tief tintenblauen „Korb"-Stoffe wählte ich wegen ihrer Farbe und wegen ihrer Muster, die wie Korbgeflecht wir-

LINKS, OBEN UND RECHTS Das Farbschema für „Delfter Körbchen" entsprang meiner Leidenschaft für Blau und Weiß, die sich auch in meiner großen Sammlung an blauweißen Keramiken offenbart. (Anleitung zu „Delfter Körbchen" siehe Seite 113.)

ken. Der rustikale Charme der dunklen Körbe harmoniert gut mit der sanften Palette der blauweißen Quadrate rundherum. Insgesamt erinnert mich die Komposition an die Flickenjacken japanischer Bauern.

Beim Zusammenstellen der Farbvariante „Zitruskörbchen" muss mir herbstliches Moos in den Sinn gekommen sein. Alle Stoffe für diese Version stammen aus meiner eigenen Kollektion. Die dunklen Ocker- und Orangetöne aus meiner Serie „Shot Cottons" ergeben einen erdigen Hintergrund für die prächtigen indischen Webstreifenstoffe und die Gold- und Gelbschattierungen meiner Druckstoffe.

Ich liebe die Funken von Magenta, Orange und strahlendem Grün, die wie Edelsteine in diesem Arrangement warmer Farben leuchten!

Mit der Maschine gequiltete Wellenlinien (Stippling) halten das Schachbrettmuster des Hintergrunds bei beiden „Körbchen"-Versionen zusammen. Die Korb-Blöcke selbst schienen mir jedoch nach unterschiedlichen Lösungen zu verlangen. Die „Delfter Körbchen" wurden mit schrägen Linien gequiltet, während wir bei den „Zitruskörbchen" Blütenformen für die „Blumen" und parallele Linien für die gestreiften „Körbe" wählten.

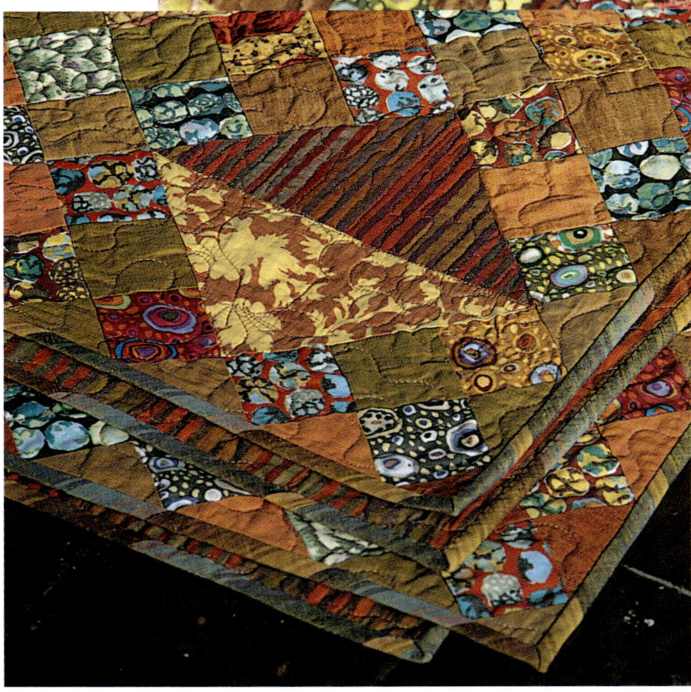

OBEN, LINKS UND RECHTE SEITE Die Patches für die Tagesdecke „Zitruskörbchen" wurden sämtlich aus meinen eigenen Quiltstoffen geschnitten (siehe Seite 159). Meine Stoffe spielen in vielen meiner Patchwork-Entwürfe eine untergeordnete Rolle: Sie liefern z.B. die Farbe, die noch fehlt, oder bilden den passenden Randstreifen oder die ideale Einfassung. Für einige wenige Quilts (wie diesen hier) jedoch bieten sie eine komplette Farbpalette.

Wimpel in Pink

Ab und zu wünsche ich mir ein ausgesprochen festliches Muster, das ein Zeichen des Optimismus in dieser ernsten Welt setzt. Die Japaner verwenden bisweilen eine unerhört leuchtende Palette an Pastellfarben, die mich so glücklich macht wie unschuldiges Kinderlachen. Sie erinnert an Geburtstagstorten oder blütengeschmückte Festwagen bei einer Parade. Ich verwendete diese Farbstimmung für meinen Quilt „Wimpel in Pink". Ausgangspunkt war dabei die rosagrundige Variante meines Druckstoffes „Roman Glass", die in den großen Dreiecken erscheint. Anschließend trug ich alle leuchtenden ein- und mehrfarbigen Drucke zusammen, die ich finden konnte.

Mein Ziel war, in den meisten der großen, aus Rhomben zusammengesetzten Wimpelformen ein Element in Rosa einzubauen, sodass sie mit dem Hintergrund verschwimmen. Besonders glücklich bin ich über die reizvollen Spritzer in Giftgrün und über die breiten rotweißen Streifen, die in so vielen verschiedenen Winkeln verlaufen. Ein paar Patches meines Stoffs „Pressed Roses" in Rot und in Gold fanden hier ebenfalls ein geeignetes Zuhause. Die hübschen Himmelblautöne tragen eine kühle Note bei. Diesen Quilt könnte man an jedem Festtag in den Hauseingang hängen!

Ich würde das Modell „Wimpel in Pink" gern auch in dunkleren, aber leuchtenden Farben sehen. Es müsste Spaß machen, eine andere Farbstellung meines Stoffes „Roman Glass" für die großen Hintergrund-Dreiecke auszuwählen, daraus die Farben für die Rhomben zu entnehmen und einen völlig anderen Wimpel-Quilt zu gestalten.

LINKS, OBEN UND RECHTS Die Strenge der geraden, parallelen Quiltlinien auf dem Patchwork „Wimpel in Pink" steht in interessantem Kontrast zur Heiterkeit des Quilts. Er ist wie gemacht für dieses Strandhäuschen. (Anleitung siehe Seite 116.)

RECHTS UND UNTEN Das fröhlich gemusterte Tischtuch „Windrad" ist hier mit meinem Mosaikgefäß abgebildet. RECHTE SEITE Die applizierten Gefäße auf dem Quilt „Ingwerkrüge" scheinen manchmal in den Vordergrund, dann wieder in den Hintergrund zu treten. (Anleitungen siehe Seite 119 und 121.)

Tischdecke „Windrad"

Was macht das einfache Patchworkmuster „Windrad" nur so reizvoll? Vielleicht ist es die Kindheitserinnerung an leuchtend bunte Windräder aus Papier und Plastik im Zirkus. Sie signalisieren geistige Leichtigkeit und verleihen jedem Quilt Bewegung. Beim Tischtuch „Windrad" scheint das ganze Patchwork zu tanzen.

Zum Farbschema wurde ich durch die wundervollen tibetanischen Patchworkarbeiten aus dunklen, leicht ausgeblichenen Brokatstoffen in Edelsteinfarben inspiriert. Meine einfarbigen Stoffe „Shot Cotton" liefern genau die erdige, gemäßigte Leuchtkraft, nach der ich suchte. Dazu verwendete ich vor allem Ton-in-Ton-Druckstoffe, die aus der Entfernung einfarbig erscheinen. Doch hie und da bricht ein deutlich erkennbarer Druck die Dreiecksstruktur auf und trägt zur komplexen Wirkung der schlichten Geometrie bei.

Wenn Sie die Wärme dieser besonders ausgewogenen Farben schätzen, sollten Sie darauf achten, keine zu grell leuchtenden Töne auszuwählen. Die Farben sind so zusammengestellt, dass jedes Windrad aus zwei ziemlich stark kontrastierenden Stoffen besteht. Doch in einigen Windrädern ist ein „falscher" Stoff eingebaut, sodass ein Flügel sich von den drei anderen unterscheidet. Dadurch wird das Patchworkmuster nicht ganz so vorhersehbar und bekommt eine verschmitzte Note.

Ingwerkrüge

Wer meine früheren Bücher kennt, wird meine Begeisterung für orientalische Gefäße bemerkt haben. Die Art, wie Inder, Chinesen, Indonesier und Japaner Gefäßformen in Architektur und Textildesign verwenden, berauscht mich.

Als ich ein wundervolles, in Rosa gehaltenes Esszimmer in einem großen englischen Landhaus besichtigte, schoss mir die Idee für diesen Quilt „Ingwerkrüge" durch den Kopf. Die gesamte

Farbstimmung ist rosa und rot. Mein Druckstoff „Pressed Roses", den ich für die geblümten Gefäße verwendet habe, ähnelt in meinen Augen stark den detailreichen orientalischen Krügen. Der Hintergrund besteht aus sanften, kühlen Rosatönen, kontrastierendem Braun und tiefem Magenta. Die Randstreifen fügen einen Schuss frisches Wasserblau und sattes, klares Magenta mit lebhaftem Moos- und Apfelgrün hinzu. Zusammen mit der dunkleren Variante des „Pressed-Roses"-Stoffes im äußeren Randstreifen wirken diese Töne geradezu chinesisch.

Eine ausdrucksvolle Idee wie diese bietet sich für viele Farbstimmungen an, und ich freue mich darauf, weiter damit zu spielen und zu sehen, was Ihnen dazu einfällt. Ein Vorschlag als Anregung: Für einen interessanten Frühlingsquilt könnten Sie verrückte Blumendrucke in einer Orgie aus Pastellfarben kombinieren und den Zickzack-Hintergrund aus Apfelgrün mit blassem Pfirsich und Naturweiß als Kontrast gestalten. Sie könnten aber auch die Gefäße ganz und gar vergessen – ich denke, einfache Zickzacklinien in kontrastierenden Farben ergäben einen wunderschönen, sehr grafischen Quilt.

Streifen satt

Ich kenne keine Kultur oder Epoche, in der Streifen nicht eine große Rolle gespielt hätten. Japanische Kabuki-Vorhänge mit ihren breiten Bändern in reichen Farben, gestreiftes Geschirr, die Webstreifen skandinavischer Trachten und gehäkelte Streifen an afrikanischen Tanzgewändern sind nur einige der Assoziationen, die mir durch den Kopf gehen. Dann sind da noch abgemähte Felder, Kieswege, die britische Flagge, aufgemalt auf das Gesicht eines Fußballfans – die Liste ist endlos und äußerst kontrastreich. Gestreifte Randstreifen und Einfassungen waren schon immer ein Element meiner Quilts, doch für dieses Kapitel habe ich eine Reihe von Quilts entworfen, die ausschließlich aus Streifen bestehen.

RECHTS Die dynamischen Streifenstoffe in meinem Quilt „Taschentuch-Ecken" stammen aus einer Serie, die ich auf Wunsch der internationalen Hilfsorganisation Oxfam für ein indisches Weberdorf entworfen habe. Seitdem wurden sie von Patchworkern in aller Welt verwendet. (Anleitung siehe Seite 124.)

Ich kann es kaum erwarten, Ihre Variationen zu sehen!

Die Palette meiner Version greift auf meine Kollektion handgewebter Streifenstoffe aus Indien zurück. Ich habe das ganze Spektrum außer den blassesten Pastellfarben verwendet. Die Gesamtwirkung ist glühend, erdig, herbstlich getönt, mit Einsprengseln von leuchtendem Magenta, Türkis, Lavendel und Blau. Die Quadrate sind traditionelle „Attic-Window"-Blöcke. Wir wollten eigentlich alle Blöcke in derselben Größe nähen, doch beim Besuch in Lizas Atelier fand ich die Reste, die von den größeren Blöcken abgeschnitten worden waren, so reizvoll, dass ich sie bat, das Mittelfeld des Quilts daraus zu gestalten.

OBEN UND RECHTS Der Quilt „Taschentuch-Ecken" wirkt schon völlig anders, wenn Sie nur die Farbe der kleinen Quadrate in den großen Blöcken verändern. RECHTE SEITE Das Tischtuch „Optische Quadrate" eignet sich ausgezeichnet, um Reste von Streifenstoffen zu verarbeiten (Anleitung siehe Seite 128).

Taschentuch-Ecken

Das geometrische Muster „Taschentuch-Ecken" entdeckte ich an einem amerikanischen Schlaufenteppich zum ersten Mal, doch seitdem begegne ich ihm überall: auf Fliesen, in Mosaiken und in Dutzenden von Strickmodellen – ganz besonders in den wundervollen Arbeiten des deutschen Designers Horst Schulz, der auf diesen „Topflappen", wie er sie nennt, seine ganze Karriere aufgebaut hat. Es ist eines jener Muster, die großartig wirken und dabei doch fantastisch einfach sind. Dieser Quilt ist ganz sicher etwas für die „Farbspieler" dieser Welt.

Durch das Quilten werden die Diagonalen betont, und die Blöcke verwandeln sich in Pfauenfedern!

Das Schöne an meiner Kollektion mehrfarbiger Streifenstoffe ist, dass die Patches ganz unterschiedlich werden, je nachdem, welchen Teil des Stoffes Sie verwenden. Wenn Sie diesen Quilt eher mit einem Stich ins Rote oder Blaue arbeiten möchten, brauchen Sie nur die indischen Stoffe entsprechend zuzuschneiden.

Tischdecke „Optische Quadrate"

Nachdem ich mir das Kissen „Optische Quadrate" (siehe Seite 66) ausgedacht hatte, drängte es mich, mit diesem einfachen und doch komplex wirkenden Muster weiter zu experimentieren. Ich legte meine indischen Streifenstoffe zusammen, sodass alle möglichen Kombinationen innerhalb desselben quadratischen Formats entstanden. Und sehen Sie, welch ein prächtiges Tischtuch „Optische Quadrate" geworden ist! Man stelle es sich nur auf einem Weihnachtstisch zusammen mit Schalen voller Granatäpfel, Orangen und Pflaumen und mit tiefroten Kerzen vor! Weil die gestreiften Dreiecke, aus denen jeder Block besteht, nicht immer

RECHTS UND RECHTE SEITE Für unseren Quilt „Hemdenstreifen-Karos" kauften wir neue Hemdenstoffe, doch es würde auch Spaß machen, ihn aus wirklichen, getragenen Hemden zu nähen (Anleitung siehe Seite 130). UNTEN Dieses Kissen ist eine neue Farbvariante eines Modells aus meinem ersten Patchwork-Buch. Seine Streifenquadrate entstehen durch Nähen, nicht durch bereits gestreifte Stoffe.

Hemdenstreifen-Karos

Als ich in den 1960er-Jahren nach England kam, staunte ich über die enorme Vielfalt an Stoffen für Herrenhemden in den Schaufenstern von Herrenschneidern. Die meisten Stoffe, die wir für den Quilt „Hemdenstreifen-Karos" verwendeten, stammen aus einem kleinen Laden nahe der Berwick Street in London. Es war ein fröhliches Einkaufen, inmitten all der Ballen hinreißender Baumwollstoffe mit breiten und schmalen Streifen. Obwohl nicht alle Stoffe in diesem Quilt blau und weiß sind – auch Rot und Grau kommen vor –, wirkt er doch insgesamt blauweiß. Die begrenzte Palette hebt die verspielten Variationen der Blockgrößen hervor. Dass das Patchwork in den diagonalen Nähten gequiltet ist, mildert die Strenge der quadratischen Teile, besonders, wenn die Diagonalen über mehrere Blöcke hinwegführen.

dieselben sein müssen, können Sie für dieses Projekt alle gestreiften Reste aufbrauchen, die von anderen Arbeiten übrig geblieben sind. Wir wählten Reste meiner Streifenstoffe aus, wobei wir Lila und Pflaumenblau zum dominierenden Farbthema bestimmten. Sie können gar nichts falsch machen: Druck- oder Webstreifen, kleine, mittlere oder großformatige Streifenmuster – alles passt. Die Streifen der vier Dreiecke in jedem Block sollen gar nicht zusammentreffen, und deshalb ist der Quilt auch so einfach zu nähen.

Wie Sie an dem aus Stoffstreifen zusammengesetzten Kissen auf Seite 62 sehen, lässt sich die Idee der konzentrischen Quadrate auf viele Farbstimmungen übertragen. In größerem Maßstab, z.B. aus Möbelstoffen gearbeitet, ergäbe es sicher fantastische Vorhänge oder Tagesdecken.

UNTEN UND RECHTS „Stars and Stripes" ist nicht ganz einfach zu nähen, denn es sind einige Y-Nähte zu bewältigen. Doch das eindrucksvolle Ergebnis lohnt die Arbeit (Anleitung siehe Seite 132).

Stars and Stripes

Manche Amerikaner packt von Zeit zu Zeit der Übermut. Die breiten Streifen und Karos, die beim Quilt „Stars and Stripes" aus dem nostalgisch gemusterten Hintergrundstoff geradezu herausplatzen, sind dafür ein schönes Beispiel. Zum Glück mildert das paisley-artige Muster des altmodischen, neu aufgelegten Blumendrucks die ungestümen Sterne ein wenig. Als ich dieses Modell zum ersten Mal stolz in Deutschland zeigte, schrie ein Zuschauer: „Mein Gott, wie scheußlich!" Es ist auf jeden Fall ein Muster, das niemanden kalt läßt!

Die Patchwork-Idee stammt vom Top eines alten „Texas-Star"-Quilts, das ich auf dem Internationalen Quilt-Festival in Houston fand. Ich habe noch eine andere, eher kaleidoskopartige Version mit meinen Baumwolldrucken „Chard" und meinem grauen „Roman-Glass"-Stoff gearbeitet. Probieren Sie doch Ihre eigene Variation dieser kühnen Geometrie aus! Mein Vorschlag wäre ein Quilt mit einfarbigen Sternen aus meinen „Shot Cotton"-Stoffen auf einem Hintergrund meines „Damask"-Druckes – das könnte ausgesprochen intensiv wirken.

Bei „Stars and Stripes" habe ich meine ersten Versuche im Handquilten gewagt. Inspiriert durch die primitiven, großen Stiche auf indischen Quilts, verwendete ich Baumwoll-Strickgarne in Kontrastfarben, damit die Stiche auch wirklich auffallen. Ich nahm Rottöne für die blauen und Blautöne für die weinroten Sterne und arbeitete mich vom Mittelpunkt jedes Sterns in Spiralen nach außen zu den Zacken.

Kissen „Optische Quadrate“

Dreiecke aus guatemaltekischen Webstoffen, weihnachtliche Streifendrucke und viele andere poppige, leuchtende Stoffe – das Mischen all dieser Elemente für das Kissen „Leuchtende optische Quadrate“ war wie das Gestalten von Collagen aus Geschenkpapier. Wenn Sie das Kissen mit derselben Wirkung nacharbeiten wollen, sollten Sie sich an starke Kontraste in grellen Edelsteintönen halten und nur hie und da Naturweiß als zusätzlichen Akzent einfügen. Funkelndes Türkisblau eignet sich großartig, um die Purpur- und Grüntöne zu entfachen. Ein zusätzlicher Effekt ist das tiefe Knallorange.

Für meine Farbvariante „Pastellfarbene optische Quadrate“ wählte ich Stoffe, die

LINKE SEITE Die Streifen treffen beim Kissen „Leuchtende optische Quadrate“ (oben) und bei der Variante in Pastellfarben (unten) bewusst nicht aufeinander, denn das wirkt verführerisch frisch und dynamisch. LINKS Aus wild gemusterten Druckstoffen entsteht beim Turban-Hocker ein klares Streifenmuster. (Anleitungen siehe Seite 135 und 136.)

durch den Miami-Stil der 1950er-Jahre inspiriert waren, schnitt sie in lauter gleich große Dreiecke und spielte einen Nachmittag lang damit herum. Die meisten verwendeten Stoffe sind in kreidigen Rosa- und Hellblautönen gestreift.

Turban-Hocker

Hat dieser Turban-Hocker nicht geradezu darauf gewartet, zum Leben erweckt zu werden? Wenn Sie erst einmal anfangen, mit Stoffstreifen zu experimentieren, finden Sie bald kein Ende mehr, und das Zusammenstellen prächtig gemusterter Bänder zu einer runden Form ist eine besonders witzige Idee. Die Inspiration dafür stammt aus einem wundervollen Laden in New York namens MacKenzie Childs, in dem alles aufs Hübscheste mit Mustern und Farben übersät ist. Wenn ich mich recht erinnere, gab es dort einen ähnlichen Hocker aus karierten Streifen.

Die Palette meines Hockers passt zu dunklen orientalischen Tapeten oder zu dick gepolsterten, mit rotem Samt bezogenen Sesseln. Die Farben sind so arrangiert, dass einige Stoffe sanft ineinander übergehen, während andere sich stark von den benachbarten Stoffen unterscheiden. Als Faustregel gilt: Immer zwei oder drei Streifen nebeneinander platzieren, die gut zusammenpassen, und dann einen abrupten Wechsel einfügen.

Die Streifen aus kontrastierenden Stoffen liefern viele neue Anregungen: Sie könnten den Turban-Hocker in Pastelltönen oder in den Farben des Quilts „Red Courthouse Steps“ (Seite 37) arbeiten. Die strahlenförmig angeordneten Streifen würden ebenfalls prachtvoll bei Hemden, Westen oder einfachen Kissen aussehen.

Babyquilt „Wellblech“

Bei diesem Quilt versuchte ich, mit einfachsten Mitteln auszukommen. Das Ergebnis ließ mich an Wellblechplatten denken – daher der Name. In Australien und Neuseeland wird Wellblech für vielerlei verwendet; ein Künstler verkleidete sogar ein Auto mit rostigem Wellblech. Tolle Idee!

Die Dynamik, die entsteht, wenn mehrere verschiedene Streifen kombiniert werden, ist faszinierend. Ich erinnere mich daran, dass ich bei meinem ersten Besuch in England ganz geblendet war von den aufgestapelten Ballen mit gestreiften Hemdenstoffen in den bereits erwähnten Schneidereien. Die Umsetzung hat dreißig Jahre gedauert – aber hier ist ein Entwurf, der mir damals eingefallen ist. Obwohl er brandneu ist, wirkt dieser Quilt gebraucht und viel geliebt. Die Farben sind sanfte Blau- oder Graublautöne auf weißem oder beigem Hintergrund mit winzigen Akzenten in leuchtenden Farben. Diese bunten Patches sollen richtig herausstechen, je frischer und leuchtender, umso besser.

Arbeiten Sie den Quilt für das elegantere Baby in Braun-, Gold- und Grautönen – darauf sieht man die Flecken auch weniger. In den Farben des Kissens „Leuchtende optische Quadrate“ (Seite 66) käme die Idee sicher auch prächtig heraus.

OBEN UND RECHTE SEITE Für den Babyquilt „Wellblech“ wurden vor allem Hemdenstoffe verwendet. Die winzigen Stückchen in Akzentfarben zogen wir aus unserer inzwischen reich gefüllten Restekiste. (Anleitung auf Seite 138.)

ND
S
BE
D

Linke Seite, links und unten Blasse Töne wurden für diese Decke „Afrikanisches Gewebe" verwendet, um eine ruhige Pastellstimmung zu schaffen. Vorstellbar ist auch ein Patchwork aus tiefen erdigen Tönen, die einer echten afrikanischen Farbpalette näher kommen. (Anleitung siehe Seite 140.)

Afrikanisches Gewebe

Mein Freund Peter Adler, der Bücher über Kunst und Textilien sammelt und schreibt, machte mich als Erster auf die wundervolle Welt des afrikanischen Designs aufmerksam. Jetzt studiere ich Bücher über geometrische Textilmuster der Kuba und bin höchst erstaunt über die große Vielfalt an Formen, meist in strohfarbenem Ocker und Torfbraun. Meine Patchworkdecke „Afrikanisches Gewebe" ist eines der Produkte dieser meiner neuen Besessenheit.

Meine Idee war es, einen hellen, luftigen Quilt für einen modernen Raum zu schaffen. Als Basis verwendete ich meine Kollektion der „Ombré Stripe"-Stoffe, die an Matratzendrell und abgenutzte Geschirrtücher erinnern.

Die „Ombré Stripe"-Patches bilden ein helles „gewebtes" Raster, das dunklere Blöcke aus meinen unifarbenen „Shot Cottons" umschließt. Die gestreiften Quadrate, aus denen das „gewebte" Gitter besteht, wurden ohne Rücksicht auf die Streifen geschnitten und zusammengenäht, wie sie grade kamen. Dass die Streifen nicht übereinstimmen, verleiht dem Ganzen den wunderbaren Charme eines handgewebten Stoffes.

Patchwork-Anleitungen

Hier folgen die genauen Anleitungen und Grafiken für alle im ersten Buchteil beschriebenen Arbeiten.

Einige der größeren Quilts haben wir zusätzlich noch in anderen Farbstellungen genäht: Dafür sind dann zwar die jeweiligen Farben, aber keine separaten Anleitungen angegeben.

Vorlagen für die Schablonen finden Sie auf den Seiten 150 bis 157.

Lesen Sie bitte die jeweilige Anleitung ganz durch, bevor Sie mit einer Patchworkarbeit beginnen – dadurch bekommen Sie eine Vorstellung davon, welche Techniken und Nähkenntnisse Ihr Projekt erfordert. Patchworkmodelle mit Y-Nähten oder Applikationen sind für Anfänger nicht zu empfehlen. Alle Grundtechniken sind auf den Seiten 143 bis 149 erklärt. Wenn Sie also Einsteigerin sind, sollten Sie diese Anleitungen zuerst durchlesen.

Wandquilt „Dunkle Reisschalen“

Die folgende Anleitung bezieht sich auf den Wandquilt „Dunkle Reisschalen“. Der Quilt wurde komplett aus Kaffe-Fassett-Stoffen genäht. Wenn Sie andere Stoffe benutzen, wählen Sie bitte ähnlich warme, erdige Farbtöne. Erfahrene Patchworkerinnen, welche die Farbstellung des Quilts „Blauweiße Reisschalen“ nähen möchten, finden die entsprechende Beschreibung auf Seite 76.

QUILTGRÖSSE

Der fertige Wandquilt misst etwa 140 x 144 cm.
Beachten Sie bitte, dass die Maße bei den Abbildungen für die fertigen Teile gelten und die Nahtzugaben nicht einschließen.

Anmerkung: Die Blöcke in diesem Quilt bestehen aus zwei Rechtecken, die an ihren Längsseiten zusammengenäht wurden. Die Schale und ihr Schatten wurden zuerst auf jeden dieser Blöcke appliziert. Erst dann wurden die Blöcke zur Patchwork-Oberseite zusammengesetzt.

MATERIAL

Kaffe-Fassett-Stoffe, 100 % Baumwolle, 114 cm breit (siehe Bezugsquellen, S. 159):

- **Stoff A (Wand, Tisch, Schatten auf dem Tisch):** je 50 cm „Shot Cotton“ in Raspberry (SC08), Pomegranate (SC09), Tobacco (SC18) und Smoky (SC20) oder 4 vergleichbare unifarbene Stoffe in Himbeerrot, Granatapfelrot, Tabakbraun und Graublau; je 25 cm „Shot Cotton“ in Ginger (SC01), Cassis (SC02), Prune (SC03), Slate (SC04), Bittersweet (SC10), Chartreuse (SC12), Navy (SC13), Lavender (SC14), Pewter (SC22) und Charcoal (SC25) oder 10 vergleichbare unifarbene Stoffe in Ingwerbraun, dunklem Weinrot, dunklem Lila, Schiefergrau, Orangebraun, dunklem Gelbgrün, Marineblau, Lavendel, Gelbgrau und Schwarz
- **Stoff B (Applikation – Innenseite der Schale):** 70 cm „Shot Cotton“ in Duck Egg (SC26) oder ein vergleichbarer zartblauer Stoff
- **Stoff C (Applikation – Schatten in der Schale etc.):** 70 cm „Shot Cotton“ in Opal (SC05) oder ein vergleichbarer lavendelfarbener Stoff
- **Stoff D (Applikation – Schale):** jeweils 25 cm „Pressed Roses“ in 5 Farbstellungen (PR01, PR02, PR04, PR05 und PR06) oder 5 vergleichbare zweifarbig bedruckte Stoffe – je einer mit naturweißen Blüten auf grauem Grund, mit gelben Blüten auf ockerfarbenem Grund, mit lachsfarbenen Blüten auf pflaumenblauem Grund, mit weißen Blüten auf dunkelgrünem Grund und mit cremefarbenen Blüten auf korallenrotem Grund. Außerdem je 25 cm „Damast“ (GP02-J) oder ein vergleichbarer mittelgroß bedruckter Stoff mit roten Rosen auf olivgrünem Grund mit weißen Punkten, sowie „Forget me not Rose“ (GP08-J) oder ein vergleichbarer mittelgroß bedruckter Stoff mit roten Rosen auf ockerfarbenem Grund
- **Stoff E (Randstreifen etc.):** 1,60 m „Shot Cotton“ in Persimmon (SC07) oder ein vergleichbarer Unistoff in Orangerot
- **Rückseitenstoff:** 3,20 m
- **Einfassung:** 70 cm „Narrow Stripe“ (NS17) oder ein vergleichbarer Streifenstoff in dunklen Magenta- und Rottönen
- **Dünnes Baumwollvlies:** 160 x 165 cm
- **Farbe des Quiltgarns:** graustichiges Lavendelblau
- **Schablonen und Applikationsvorlagen:** Arbeiten Sie mit den Schablonen PP, QQ und RR und den Applikationsvorlagen von Seite 150 und 154. Vergrößern Sie die Vorlagen, wie angegeben.

APPLIKATIONSSCHABLONEN HERSTELLEN

Übertragen Sie jede der fünf Applikationsformen einzeln auf ein Stück Papier

und fügen Sie um jeden Umriss 6 mm Nahtzugabe hinzu. Schneiden Sie die Papiervorlagen aus. Wenn Sie lieber mit festen Schablonen arbeiten, kleben Sie jede Form auf ein Stück Karton und schneiden sie aus.

ZUSCHNEIDEN

Schneiden Sie die Randstreifen vor den anderen Teilen zu. Auf diese Weise können Sie die Stoffreste für die Teile der Quilt-Oberseite verwenden.

Randstreifen

22 Kreise auf dem Rand: 18 Kreise nach Schablone RR aus Stoff C (Opal) und 4 aus Stoff E (Persimmon)

4 Randstreifen: 2 Streifen von 13 × 122 cm und 2 von 13 × 118 cm aus Stoff E (Persimmon)

4 Ecken der Randstreifen: 4 Quadrate von 13 × 13 cm aus Stoff C

Quiltmitte

Verwenden Sie die Schablonen von Seite 154 für folgende Teile:

20 „Wand“-Rechtecke: 20 PP-Rechtecke aus Stoff A (4 in Lavender, je 3 in Ginger, Raspberry und Chartreuse, je 2 in Persimmon, Pomegranate und Tobacco, 1 in Bittersweet)

20 „Tisch“-Rechtecke: 20 QQ-Rechtecke aus Stoff A (je 3 in Prune, Raspberry, Pomegranate, Tobacco und Smoky, je 2 in Slate und Pewter, 1 in Cassis)

Benutzen Sie die Applikationsvorlagen zum Zuschneiden folgender Teile:

20 Applikationen „Schatten auf dem Tisch“: 20 „Tisch-Schatten“-Applikationsformen aus Stoff A (6 in Navy, je 4 in Prune und Pewter, 3 in Cassis, 2 in Charcoal, 1 in Pomegranate)

SCHABLONEN

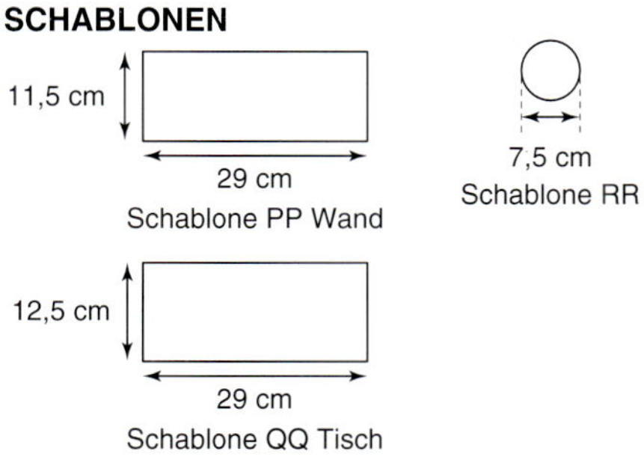

20 Applikationen „Innenseite der Schale“: 20 „Innenseiten“-Applikationsformen aus Stoff B (Zartblau)

20 Applikationen „Schatten in der Schale“: 20 Applikationsformen „Schatten in der Schale“ aus Stoff C (Opal)

20 „Schale“-Applikationen: 20 Schalen-Applikationsformen und dazu passende Schalenfuß-Teile aus Stoff D (4 aus „Pressed Roses“ PR04/pflaumenfarbener Grund; je 3 aus „Pressed Roses“ PR01/graugrundig, PR02/ockergrundig, PR05/grüngrundig und „Forget-me-not-Rose“ GP08-J; je 2 aus „Pressed Roses“ PR06/korallenroter Grund und „Damast“ GP02-J)

FARBEN DER BLÖCKE

Jeder der Blöcke besteht aus einem „Wand“-Rechteck und einem „Tisch“-Rechteck. Die Schale und ihr Schatten werden auf den zusammengesetzten Block appliziert.

Bevor Sie die Rechtecke aneinander nähen, sortieren Sie die benötigten Teile für jeden Block. Die Innenseiten der Schalen und die Schatten innerhalb der Schalen sind auf allen Blöcken jeweils gleich. Alle anderen Farben wechseln.

Finden Sie Ihre persönlichen Farbkombinationen, indem Sie verschiedene Zusammenstellungen von Stoffen und Applikationen ausprobieren.

Achten Sie darauf, dass der Tisch dunkler ist als die Wand und dass der Schatten auf dem Tisch dunkler ist als der Tisch selbst. Oder Sie folgen den Kombina-

Großer Block

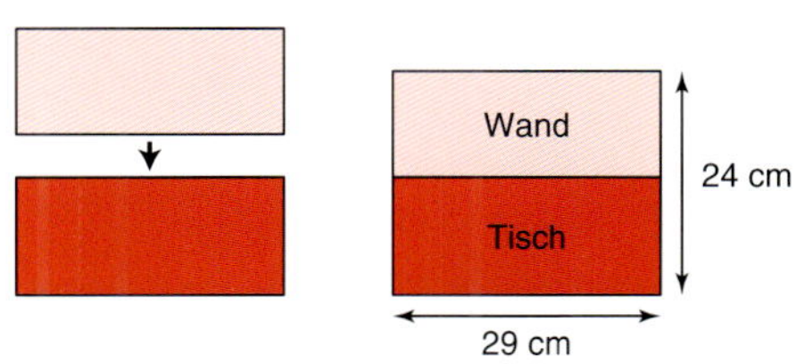

So werden die Blöcke zusammengesetzt

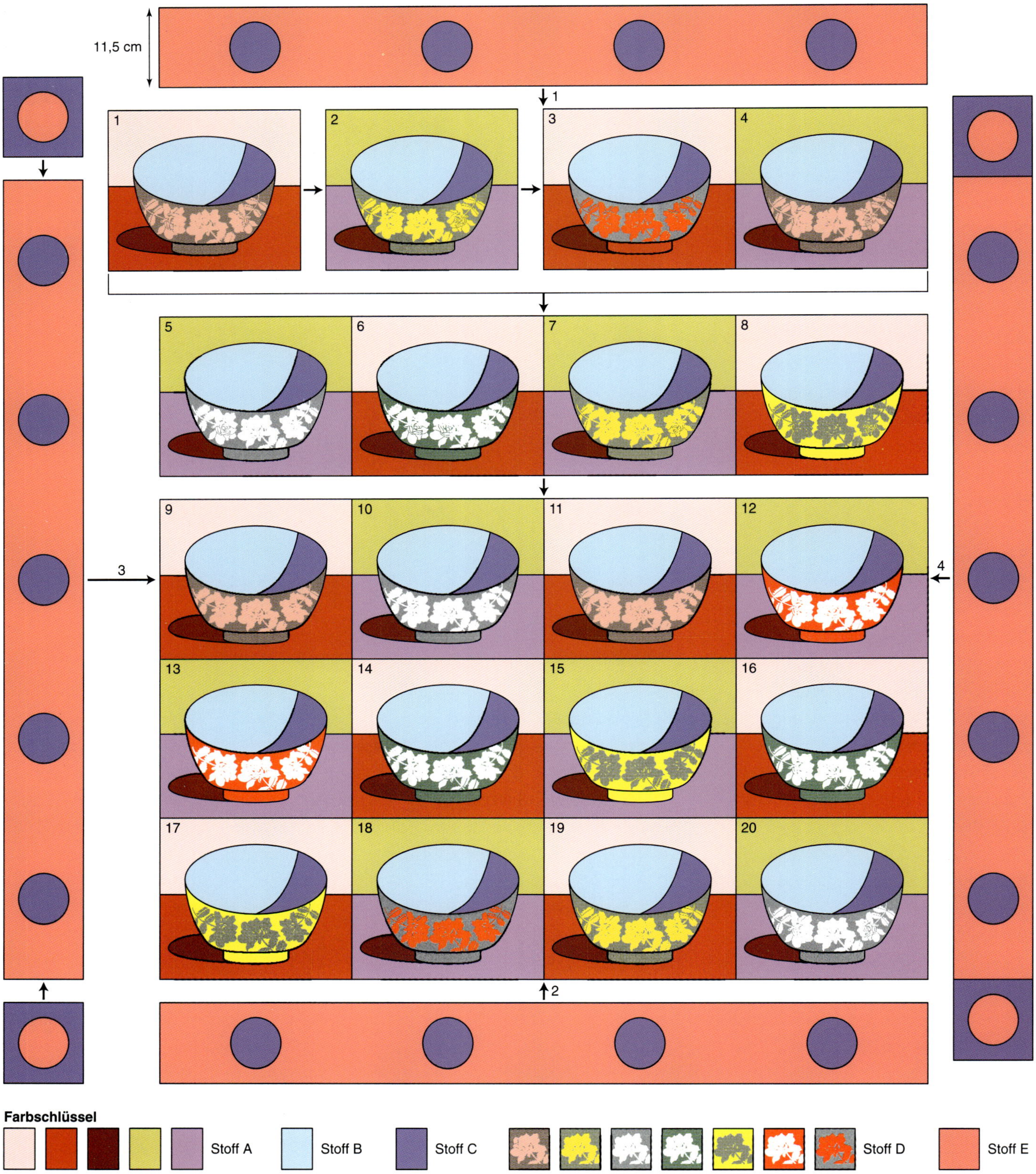

tionen der Abbildung, wie hier aufgezählt:

Block 1: Wand = Raspberry, Tisch = Smoky, Schale und Fuß = „Pressed Roses" PR04/Prune, Schatten auf dem Tisch = Navy

Block 2: Wand = Ginger, Tisch = Pomegranate, Schale und Fuß = „Pressed Roses" PR02/Ocker, Schatten auf dem Tisch = Prune

Block 3: Wand = Tobacco, Tisch = Raspberry, Schale und Fuß = „Damast"

GP02-J, Schatten auf dem Tisch = Cassis
Block 4: Wand = Lavender, Tisch = Pewter, Schale und Fuß = „Pressed Roses“ PR04/Prune, Schatten auf dem Tisch = Charcoal
Block 5: Wand = Pomegranate, Tisch = Cassis, Schale und Fuß = „Pressed Roses“ PR01/Grau, Schatten auf dem Tisch = Prune
Block 6: Wand = Chartreuse, Tisch = Slate, Schale und Fuß = „Pressed Roses“ PR05/Grün, Schatten auf dem Tisch = Pewter
Block 7: Wand = Bittersweet, Tisch = Tobacco, Schale und Fuß = „Pressed Roses“ PR02/Ocker, Schatten auf dem Tisch = Pewter
Block 8: Wand = Chartreuse, Tisch = Smoky, Schale und Fuß = „Forget-me-not-Rose“ GP08-J, Schatten auf dem Tisch = Navy
Block 9: Wand = Raspberry, Tisch = Smoky, Schale und Fuß = „Pressed Roses“ PR04/Prune, Schatten auf dem Tisch = Navy
Block 10: Wand = Persimmon, Tisch = Pomegranate, Schale und Fuß = „Pressed Roses“ PR01/Grau, Schatten auf dem Tisch = Prune
Block 11: Wand = Lavender, Tisch = Raspberry, Schale und Fuß = „Pressed Roses“ PR04/Prune, Schatten auf dem Tisch = Pomegranate
Block 12: Wand = Ginger, Tisch = Prune, Schale und Fuß = „Pressed Roses“ PR06/Koralle, Schatten auf dem Tisch = Navy
Block 13: Wand = Tobacco, Tisch = Raspberry, Schale und Fuß = „Pressed Roses“ PR06/Koralle, Schatten auf dem Tisch = Cassis
Block 14: Wand = Ginger, Tisch = Prune, Schale und Fuß = „Pressed Roses“ PR05/Grün, Schatten auf dem Tisch = Navy
Block 15: Wand = Pomegranate, Tisch = Pewter, Schale und Fuß = „Forget-me-not- Rose“ GP08-J, Schatten auf dem Tisch = Charcoal
Block 16: Wand = Lavender, Tisch = Tobacco, Schale und Fuß = „Pressed Roses“ PR05/Grün, Schatten auf dem Tisch = Pewter
Block 17: Wand = Lavender, Tisch = Slate, Schale und Fuß = „Forget-me-not-Rose“ GP08-J, Schatten auf dem Tisch = Navy
Block 18: Wand = Chartreuse, Tisch = Pomegranate, Schale und Fuß = „Damast“ GP02-J, Schatten auf dem Tisch = Cassis
Block 19: Wand = Persimmon, Tisch = Smoky, Schale und Fuß = „Pressed Roses“ PR02/Ocker, Schatten auf dem Tisch = Prune
Block 20: Wand = Raspberry, Tisch = Tobacco, Schale und Fuß = „Pressed Roses“ PR01/Grau, Schatten auf dem Tisch = Pewter

BLÖCKE NÄHEN

Nähen Sie je ein PP-Rechteck und ein QQ-Rechteck aneinander (siehe S. 73 rechts unten). Arbeiten Sie mit den auf den Schablonen eingezeichneten Nahtzugaben. Bügeln Sie den fertigen Block.

APPLIZIEREN

Heften Sie beim Teil „Innenseite der Schale“ 6 mm Nahtzugabe an der Kante, an die der Schatten der Schale grenzt, zur Stoffrückseite hin, die anderen Kanten bleiben unbearbeitet. (Schneiden Sie den Stoff in der Rundung ein und pressen Sie ihn während des Heftens mit den Fingern nach hinten.) Dann stecken Sie die Innenseite der Schale auf den Schatten, beide Stoffe liegen mit der rechten Seite nach oben. Die Schalen-Innenseite überlappt die Kante des Schattens um 6 mm. Achten Sie darauf, dass die Außenkanten in einer Linie verlaufen. Stecken und nähen Sie die Kante der Schalen-Innenseite mit unsichtbaren Blindstichen fest. Entfernen Sie die Heftfäden. Nun schlagen Sie die 6 mm Nahtzugabe entlang der Außenkante der Schale zur Rückseite um und heften sie fest.

Heften Sie bei der Schalen-Außenseite die äußere Kante (nicht die Kante, die an die Schalen-Innenseite grenzt) 6 mm breit zur Rückseite hin. Stecken Sie die vorbereitete Innenseite auf die Außenseite; beide Stoffe liegen mit der rechten Seite nach oben. Stecken Sie die zusammengesetzte Innenseite auf die obere Kante der Schalenaußenseite, sodass sie deren Kante um 6 mm überlappt.
Nähen Sie die umgeschlagene Kante mit unsichtbaren Blindstichen fest.
Bearbeiten Sie zuerst den Fuß und dann den Schatten der Schale auf die gleiche Weise und nähen Sie sie jeweils an die Schale.
Bügeln Sie die zusammengesetzte Applikation. Legen Sie sie mit der rechten Seite nach oben auf den Hintergrundblock. Nähen Sie die Schale mit unsichtbaren Stichen am Rand fest und entfernen Sie die Heftfäden. Dann schneiden Sie den Hintergrundstoff unter der Applikation bis auf 6 mm an die Applikationsnaht hin zurück. Arbeiten Sie alle Blöcke auf diese Weise.

QUILT-OBERSEITE ZUSAMMENSETZEN

Quiltmitte

Setzen Sie die Blöcke in 5 Reihen zu je 4 Blöcken zusammen (siehe Abb. auf S. 74). Verwenden Sie dabei die auf den Schablonen angegebenen Nahtzugaben. Nähen Sie die Blöcke zuerst zu Reihen und fügen Sie dann die Reihen zusammen. Bügeln Sie.

Rand

Prüfen Sie, ob die aus Stoff E zugeschnittenen Streifen an die Seiten des Quilts passen und schneiden Sie sie, wenn nötig, zurecht. Durch die Applikation werden die Blöcke bisweilen etwas kleiner. Nähen Sie zuerst die kurzen Streifen an Ober- und Unterkante des Quilts. Setzen Sie die Eckquadrate aus Stoff C an die Enden der langen Randstreifen und nähen Sie diese an die Seitenkanten des Quilts.

Quiltlinien für „Dunkle Reisschalen“

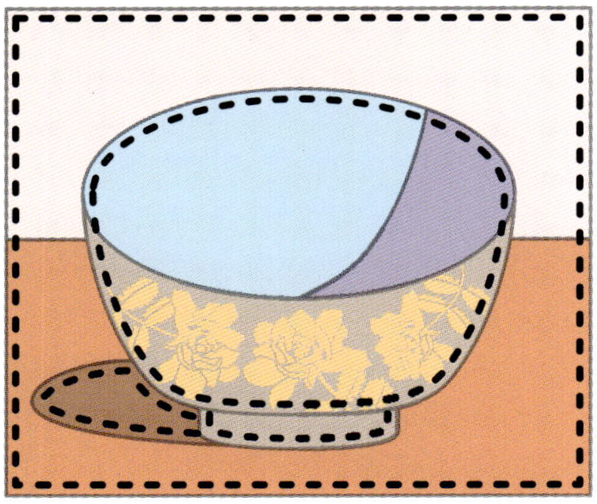

Applikation auf dem Rand

Heften Sie die Nahtzugaben der Kreise zur Stoffrückseite hin und bügeln Sie die Kreise. Heften Sie die Kreise aus Stoff C auf die Randstreifen. Platzieren Sie sie in der senkrechten Mitte der Randstreifen und auf Höhe der Mittellinie jedes Blockes (siehe Abb. auf S. 74). Heften Sie die Kreise aus Stoff E in die Mitte jedes Eckquadrates.

Nähen Sie die Kreise mit Blindstichen fest und entfernen Sie die Heftfäden.

FERTIGSTELLEN

Bügeln Sie die Quilt-Oberseite. Legen und heften Sie Oberseite, Vlies und Rückseite aufeinander (siehe S. 148). Quilten Sie die Blöcke von Hand mit Quiltgarn in graustichigem Lavendelblau (siehe Abb. oben). Folgen Sie den Angaben der Abbildung. Auf dem Rand quilten Sie einen Kreis 6 mm innerhalb der applizierten Kreise.

Schneiden Sie die Kanten des Quilts gerade. Schneiden Sie Schrägstreifen aus dem gestreiften Stoff und nähen Sie diese Einfassung um den Quilt (siehe S. 149).

FARBVARIANTE

Die alternative Farbstellung dieses Quilts soll Ihnen als Anregung für eigene Varianten dienen (siehe S. 17). Diese Version ist kleiner als die „Dunklen Reisschalen“ und besteht aus nur 12 Blöcken. Bedenken Sie also, dass Sie für diese Variante weniger Stoff benötigen.

Blauweiße Reisschalen

Der Quilt „Blauweiße Reisschalen“ misst 108 x 122 cm und ist 3 Blöcke breit und 4 Blöcke hoch. Die 12 Blöcke werden auf die gleiche Weise genäht wie die Blöcke des großen Quilts, sind jedoch durch 5 cm breite Gitterstreifen mit 5 x 5 cm großen Quadraten an den Kreuzungen voneinander abgesetzt. Ein applizierter Kreis von 4 cm Durchmesser (fertige Größe) liegt auf jedem dieser 20 Gitterquadrate. Hier die Materialangaben für diese Variante:

- **Wand:** mindestens 6 verschiedene unifarbene oder Ton in Ton klein gemusterte Stoffe in blassem Mintgrün, Pfirsich und verschiedenen Gelbtönen
- **Tisch:** mindestens 6 verschiedene unifarbene oder Ton in Ton klein gemusterte Stoffe in gedeckten Tönen von Pink, Lavendel und Maulwurfsgrau
- **Schatten auf dem Tisch:** ein einzelner Ton in Ton-Stoff in gedecktem Weinrot mit grauem Batikmuster
- **Innenseite der Schale:** „Shot Cotton“ SC28/Blush von Kaffe Fassett oder ein vergleichbarer Unistoff in sehr blassem Pfirsich
- **Schatten in der Schale:** „Shot Cotton“ SC24/Ecru von Kaffe Fassett oder ein vergleichbarer Unistoff in sehr hellem Maulwurfsgrau
- **Außenseite der Schale:** „Pressed Roses“ PR01 von Kaffe Fassett oder ein vergleichbarer zweifarbig bedruckter Stoff mit naturweißen Blüten auf grauem Grund; „Pressed Roses“ PR03 oder ein vergleichbarer zweifarbig bedruckter Stoff mit weißen Blüten auf indigoblauem Grund; sowie „Pressed Roses“ PR07 oder ein vergleichbarer zweifarbig bedruckter Stoff mit naturweißen Blüten auf kobaltblauem Grund
- **Gitterstreifen:** „Blue-and-White Stripe“ BWS01 von Kaffe Fassett oder ein vergleichbarer schmal gestreifter Stoff in blassem Blau und Ecru. Schneiden Sie 16 Streifen von 6,5 x 25,5 cm und 15 Streifen von 6,5 x 30,5 cm zu.
- **Eckquadrate der Gitterstreifen und Kreise:** Reste der Stoffe von Wand, Tisch und Schatten. Schneiden Sie 20 Quadrate von 6,5 x 6,5 cm zu.
- **Einfassung:** „Blue-and-White Stripe“ BWS02 von Kaffe Fassett oder ein vergleichbarer breit gestreifter Stoff in blassem Blau und Ecru
- **Farbe des Quiltgarns:** Naturweiß

Pastell-Punkte

Die folgende Anleitung gilt für den Quilt „Pastell-Punkte“ (siehe S. 18). Geübte Patchworkerinnen finden die Farbangaben für eine Variante in erdigen Tönen auf Seiten 78 ff.

QUILTGRÖSSE

Der fertige Quilt misst etwa 183 x 214 cm. Beachten Sie bitte, dass die Maße bei den Abbildungen für die fertigen Teile gelten und die Nahtzugaben nicht einschließen.

Anmerkung: Die verschiedenen Stoffe A und B in diesem Quilt werden für die Windräder, die applizierten Kreise und für einen Teil der Punkte-Blöcke und des äußeren Randstreifens (Rand 4) benutzt. Diese kleinen Muster wurden wegen ihrer Farben gewählt und weil sie einen „gepunkteten“ Eindruck machen – Konfettipunkte, Tupfen, Kreise und kleine, runde Motive.

MATERIAL

Stoffe in 100 % Baumwolle, 112–114 cm breit:

- **Stoff A:** 1,5 m Druckstoff mit schwarzen Nadelpunkten auf weißem Grund.
- **Stoff B:** je 25 cm von mindestens 13 verschiedenen klein gemusterten, gepunkteten und punkteähnlichen Druckstoffen in blassen, weichen Pastelltönen, in denen auch Weiß vorkommt
- **Stoff C:** je 25 cm von mindestens 12 verschiedenen klein gemusterten,

gepunkteten und punkteähnlichen Druckstoffen in mittleren, pudrigen Pastelltönen, in denen auch Weiß vorkommt

• **Stoff D:** je 25 cm von mindestens 10 verschiedenen Ton in Ton klein gemusterten Karo- und Streifenstoffen, Weiß auf Weiß oder Pastell auf Weiß. Die meisten dieser Stoffe sollten auch aus einigem Abstand noch als Weiß „lesbar" sein.

• **Rückseitenstoff:** 4,60 m

• **Einfassung:** 70 cm eines Druckstoffes mit weißen Punkten auf blauem Grund

• **Dünnes Baumwollvlies:** 200 × 230 cm

• **Faden zum Applizieren:** eine Auswahl pastellfarbener Maschinennähgarne für die Applikationsstiche auf der Vorderseite, dazu ein feinerer Unterfaden

• **Farbe des Quiltgarns:** Pastellrosa

• **Schablonen und Applikationsvorlagen:** Arbeiten Sie mit den Schablonen R, W und ZZ von den Seiten 150 und 152, und fertigen Sie Ihre eigene Kreisschablone nach Angabe an.

KREISSCHABLONEN ANFERTIGEN

Zeichnen Sie mit Hilfe eines Zirkels mindestens 6 verschieden große Kreise von mindestens 3 cm und höchstens 9 cm Durchmesser auf Karton. Der Originalquilt zeigt Kreise in 8 verschiedenen Größen (siehe unten). Schneiden Sie die Kreise aus dem Karton.

SCHABLONEN

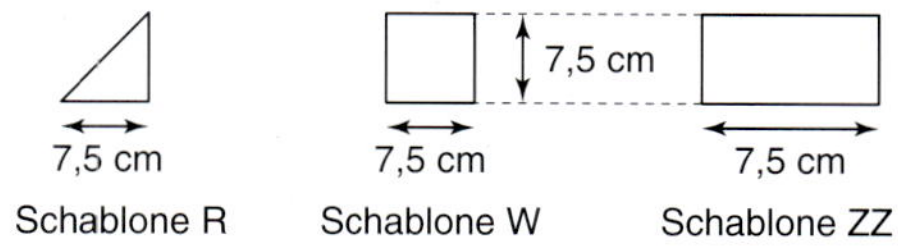

ZUSCHNEIDEN

Quiltmitte

72 Kreise für die Applikation: Für besonders genaue Kreise versteifen Sie die Stoffe vor dem Zuschneiden mit Sprühstärke und bügeln Sie. Benutzen Sie eine scharfe Schere und bewegen Sie die ausgeschnittenen Stoffteile nicht unnötig, damit die Kanten nicht ausfransen. Zeichnen Sie den Umriss der Kreisschablonen auf die Stoffe und schneiden Sie insgesamt 72 Kreise aus, vorwiegend aus den Stoffen B und C, sowie einige Kreise aus Stoff D. Beispiel: Die Mitte unseres Quilts schmücken 14 Kreise von 9 cm Durchmesser, 4 Kreise von 8 cm Durchmesser, 16 Kreise von 7 cm Durchmesser, 8 Kreise von 6,5 cm Durchmesser, 11 Kreise von 6 cm Durchmesser, 12 Kreise von 5 cm Durchmesser, 4 Kreise von 4,5 cm Durchmesser und 3 Kreise von 3 cm Durchmesser.

Randstreifen 1 – 3

72 Windräder: Schneiden Sie für jedes der 72 Windräder 2 × 4 Dreiecke nach Schablone R zu (jeweils 4 Dreiecke aus einem der hellen Stoffe B und 4 Dreiecke aus einem der Stoffe C).

36 Punkt-Blöcke: Schneiden Sie für jeden der 36 Punkt-Blöcke 2 × 2 Quadrate nach Schablone W zu (jeweils 2 Quadrate aus einem der Stoffe B oder C und 2 Quadrate aus einem der Stoffe D).

36 Kreise: Schneiden Sie aus den Stoffen B und C (hell und mittel) 36 Kreise von 9 cm Durchmesser zu (siehe Anleitung für die Quiltmitte).

Randstreifen 4

48 Rechtecke: 26 Rechtecke nach Schablone ZZ aus den Stoffen A und 22 Rechtecke aus den Stoffen B oder C

4 Eckquadrate: 4 Quadrate aus Stoff B oder C nach Schablone W

QUILTMITTE

Für das Mittelfeld des Quilts schneiden Sie ein großes Stück Stoff A im Maß 112 x 81 cm zu. Heften Sie 2,5 cm von der Kante entfernt eine Linie um den gesamten Stoff: Diese Hilfslinie markiert das Fertigmaß des Hintergrundstoffes, das sich jedoch nach dem Applizieren geringfügig ändern kann. Bügeln Sie den Hintergrundstoff.

Applizieren

Heften Sie die 72 Kreise, die Sie für die Quiltmitte vorbereitet haben, auf den Hintergrund. Verteilen Sie die Kreise wie zufällig innerhalb der gehefteten Quiltlinie. Legen Sie ausreißbares Stickvlies unter die Arbeit und verwenden Sie einen Faden, der sich vom Stoff des Kreises deutlich abhebt. Befestigen Sie jeden Stoffkreis im maschinengenähten Applikationsstich (enger Zickzackstich) entlang der Schnittkante. Arbeiten Sie mit einer dünneren Nähnadel als gewöhnlich und benutzen sie einen feinen Unterfaden. Sind alle Kreise aufgenäht, entfernen Sie die Heftfäden und das Stickvlies unter der Arbeit.

Bügeln Sie das Quilt-Mittelfeld und schneiden Sie es auf das Maß 77,5 x 108 cm zurecht.

RANDSTREIFEN

Blöcke für die Randstreifen 1–3

72 Windräder: Nähen Sie 72 Windräder, indem Sie jeweils 8 der zugeschnittenen Stoffteile (4 gleiche helle Dreiecke und 4 gleiche mittlere Dreiecke) zusammensetzen (siehe Abb. unten). Platzieren Sie die dunkleren Dreiecke bei jedem Windrad gleich, sodass sich alle Windräder in die gleiche Richtung zu drehen scheinen. Arbeiten Sie grundsätzlich mit den auf den Schablonen angegebenen Nahtzugaben.

36 Punkt-Blöcke: Nähen Sie 36 Punkt-Blöcke, indem Sie zuerst die 4 zugeschnittenen Stoffteile (2 gleiche helle oder mittlere Quadrate und 2 gleiche „weiße" Quadrate) zusammensetzen (siehe Abb. unten). Danach nähen Sie einen kontrastfarbenen Kreis von 9 cm Durchmesser auf die Mitte (siehe Anleitung für die Quiltmitte).

Randstreifen 1

Nähen Sie je 5 Windräder zu einer Reihe und setzen Sie diese Randstreifen oben und unten an den Quilt.

Für die beiden seitlichen Randstreifen nähen Sie je 9 Windräder aneinander und setzen sie an den Quilt.

Randstreifen 2

Nähen Sie je 7 Punkt-Blöcke zu einer langen Reihe und setzen Sie diese Randstreifen oben und unten an den Quilt.

Für die beiden seitlichen Randstreifen nähen Sie je 9 Punkt-Blöcke zu einer langen Reihe, setzen an jedes Ende ein Windrad und nähen die Streifen an den Quilt.

Randstreifen 3

Nähen Sie je 9 Windräder aneinander und setzen Sie diese Randstreifen oben und unten an den Quilt.

Für jeden der beiden seitlichen Randstreifen nähen Sie 11 Windräder aneinander. Fügen Sie an jedes Ende einen Punkt-Block an und nähen Sie die Streifen an die Quiltseiten.

Randstreifen 4

Für den oberen und unteren Randstreifen nähen Sie insgesamt 11 nach Schablone ZZ zugeschnittene Rechtecke – 6 aus den Stoffen A und 5 aus den Stoffen B oder C. Wechseln Sie die A-Rechtecke mit den anderen Stoffen ab. Nähen Sie die Reihen an den Quilt.

Für die beiden seitlichen Randstreifen setzen Sie jeweils 13 Rechtecke, mit wechselnden Farben wie zuvor, aneinander. Dann nähen Sie ein nach Schablone W zugeschnittenes Quadrat an jedes Ende und fügen die Streifen an die Quiltseiten.

FERTIGSTELLEN

Wenn Sie möchten, können Sie jeden der Punkte noch ein wenig ausstopfen. Schneiden Sie hinter jedem Punkt den Rückseitenstoff etwas ein, schieben Sie ein wenig Füllwatte durch die Öffnung und nähen Sie den Schnitt mit ein paar Stichen wieder zu. Wenn Sie die Kreise nicht ausstopfen möchten, so schneiden Sie hinter den Punkten den Hintergrundstoff bis auf 6 mm an die Applikationsnaht zurück.

Bügeln Sie die Quilt-Oberseite. Legen und heften Sie Oberseite, Vlies und Rückseitenstoff aufeinander (siehe Seite 148). Quilten Sie mit Faden in Hellrosa und mit der Nähmaschine, innerhalb jedes Kreises knapp neben dem Applikationsstich. Quilten Sie Spiralen und Kreise, von denen auch einige um die Punkte herum wirbeln, über den Rest des Quilts.

Begradigen Sie die Quiltkanten. Schneiden Sie den Einfassstreifen zu und nähen Sie ihn um den Quilt (siehe S. 149 über das Annähen der Einfassung).

FARBVARIANTE

Eine alternative Farbvariante (Seite 20) zeigt, wie anders das Patchwork in einem anderen Farbenspektrum wirkt und dient als Anregung für einen Punkte-Quilt in eigener Farbkombination.

Byzantinische Punkte

Der Quilt „Byzantinische Punkte" wurde genauso wie der erste Quilt genäht, jedoch mit anderen Farben. Außerdem drehen sich die Windräder in verschiedene Richtungen (siehe Erklärung bei der Anleitung für die Windräder). Folgen Sie den unten stehenden Farbangaben.

Windrad

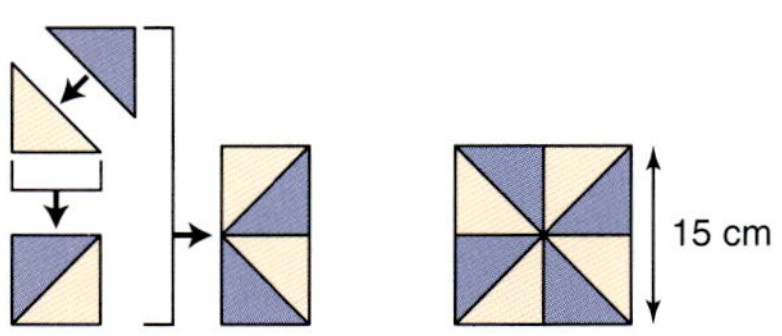

Punkt-Block

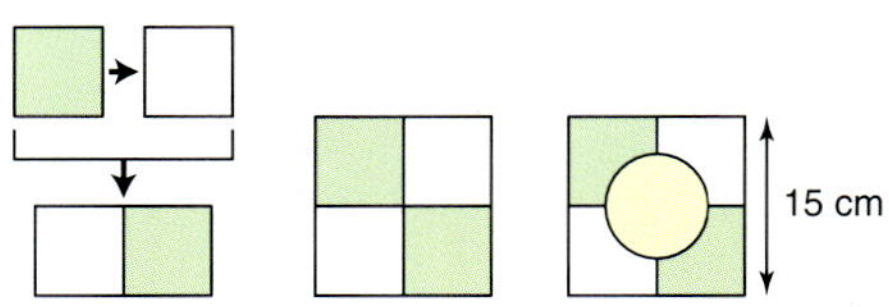

So werden die Blöcke zusammengesetzt

Farbschlüssel

Verwenden auch Sie, wenn Sie möchten, die Kaffe-Fassett-Stoffe „Roman Glass" GP01-C und GP01-BW in den Farben „Circus" und „Blue and White" für manche der applizierten Kreise und für einige Windradblöcke.

- **Stoff A:** „Roman Glass" GP01-G/Ocker von Kaffe Fassett oder ein vergleichbarer mit mittelgroßen Kreisen bedruckter Stoff mit ockerfarbenem Hintergrund und leuchtenden Kontrastpunkten
- **Stoff B:** dunkle, klein gemusterte, punkteähnliche Druckmuster, vorwiegend in Ocker, Herbstfarben und Erdtönen, dazu Kombinationsfarben aus mattem Lavendel, schmutzigem Rehbraun und gedämpftem Weinrot
- **Stoff C:** klein gemusterte, punkteähnliche Druckmuster mittlerer Helligkeit in den gleichen Farben wie Stoff B
- **Stoff D:** mittlere bis mittelhelle, Ton in Ton bedruckte Stoffe in Karamell
- **Einfassung:** „Broad Stripe" BS11 von Kaffe Fassett oder ein vergleichbarer mehrfarbiger, vorwiegend ocker- und rostfarbener, breit gestreifter Stoff. Schneiden Sie die Einfassstreifen im diagonalen Fadenlauf zu.
- **Farbe des Applikationsfadens:** Hellgelb
- **Farbe des Quiltgarns:** Ocker

Suzani-Quilt

Im Quilt „Suzani" wurden viele Kaffe-Fassett-Stoffe verwendet, da sie sich sehr gut in das Farbschema fügen. Wenn Sie möchten, benutzen auch Sie diese Stoffe in Ihrem Quilt (siehe Bezugsquellen, Seite 159) oder wählen Sie Farben in ähnlichen Tönen.

QUILTGRÖSSE

Das fertige Patchwork misst ungefähr 175 x 175 cm.

Beachten Sie bitte, dass die Maße bei den Abbildungen für die fertigen Teile gelten und die Nahtzugaben nicht einschließen.

MATERIAL

Stoffe in 100 % Baumwolle, 112–114 cm breit:

- **Stoff A:** je 25 – 50 cm von mindestens 10 verschiedenen klein- und mittelgroß gemusterten, Ton in Ton gefärbten Druckstoffen mit Tupfen, Punkten und Kreisen in mittleren bis mittelhellen Tönen von goldenem Ocker und rostigem Orange
- **Stoff B:** 70 cm „Shot Cotton" SC16/ Mustard von Kaffe Fassett und je 25 cm SC11/Orange, SC12/Chartreuse (dunkles Gelbgrün) und SC18/Tobacco (Tabakbraun) oder 4 vergleichbare unifarbene Stoffe
- **Stoff C:** 70 cm „Shot Cotton" SC08/Raspberry von Kaffe Fassett, 50 cm SC09/Pomegranate (Granatapfelrot) und 25 cm SC02/Cassis (tiefdunkles Weinrot) oder 3 vergleichbare unifarbene Stoffe
- **Stoff D:** je 25 cm „Shot Cotton" SC05/Opal (graues Lavendelblau) und SC20/Smoky (Blaugrau) von Kaffe Fassett oder 2 vergleichbare unifarbene Stoffe
- **Stoff E (äußerer Randstreifen):** 1 m „Roman Glass" GP01-G/Gold von Kaffe Fassett oder ein vergleichbarer mit mittelgroßen Kreisen bedruckter Stoff mit ockerfarbenem Hintergrund und leuchtenden Akzenten
- **Stoff F:** 50 cm „Shot Cotton" SC01/ Ginger von Kaffe Fassett und je 70 cm „Shot Cotton" SC07/Persimmon (Orangerot) und SC10/Bittersweet (grünliches Orangebraun) oder 3 vergleichbare unifarbene Stoffe
- **Einfassung der Kreise:** 1 m „Broad Stripe" BS01 von Kaffe Fassett oder ein vergleichbarer, mehrfarbiger, breit gestreifter Stoff, vorwiegend in Rottönen
- **Rückseitenstoff:** 4,20 m
- **Einfassung des Quilts:** 70 cm „Broad Stripe" BS11 von Kaffe Fassett oder ein vergleichbarer gestreifter Stoff, vorwiegend in Ocker und Rost
- **Dünnes Baumwollvlies:** 195 x 195 cm
- **Quiltgarn:** Baumwoll-Sticktwist in Ocker, Rot und dunklem Pink

ZUSCHNEIDEN

Quiltmitte

36 große Quadrate: 36 Quadrate von 21,5 x 21,5 cm aus Stoff A

13 Kreisapplikationen: Die Kreise sind aus unifarbenen Stoffen der Stoffgruppen B, C und F zugeschnitten. Für besonders akkurate Kreise versteifen Sie die Stoffe vor dem Zuschneiden mit Sprühstärke und bügeln sie. Schneiden Sie folgende Kreise zu: 4 Kreise von 45,5 cm Durchmesser (je 1 in Mustard, Raspberry, Persimmon und Bittersweet); 1 Kreis von 26,5 cm Durchmesser in Ginger, 4 Kreise von 14 cm Durchmesser (je 2 in Raspberry und Pomegranate); 4 Kreise von 10 cm Durchmesser (1 in Pomegranate, 1 in Persimmon und 2 in Bittersweet).

Einfassung der Kreise: Schneiden Sie aus dem gestreiften Stoff für die Einfassung der Kreise 5 cm breite Schrägstreifen zu, und setzen Sie diese zu einem langen Streifen vom mindestens 11 Metern Länge zusammen.

Innerer Randstreifen

112 Schneeball-Blöcke: 112 Quadrate von 11,5 x 11,5 cm aus den Stoffen A und B

224 rote Eckstücke: 224 Quadrate von 4 x 4 cm aus Stoff C

224 blaue Eckstücke: 224 Quadrate von 4 x 4 cm aus Stoff D

Äußerer Randstreifen

4 Streifen: je 2 Streifen von 9 x 161,5 cm und von 9 x 176,5 cm aus Stoff E (gegebenenfalls zusammensetzen)

Schneeball-Block

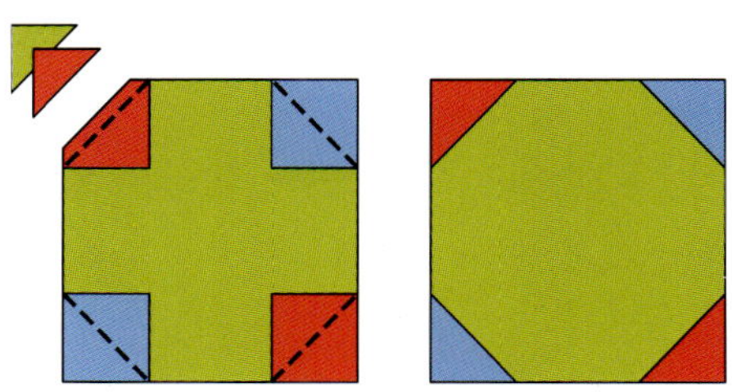

1. Nähen und abschneiden

2. Nach außen bügeln

So werden die Blöcke zusammengesetzt

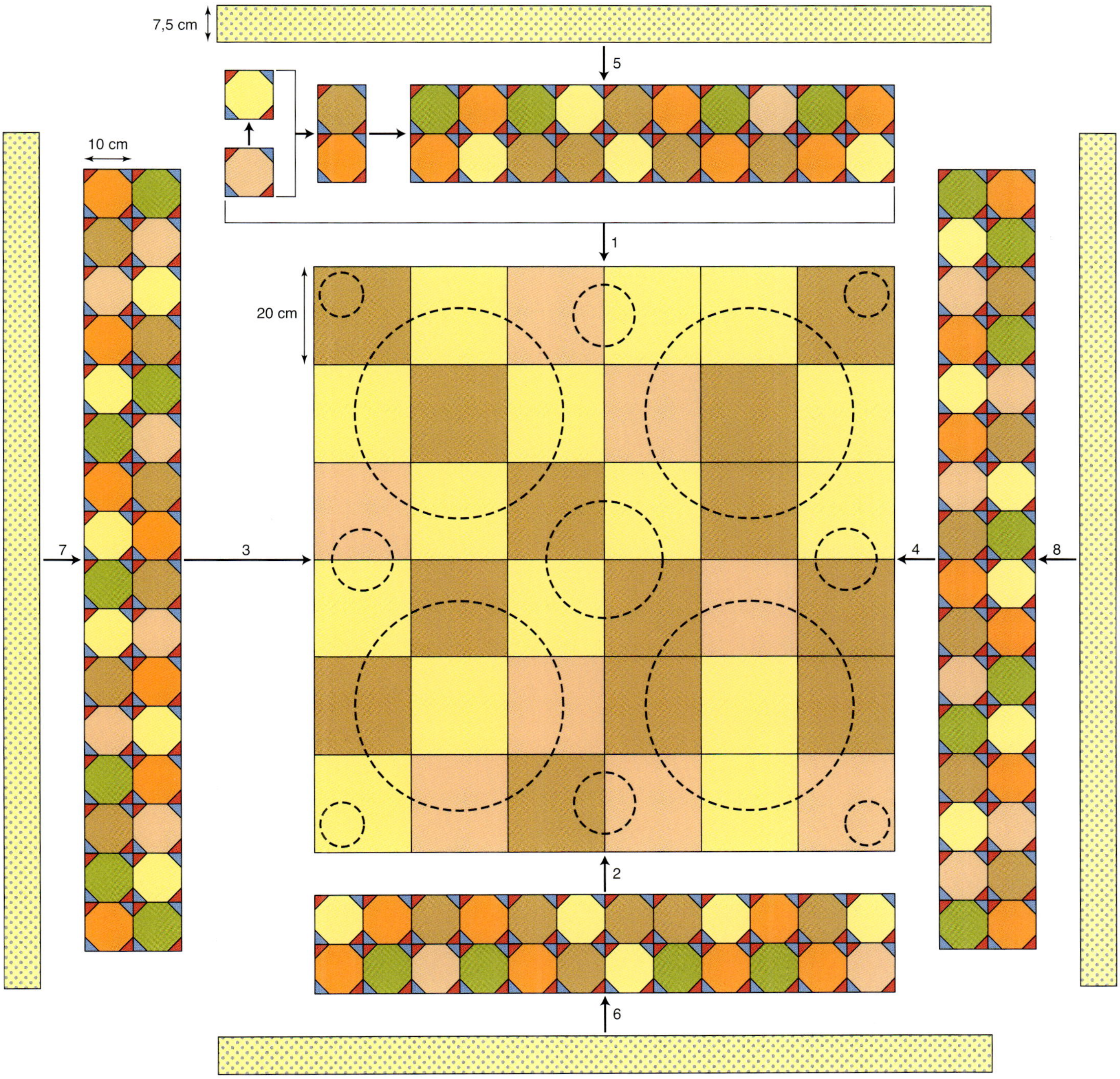

Farbschlüssel

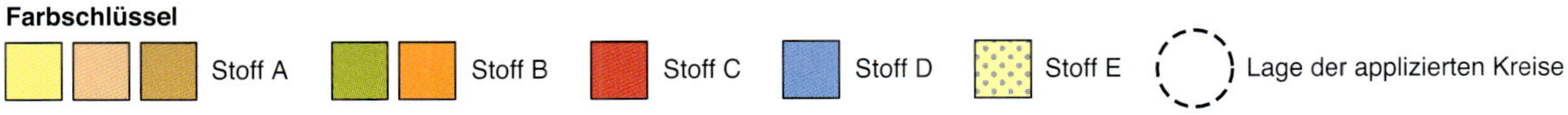

SCHNEEBALLBLÖCKE NÄHEN

Um die Eckdreiecke an die Schneeballblöcke zu nähen, wählen Sie je 2 verschiedene 4-cm-Quadrate aus Stoff C (rot) und aus Stoff D (blau). Falten Sie die Quadrate einmal diagonal, drücken Sie mit den Fingern den Falz fest und falten Sie den Stoff wieder auf. Legen Sie ein rotes Quadrat rechts auf rechts auf eine Ecke eines 11,5 x 11,5 cm großen Schneeball-Quadrates, sodass jeweils 2 Kanten übereinstimmen. Steppen Sie entlang der diagonalen Falte. Nähen Sie auf die diagonal gegenüber liegende Ecke ebenfalls ein rotes Quadrat und auf die beiden anderen Ecken jeweils ein blaues. Schneiden Sie die äußeren Dreiecke 6 mm außerhalb der Naht ab (siehe Abb. auf S. 80).

Dann bügeln Sie die angenähten Dreiecke nach außen. Nähen Sie so jeweils 2 rote und 2 blaue Eckdreiecke an alle Schneeballblöcke.

INNERER RANDSTREIFEN

Arrangieren Sie zwei Reihen von Schneeballblöcken um die gesamte Quiltmitte, entweder auf dem Fußboden oder an einer Entwurfswand. Platzieren Sie die Blöcke so, dass alle roten Eckdreiecke in die linke obere und rechte untere Ecke zu liegen kommen. Wenn Sie sich für eine Anordnung entschieden haben, nähen Sie die Blöcke für den oberen Randstreifen zusammen (siehe Abb. auf S. 81). Der Randstreifen ist 2 Blöcke hoch und 12 Blöcke lang, mit 7,5 mm Nahtzugabe genäht. Nähen Sie den Randstreifen an die Oberkante des Quilts. Setzen Sie die Blöcke für den unteren Randstreifen auf die gleiche Weise zusammen und nähen Sie ihn an den Quilt. Danach arbeiten Sie die seitlichen Randstreifen ebenso und nähen sie an.

ÄUSSERER RANDSTREIFEN

Nähen Sie die kurzen Streifen aus Stoff E an Ober- und Unterkante der Quilt-Oberseite und dann die langen Streifen aus Stoff E an die Seiten.

QUILTMITTE

Legen Sie die 21,5 cm großen Quadrate zu 6 Reihen von je 6 Quadraten aus und verteilen Sie die Farben willkürlich. Arbeiten Sie auf dem Fußboden oder an einer flanellbezogenen Entwurfswand (siehe S. 144). Wenn Sie die richtige Anordnung gefunden haben, nähen Sie die Teile zuerst zu Reihen und dann die Reihen zur Quiltoberfläche zusammen. Arbeiten Sie grundsätzlich mit 7,5 mm Nahtzugabe. Bügeln Sie die Quilt-Oberseite.

Kreise applizieren

Legen Sie die Kreise auf die Quilt-Oberseite (siehe Abb. auf S. 81). Stecken und heften Sie die Kreise fest und entfernen Sie die Stecknadeln wieder. Als Nächstes nähen Sie die gestreifte Einfassung um alle Kreise. Dafür falten Sie zuerst den Schrägstreifen längs zur Hälfte und bügeln ihn. Diesen gefalteten Streifen heften Sie nun um die Kreise, ohne ihn zu dehnen. Dabei liegen die offenen Kanten des Streifens genau auf der Außenkante des Kreises, der Falz zeigt zur Kreismitte. An der Stelle, an der die Enden des Schrägstreifens zusammentreffen, falten Sie ein Ende nach innen und schieben das andere Ende darunter (siehe S. 149). Nähen Sie den Streifen mit der Nähmaschine und 6 mm Nahtzugabe entlang des Kreisumrisses fest. Entfernen Sie die Heftfäden. Bügeln Sie den angenähten, gefalteten Schrägstreifen von der Mitte nach außen und befestigen Sie die gefaltete Kante mit unsichtbaren Blindstichen und farblich passendem Nähgarn von Hand. Fassen Sie alle Kreise auf diese Weise ein. Schneiden Sie den Stoff unter den Applikationen bis auf 6 mm an die Nähte zurück.

FERTIGSTELLEN

Bügeln Sie die Quilt-Oberseite. Legen Sie Quilt-Oberseite, Vlies und Rückseitenstoff aufeinander und heften Sie alle drei Lagen (siehe S. 148).
Verwenden Sie Stickgarn in Kontrastfarbe und quilten Sie von Hand und mit großen Stichen unregelmäßig geschwungene Wellenlinien erst über die applizierten Kreise und dann über den Hintergrund. Quilten Sie von Hand zwei konzentrische Kreise in jeden der Schneeballblöcke und dann eine großzügige, abgerundete Zackenlinie auf jeden der äußeren Randstreifen. Begradigen Sie die Quiltkante. Schneiden Sie den Stoff für den Einfassstreifen im diagonalen Fadenlauf zu und nähen Sie ihn um den Quilt (siehe S. 149).

Hutschachteln

Die Hutschachteln und die „Tapeten" in den Nischen auf diesem Quilt entstanden aus einer Sammlung von Stoffresten. Wenn Sie, wie wir, Dekostoffe für die Hutschachteln verwenden, nehmen Sie für die Hintergrundteile normale Patchworkstoffe, damit der Quilt nicht zu schwer wird.

QUILTGRÖSSE

Der fertige Quilt misst ungefähr 233 × 233 cm.
Beachten Sie bitte, dass die Maße bei den Abbildungen für die fertigen Teile gelten und die Nahtzugaben nicht einschließen.

MATERIAL

Stoffe in 100 % Baumwolle, sowie Dekostoffe für Vorhänge und Möbel:

- **Stoff A (Tapeten):** verschiedene klein und mittelgroß gemusterte Stoffreste mit Ton in Ton gehaltenen Blütenmotiven, in Blau-Grün, Grau-Lavendel, Graublau, dunklen Rottönen, gedecktem Pink und Ocker. Sammeln Sie helle bis mittlere Farben dieser Stoffe für die Seitenwände der Nischen und die dazu passenden mittleren bis dunklen Farben für die „Rückwand" (quadratische Stücke).
- **Stoff B (gestreifte Regalböden):** je 50 cm „Ombré Stripes" OS01/Grün, OS02/Blau, OS04/Braun und OS05/Rosalila von Kaffe Fassett (alle auf wollweißem Grund) oder 4 vergleichbare Schatten-Streifen
- **Stoff C (Hutschachteln):** verschiedene zweifarbige Landschafts-Druckstoffe und passende großformatige Blütenstoffe in verschiedenen Tönen von Graugrün, Weinrot, Blau, Ocker und Graubraun, alle auf wollweißem Hintergrund oder einem farbgleichen blasseren Hintergrund; außerdem groß gemusterte, gedämpfte Blumenstoffe, vorwiegend mit rosaroten Blüten, graugrünen Blättern und wollweißem Hintergrund
- **Stoff D (Ränder der Hutschachteln):** verschiedene Stoffe mit Streifen, Karos und anderen kleinen bis mittelgroßen Mustern in den gleichen Farben wie die Schachteln
- **Stoff E (Quadrate der Gitterstreifen):** 25 cm eines blaugrünen Stoffes mit winzigem Druckmuster und goldenen Sprenkeln
- **Stoff F (Gitterstreifen):** 1,5 m eines klein gemusterten Stoffes in Beige
- **Stoff G (Randstreifen):** insgesamt mindestens 1,5 m von 3 groß gemusterten, zweifarbigen Landschaftsdrucken in Blau, Aqua und Graugrün, alle auf wollweißem Grund
- **Rückseitenstoff:** 7,3 m
- **Einfassung:** 1 m eines altmodisch wirkenden lavendelfarbenen Karostoffes
- **Dünnes Baumwollvlies:** 250 × 250 cm
- **Fadenfarbe für die Applikation:** sehr leuchtendes Scharlachrot
- **Farbe des Quiltgarns:** dunkles Ecru
- **Schablonen und Applikationsvorlagen:** Arbeiten Sie mit den Schablonen J, J-revers, K, L und M, sowie mit den Applikationsvorlagen auf Seite 155. Vergrößern Sie die Vorlagen, wie angegeben.

SCHABLONEN

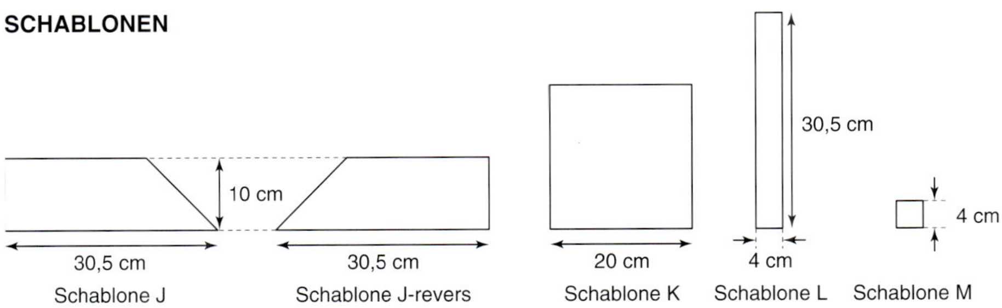

Fenster-Block

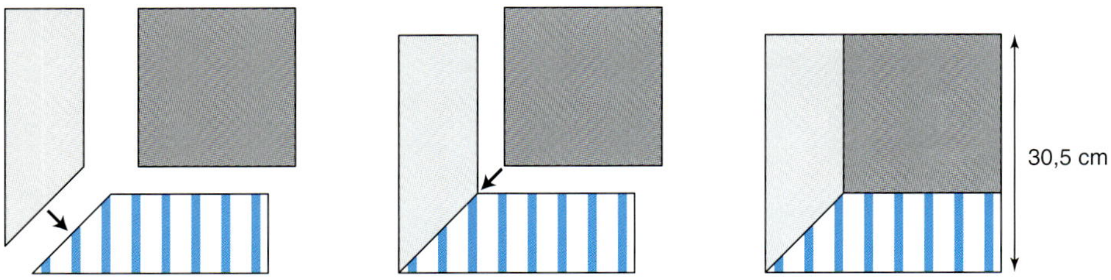

Quiltlinien für den Hutschachtel-Quilt

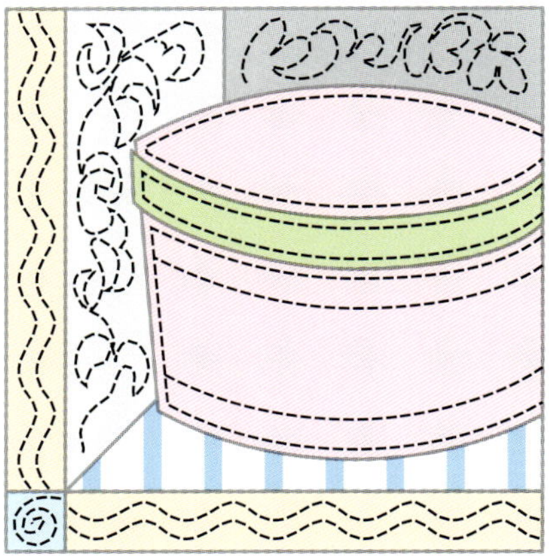

ZUSCHNEIDEN

Quiltmitte

36 Tapetenpaare: für jede der 36 Nischen 1 Trapez nach Schablone J aus hellem bis mittlerem Stoff A und 1 Quadrat nach Schablone K aus einem etwas dunkleren Stoff A schneiden

36 gestreifte Böden: 36 Trapeze nach Schablone J-revers aus den Stoffen B (Streifen parallel zur kurzen geraden Seite der Schablone) schneiden

36 Hutschachteln: Für jede der 36 Hutschachteln benötigen Sie einen Schachtelkörper und einen Schachteldeckel aus demselben Stoff C, doch dürfen ruhig einige der Deckel nicht ganz genau zu den Schachteln passen. Des weiteren schneiden Sie je einen Deckelrand aus den Stoffen D zu, der sich farblich von Schachtel und Deckel abhebt.

49 Quadrate in den Gitterstreifen: 49 Quadrate nach Schablone M aus Stoff E

84 Gitterstreifen: 84 Gitterstreifen nach Schablone L aus Stoff F

Rand

Randstreifen: Schneiden Sie Stoff G für den Rand in Streifen von 16,5 cm Breite, und teilen Sie diese Streifen in unterschiedlich lange Stücke (zwischen 14 cm und 45 cm Länge).

BLÖCKE NÄHEN

36 Blöcke: Nähen Sie 36 Fenster-Blöcke, indem Sie ein nach Schablone J zugeschnittenes Trapez und ein nach Schablone J-revers zugeschnittenes Trapez entlang ihrer diagonalen Kanten zusammensetzen (siehe Abb. oben). Dann setzen Sie ein nach Schablone K zugeschnittenes Quadrat mit einer Y-Naht ein (siehe S. 147). Arbeiten Sie grundsätzlich mit den auf den Schablonen eingezeichneten Nahtzugaben.

HUTSCHACHTELN APPLIZIEREN

Bügeln Sie die Blöcke und setzen Sie die Applikationen auf jeden Block. Zuerst heften Sie den Schachtelkörper auf den Block und applizieren ihn mit leuchtend scharlachrotem Faden und Knopflochstichen von Hand oder mit dem Applikationsstich der Nähmaschine (enger Zickzackstich) von A nach B (siehe Abb. unten). Als Nächstes heften Sie den Schachteldeckel an und nähen mit rotem Faden von C nach D. Heften Sie nun den farblich abgesetzten Deckelrand fest, sodass seine Kante die obere und untere Stoffkante der Schachtelteile bedeckt. Nähen Sie von E nach F, wie zuvor beschrieben. Entfernen Sie die Heftfäden. Bügeln Sie den Block. Schneiden Sie den Hintergrundstoff unter der Applikation bis auf 6 mm an die scharlachrote Nählinie hin zurück.

RANDSTREIFEN

Nähen Sie die Stücke des Randstreifens zu einem fortlaufenden Band von 16,5 cm Breite und mindestens 9 m Länge zusammen. Wechseln Sie dabei die Stofffarben ab. Dann schneiden Sie den Streifen in 2 Stücke von 204 cm Länge und 2 Stücke von 234 cm Länge.

QUILT-OBERSEITE ZUSAMMENSETZEN

Quiltmitte

Arrangieren Sie die Hutschachteln in 6 Reihen zu je 6 Blöcken (siehe Abb. rechts). Verteilen Sie die Gitterstreifen und die Quadrate dazwischen. Wenn Sie Ihre Anordnung getroffen haben, nähen Sie die Blöcke zu Reihen und die Reihen zum Mittelfeld zusammen.

Rand

Nähen Sie die beiden kürzeren zusammengesetzten Streifen an die Seiten der Quiltmitte und dann die beiden längeren Streifen an Ober- und Unterkante.

FERTIGSTELLEN

Bügeln Sie die Quilt-Oberseite. Legen und heften Sie Oberseite, Vlies und Rückseitenstoff aufeinander (siehe S. 148). Quilten Sie mit der Maschine und Garn in dunklem Naturweiß zwei parallele Wellenlinien auf die Gitterstreifen

So werden die Hutschachteln appliziert

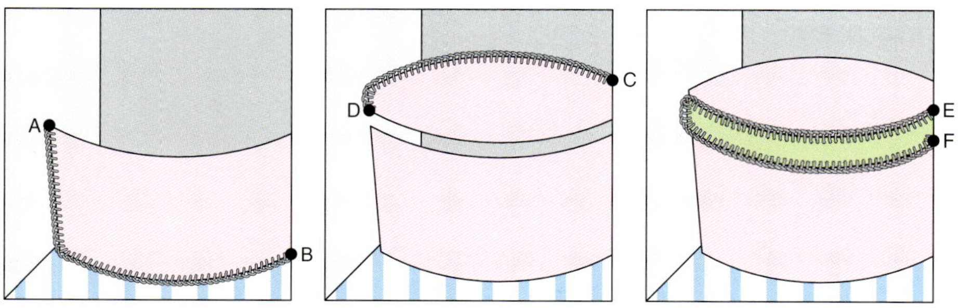

So werden die Blöcke zusammengesetzt

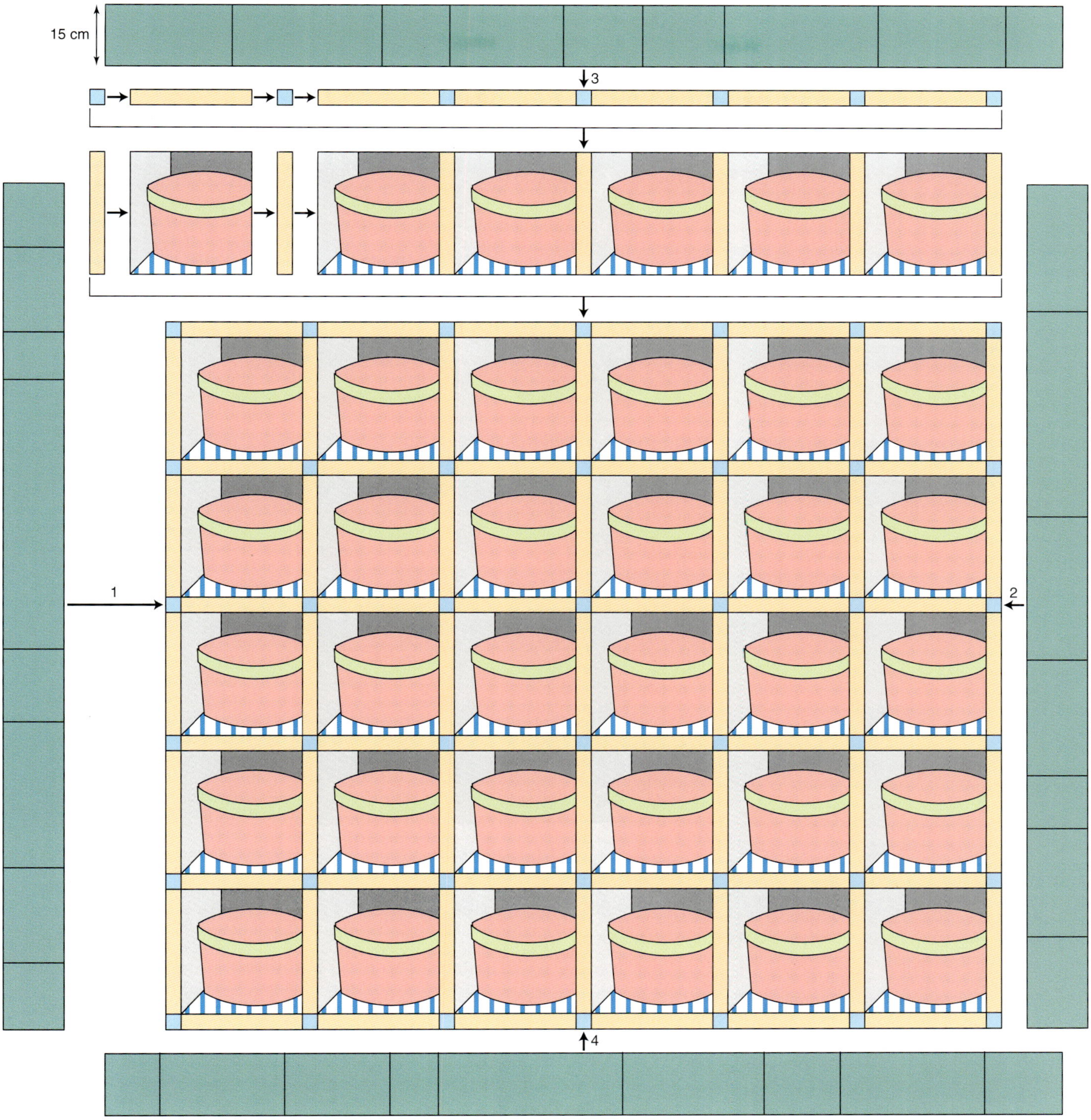

Farbschlüssel

und eine Spirale in jedes Eckquadrat, wie links oben abgebildet. Quilten Sie Schnörkel auf die „Tapeten", um den Stoffdruck nachzuahmen, und Parallel-Linien auf die gestreiften Stoffe, um die Streifen zu betonen. Umquilten Sie die Umrisse der Hutschachteln. Zuletzt quilten Sie freie Linien auf dem äußeren Rand, wobei Sie grob den Mustern der Landschaftsdrucke folgen.

Begradigen Sie den Quiltrand. Schneiden Sie den Stoff für den Einfassstreifen im diagonalen Fadenlauf zu und nähen Sie ihn um den Quilt (siehe S. 149).

Zigeunergarten

Den Quilt „Zigeunergarten" haben wir in vier Farbvarianten genäht. Jede Version wurde um eine der Farbstellungen des Kaffe-Fassett-Stoffes „Flower Lattice" aufgebaut, einer Serie von Stoffen mit sehr großformatigen Blumenmotiven, die in einem auffallenden Blättergitter angeordnet sind. Die großen Quadrate in der Mitte des Quilts sind alle aus diesem Stoff geschnitten. Die Farbstellungen des „Flower-Lattice"-Stoffes legen die Stimmung und die Farben der dazugehörigen Schachbrett-Blöcke fest. Die Anleitung bezieht sich auf den Quilt „Zigeunergarten" von Seite 28, die Farbbeschreibungen für die anderen Varianten folgen auf den Seiten 88 und 89.

QUILTGRÖSSE

Der fertige Quilt misst etwa 215 × 260 cm.

Beachten Sie bitte, dass die Maße bei den Abbildungen für die fertigen Teile gelten und die Nahtzugaben nicht einschließen.

MATERIAL

Stoffe aus 100 % Baumwolle, 112–114 cm breit:

Quiltmitte

• **Stoff A:** 2,3 m „Flower Lattice" GP11-J/Jewel von Kaffe Fassett oder ein ähnlich groß gemusterter Blumenstoff mit grünen Blättern und dunklen Blüten auf schwarzem Grund

• **Stoff B:** je 25 cm von mindestens 15 verschiedenen, mittelgroß gemusterten Blüten- oder Blätterdrucken, vorwiegend in dunklen Rot- und Grüntönen

• **Stoff C:** je 25 cm von mindestens 15 verschiedenen Stoffen in einer Mischung von Unistoffen und wie einfarbig wirkenden, klein gemusterten Stoffen, in den Farben dunkle Pflaume, Marineblau, Ocker und Kastanienbraun

Stoffe für den Rand

• **Stoff D:** 1,5 m „Shot Cotton" SC09/Pomegranate von Kaffe Fassett oder ein vergleichbarer Unistoff in Granatapfelrot

• **Stoff E:** 2 m eines Ton in Ton gemusterten, wie einfarbig wirkenden Stoffes in hellem Moosgrün

• **Stoff F:** 50 cm „Shot Cotton" SC25/Charcoal von Kaffe Fassett oder ein vergleichbarer Unistoff in Schwarz

• **Stoff G:** 2 m eines mittelgroß bedruckten, üppigen Blumendruckes mit dunkelrosafarbenen Blüten und grünen Blättern auf schwarzem Grund

• **Rückseitenstoff:** 7,3 m

• **Einfassung:** 1 m „Narrow Stripe" NS09 von Kaffe Fassett oder ein vergleichbarer Streifenstoff in dunklen Pflaumenfarben für den Einfassstreifen

• **Baumwollvlies:** 235 × 280 cm

ZUSCHNEIDEN

Quiltmitte

12 große Quadrate: 12 Quadrate von 31,5 × 31,5 cm aus Stoff A. Nehmen Sie keine Rücksicht auf die Blumenmotive von Stoff A; setzen Sie die Blüten nicht in die Mitte.

14 Dreiecke für die Kanten: 7 Quadrate von 32,5 × 32,5 cm aus Stoff A. Teilen Sie jedes einmal diagonal von Ecke zu Ecke (= 14 Dreiecke; siehe Anmerkung zum Schneiden).

4 Eckdreiecke: 1 Quadrat von 34 × 34 cm aus Stoff A 2 × diagonal von Ecke zu Ecke teilen (= 4 Dreiecke; siehe Anmerkung zum Schneiden).

Anmerkung zum Schneiden: Wenn Sie die Dreiecke für die Kanten und die Ecken wie oben angegeben zuschneiden, liegt der diagonale Fadenlauf entlang der Außenkante des Quilts (siehe Fadenlaufdiagramme auf Seite 88). Das gitterähnliche, dichte Blättermuster des Stoffes „Flower Lattice" wirkt stark grafisch, und durch diese Art des Zuschneidens verläuft das Muster parallel entlang der Quiltkante. Der außen angenähte Randstreifen löst das Problem des Verziehens, das sich bei diagonal geschnittenen Stoffkanten ergibt. In den anderen Varianten dieses Quilts, die keinen äußeren Randstreifen haben, sind die Dreiecke an Kanten und Ecken im geraden Fadenlauf geschnitten. Wenn Sie dieses Muster

So werden die Blöcke zusammengesetzt

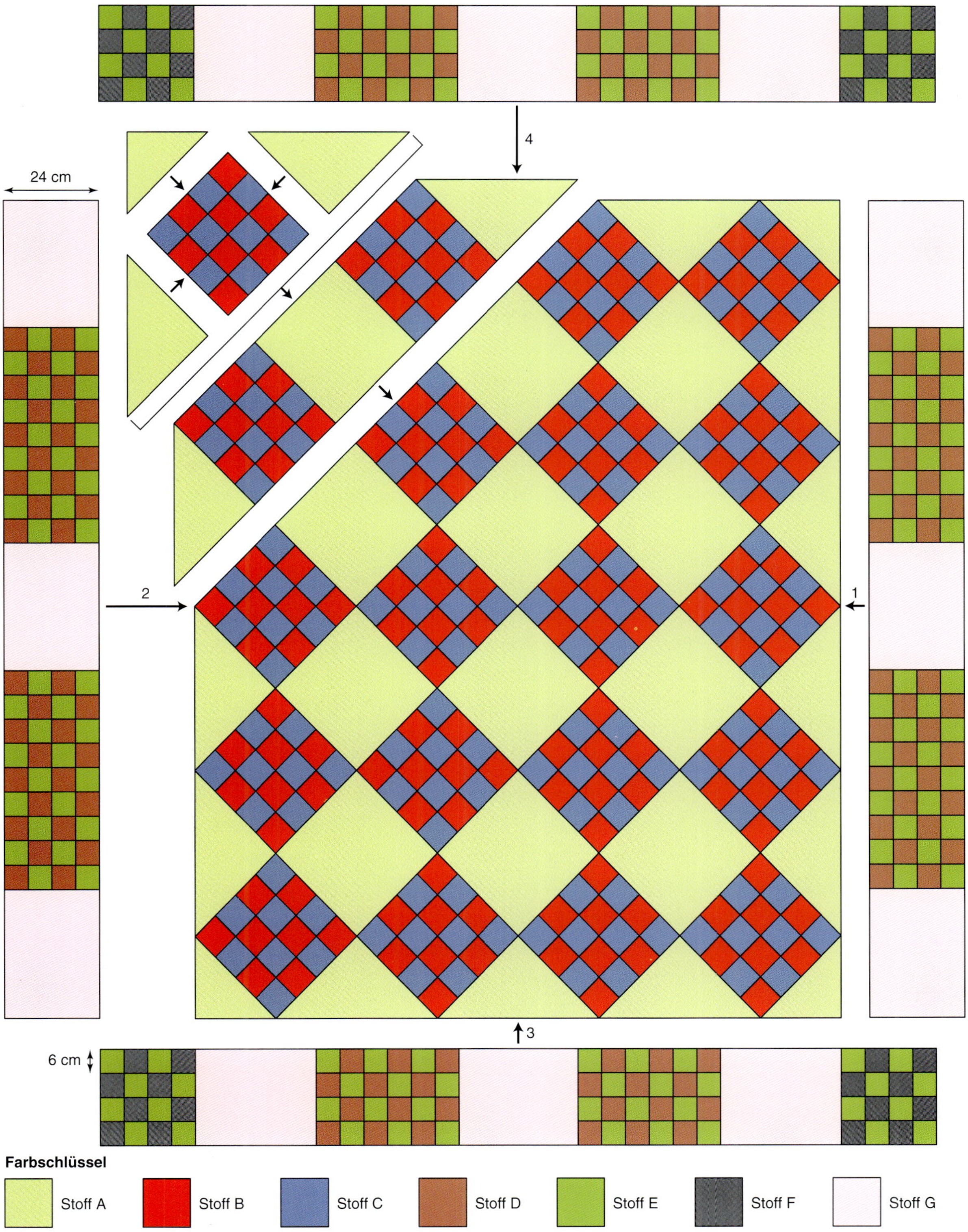

Fadenlauf beim Quilt „Zigeunergarten“

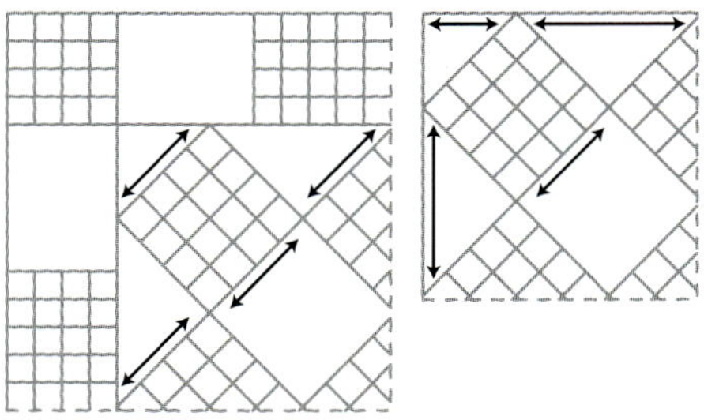

ohne Randstreifen nähen möchten, schneiden Sie die 32,5 x 32,5 cm großen Quadrate diagonal zu, sodass das Quadrat auf der Spitze steht. Im Quadrat verläuft also der diagonale Fadenlauf entlang der Kante, bei den durch das Auseinanderschneiden entstandenen Dreiecken liegt dann der gerade Fadenlauf entlang der langen Kante – also dort, wo Sie ihn haben möchten.

20 große Schachbrett-Blöcke: je Schachbrettblock 2 x 8 Quadrate von 9 x 9 cm (jeweils 8 aus einem der B-Stoffe und 8 aus einem der C-Stoffe)

Randstreifen

304 Schachbrettquadrate: 120 Quadrate von 7,5 x 7,5 cm aus Stoff D (Pomegranate), 152 aus Stoff E (Moosgrün) und 32 aus Stoff F (Charcoal)

12 Blumenrechtecke: 6 Rechtecke von 36 x 25,5 cm und 6 Rechtecke von 34 x 25,5 cm aus Stoff G (Blumen)

QUILTMITTE

Blöcke nähen

20 große Schachbrett-Blöcke: Setzen Sie jeweils 16 Quadrate zu einem Block zusammen. Wechseln Sie die Stoffteile aus den Stoffen B und C ab. Arbeiten Sie grundsätzlich mit 7,5 mm Nahtzugabe.

Quiltmitte zusammensetzen

Arrangieren Sie die Blöcke, die großen Quadrate und die Dreiecke auf dem Fußboden oder an einer flanellbezogenen Entwurfswand (siehe S. 144). Wenn Ihnen die Anordnung gefällt, nähen Sie die Blöcke und Teile zu diagonalen Reihen und dann die Reihen zur Quiltmitte zusammen (siehe Abb. auf S. 87).

Großer Schachbrettblock

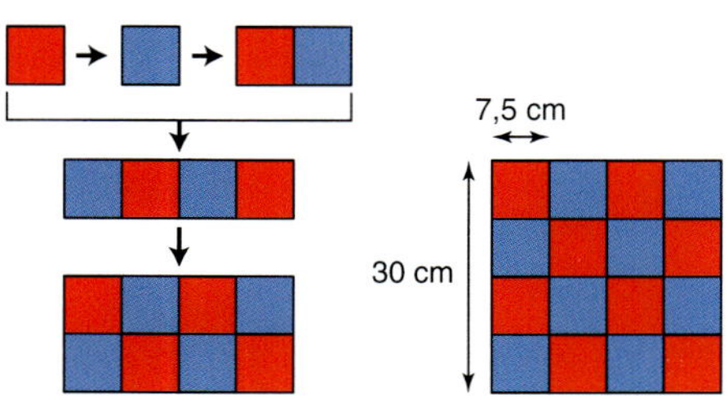

RANDSTREIFEN

Schachbrett-Rechtecke

4 Schachbrett-Blöcke à 4 x 9 Quadrate: Arbeiten Sie 4 Schachbrett-Rechtecke von 4 x 9 Quadraten aus jeweils 18 aus Stoff D (Granatapfelrot) und 18 aus Stoff E (Moosgrün) geschnittenen Quadraten. Nähen Sie die Teile zuerst zu 4 Reihen von je 9 Stück und dann die Reihen zum Block aneinander.

4 Schachbrett-Blöcke à 4 x 6 Quadrate: Arbeiten Sie 4 Schachbrett-Rechtecke von 4 x 6 Quadraten aus jeweils 12 aus Stoff D (Granatapfelrot) und 12 aus Stoff E (Moosgrün) geschnittenen Quadraten. Nähen Sie die Teile zuerst zu 4 Reihen von je 6 Stück und dann die Reihen zum Block aneinander.

4 Schachbrett-Blöcke à 4 x 4 Quadrate: Arbeiten Sie 4 Schachbrett-Blöcke von 4 x 4 Quadraten aus jeweils 8 aus Stoff F (Charcoal) und 8 aus Stoff E (Moosgrün) geschnittenen Quadraten. Nähen Sie die Teile zuerst zu 4 Reihen von je 4 Stück und dann die Reihen zum Block aneinander.

Randstreifen zusammensetzen

Nähen Sie für jeden seitlichen Randstreifen 3 der größeren Rechtecke aus Stoff G (Blumen) an 2 der 4-x-9-Schachbrett-Blöcke (siehe Abb. auf S. 87). Da hier die im diagonalen Fadenlauf zugeschnittenen Stoffteile entlang der Kanten verlaufen, stecken Sie den Randstreifen zuerst fest und heften ihn. Beim Nähen legen Sie die Arbeit so unter die Nähmaschine, dass der Stoff der Quiltmitte unten liegt. So wird die Weite der Kante vom Stofftransport zusätzlich eingehalten.

Nähen Sie für den oberen und unteren Randstreifen 3 der kleineren Rechtecke aus Stoff G (Blumen) an 2 der 4-x-6-Schachbrett-Blöcke und an die Enden jedes dieser Streifen ein 4-x-4-Schachbrett-Quadrat. Nähen Sie den oberen und unteren Randstreifen an den Quilt, wie für die Seitenstreifen beschrieben.

FERTIGSTELLEN

Bügeln Sie die Quilt-Oberseite. Legen und heften Sie Oberseite, Vlies und Rückseitenstoff aufeinander (siehe S. 148). Quilten Sie den gesamten Quilt mit der Nähmaschine und mit rotem Faden. Arbeiten Sie große, einfache Blumenmotive. Begradigen Sie die Quiltkanten. Schneiden Sie den Einfassstreifen im diagonalen Fadenlauf zu und nähen Sie ihn um den Quilt (siehe S. 149).

FARBVARIANTEN

Die verschiedenen alternativen Versionen dieses Quilts sind ohne die breiten Randstreifen gearbeitet (siehe S. 29 ff.). Wenn Sie als geübte Näherin eine dieser Varianten arbeiten möchten, folgen Sie der Anleitung für den Zigeunergarten und lassen die Randstreifen weg.

Nebelgarten

- **Stoff A:** „Flower Lattice“ GP11-S/Stone von Kaffe Fassett oder ein vergleichbarer groß gemusterter Blumenstoff mit blassbeigen Blüten und grauen Blättern auf dunkelgrauem Grund
- **Stoff B:** mittelgroß gemusterter Blumen- und Blätterdruck, vorwiegend in pudrigen Schattierungen von Pfirsich, Rosa und einigen Gold- und Grüntönen
- **Stoff C:** Karos, Streifen, klein gemusterte Drucke und Unistoffe, vorwiegend in Grau, Sand, graustichigem Lavendel und Zimt sowie grünlichem Maulwurfsgrau
- **Stoff für die Einfassung:** „Pressed Roses“ PR01/ graugrundig von Kaffe Fassett oder ein vergleichbarer zweifarbig bedruckter Stoff mit naturweißen Blüten auf grauem Grund

Honiggarten

Im Unterschied zu den anderen Varianten ist der Quilt „Honiggarten“ mit einem 4 cm breiten Randstreifen umgeben (siehe S. 31).

- **Stoff A:** „Flower Lattice" GP11-P/Pastel von Kaffe Fassett oder ein vergleichbarer groß gemusterter Blumenstoff mit Blättern in warmen Ockertönen und blassgrünen sowie lila- und burgunderfarbenen Blüten auf grauem Grund
- **Stoff B:** mittelgroß gemusterte Blumen- und Blätterstoffe, vorwiegend in pudrigem Rosa, Blassgrün, Buttermilch, Zimt und Lavendel
- **Stoff C:** Karos, Streifen, klein gemusterte Druckstoffe und Unistoffe, vorwiegend in Grau, Gelb, pudrigem Weinrot und mattem Apfelgrün
- **Stoff für den Randstreifen:** „Ombré Stripe" OS05 in Rosalila von Kaffe Fassett oder ein vergleichbarer Schatten-Streifenstoff mit rosavioletten Streifen auf wollweißem Grund
- **Stoff für die Einfassung:** Karostoff in Apfelgrün und Flieder

Frühlingsgarten

Diese Version wurde ausschließlich aus Kaffe-Fassett-Stoffen gearbeitet. Die Stoffe B und C sind eine Sammlung von Kaffe-Fassett-Drucken, die sich farblich gut in das gesamte Farbschema einfügen.

- **Stoff A:** „Flower Lattice" GP11-L/Leafy oder ein vergleichbarer groß gemusterter Blumenstoff mit salbeigrünen Blättern und Blüten in Scharlachrot, Kastanienbraun und Blassrosa auf dunkel maulwurfsgrauem Grund
- **Stoff B:** mittelgroß gemusterte Stoffe mit Blumen- und Blättermustern sowie runden Formen, vorwiegend in Lavendel, Scharlachrot, Terrakotta und Ocker
- **Stoff C:** mittelgroß gemusterte Stoffe mit Blumen- und Blättermustern sowie runden Formen, vorwiegend in Grau- und Grüntönen, sowie ein einzelner Unistoff in Blaugrün („Shot Cotton" SC27/Grass)
- **Stoff für die Einfassung:** „Roman Glass" GP01-L/Leafy oder ein vergleichbarer mittelgroß bedruckter Stoff mit grünen Kreisen

Japanischer Brokat

Sämtliche Stoffe in diesem Quilt sehen antik und weich aus, alles wirkt wie in schwarzem Tee gefärbt (siehe S. 32/33). Ein Motiv aus Kaffe Fassetts Dekostoff „Rosamundi" in Flieder (Stoff E) erscheint in der Mitte jedes Randstreifens.

QUILTGRÖSSE

Der fertige Quilt misst etwa 240 x 240 cm. Beachten Sie bitte, dass die Maße bei den Abbildungen für die fertigen Teile gelten und die Nahtzugaben nicht einschließen.

Anmerkung: Berücksichtigen Sie beim Zuschneiden einiger Blöcke die Blumenmotive des Stoffes und wählen Sie passende Ausschnitte. Dabei muss jedoch die Stoffkante ebenfalls entlang des geraden Fadenlaufes und nicht diagonal verlaufen.

MATERIAL

Stoffe aus 100 % Baumwolle, 112–114 cm breit, sowie verschiedene Dekostoffe mittelschwerer Qualität (viele davon mit Brokatstruktur) mit Blumenmuster, vorwiegend in Pfirsich, Rosa und Pink auf unterschiedlichem Hintergrund:

- **Stoff A:** je 50 cm von mindestens 15 bis 18 verschiedenen, besonders groß gemusterten Blumenstoffen mit blass pudrigen Hintergrundfarben in Pink, Salbei, Maulwurfsgrau und Hellgrau
- **Stoff B:** 1 m mittelgroß gemusterter Rosenstoff mit salbeifarbenem Hintergrund
- **Stoff C:** je mindestens 50 cm von 2 klein gemusterten Blumenstoffen mit aquafarbenem Hintergrund
- **Stoff D:** 1,5 m groß gemusterter Blumenstoff mit nilgrünem Hintergrund
- **Stoff E:** 50 cm eines besonders groß gemusterten Rosenstoffes

So werden die Blöcke zusammengesetzt

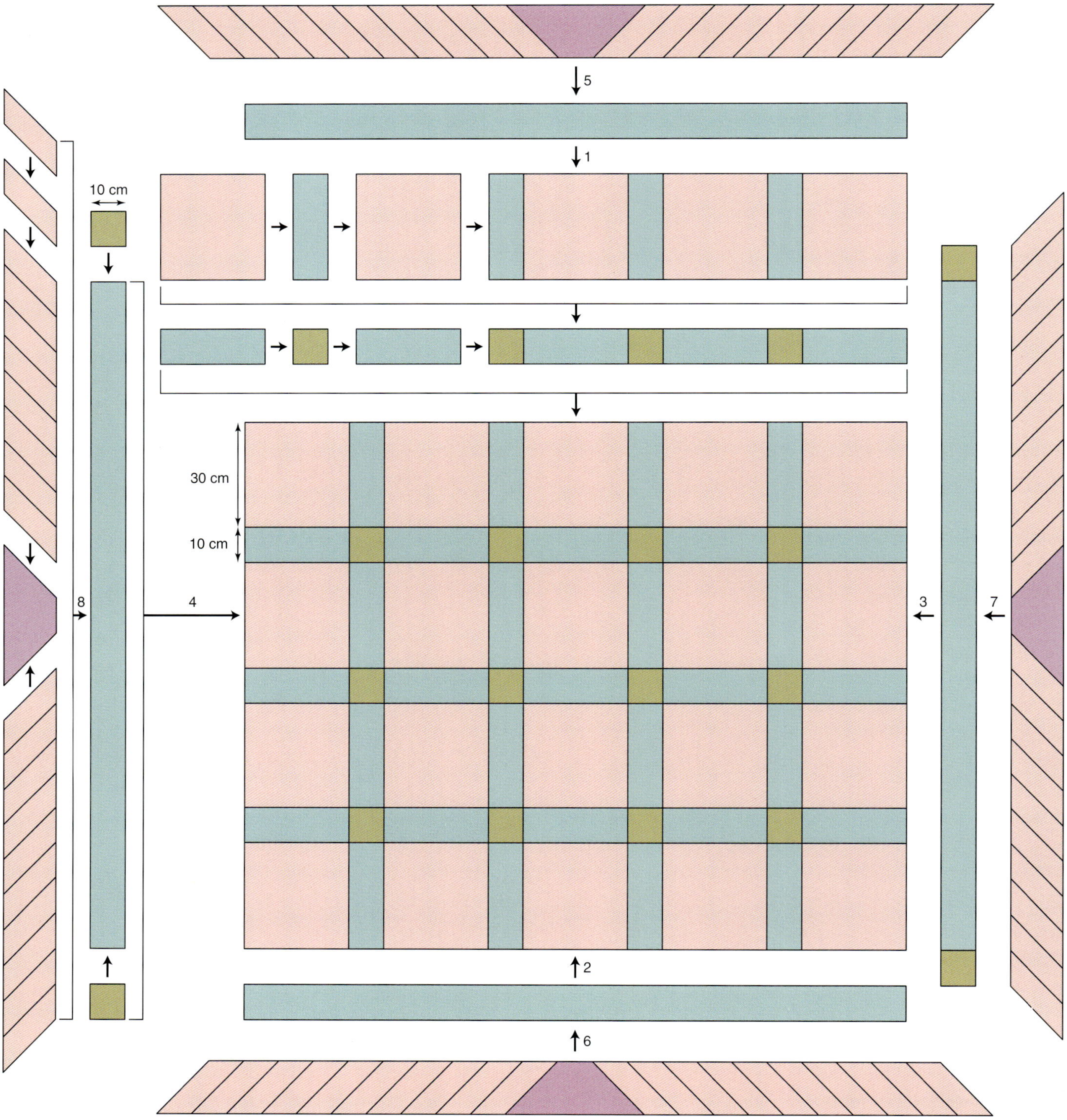

Farbschlüssel

Stoff A
Stoff B
Stoff C und D
Stoff E

- **Rückseitenstoff:** 7,3 m
- **Einfassung:** 1 m Streifenstoff in Rosa und Ecru
- **Baumwollvlies:** 260 x 260 cm
- **Farbe des Quiltgarns:** Rosa
- **Schablonen:** Arbeiten Sie mit den Schablonen Y, Y-revers und Z von den Seiten 156 und 157.

ZUSCHNEIDEN

Innerer Randstreifen

Schneiden Sie aus Stoff D zuerst die Teile für den inneren Randstreifen zu, die Reste verwenden Sie für die Quiltmitte.

SCHABLONEN

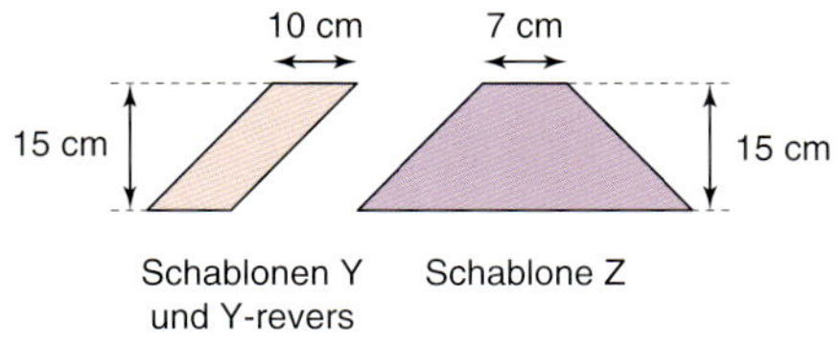

4 lange Streifen: 4 Streifen von 11,5 x 191,5 cm aus Stoff D (auf die benötigte Länge zusammensetzen)
4 kleine Eckquadrate: 4 Quadrate von 11,5 x 11,5 cm aus Stoff B (berücksichtigen Sie den Musterdruck!)

Quiltmitte

Schneiden Sie aus Stoff A zuerst die Teile für die Quiltmitte zu, damit Sie die Reste für den äußeren Randstreifen benutzen können.
25 große Quadrate: 25 Quadrate von 31,5 x 31,5 cm aus Stoff A (berücksichtigen Sie den Musterdruck!)
16 kleine Quadrate für die Gitterstreifen: 16 Quadrate von 11,5 x 11,5 cm aus Stoff B (berücksichtigen Sie den Musterdruck!)
40 Gitterstreifen: insgesamt 40 Streifen von 11,5 x 31,5 cm aus Stoff C und den Resten von Stoff D

Äußerer Randstreifen

80 Parallelogramme: je 40 Parallelogramme nach Schablone Y und 40 nach Schablone Y-revers aus Stoff A (berücksichtigen Sie den Musterdruck!)
4 Trapeze: 4 Teile nach Schablone Z aus Stoff E (berücksichtigen Sie den Musterdruck!)

PATCHWORK NÄHEN

Quiltmitte

Orientieren Sie sich an der Abbildung und arrangieren Sie die großen Stoffquadrate in 5 Reihen zu je 5 Teilen. Legen Sie die Gitterstreifen und die dazugehörigen Quadrate aus Stoff B dazwischen. Arbeiten Sie auf dem Fußboden oder an einer flanellbezogenen Entwurfswand (siehe S. 144). Wenn Sie sich für eine Anordnung entschieden haben, nähen Sie die Teile zuerst zu Reihen und dann die Reihen zur Quiltmitte zusammen. Arbeiten Sie grundsätzlich mit 7,5 mm Nahtzugabe.

Innerer Randstreifen

Nähen Sie einen langen Streifen von Stoff D an Ober- und Unterkante der Quiltmitte. Nähen Sie an jedes Ende der beiden verbleibenden Streifen von Stoff D ein Quadrat aus Stoff B und setzen Sie diese zusammengesetzten Streifen an die Seiten der Quiltmitte.

Äußerer Randstreifen

Für jeden der äußeren Randstreifen nähen Sie zehn Teile nach Schablone Y und zehn Teile nach Schablone Y-revers aneinander und setzen ein Teil nach Schablone Z dazwischen. Arbeiten Sie mit den auf den Schablonen angegebenen Nahtzugaben. Stecken Sie diese Randstreifen an den Quilt, sodass die Eckpunkte der Nahtlinien genau aufeinander treffen. Nähen Sie die Randstreifen an. Sichern Sie dabei die Nahtenden mit Rückstichen und nähen Sie an den Ecken nicht über die Nahtzugabe hinaus. Schließen Sie die 45°-Ecken von außen nach innen und sichern Sie die Nahtenden wieder mit Rückstichen.

FERTIGSTELLEN

Bügeln Sie die Quilt-Oberseite. Legen und heften Sie Oberseite, Vlies und Rückseitenstoff aufeinander (siehe S. 148).
Arbeiten Sie mit rosafarbenem Faden und quilten Sie das gesamte Patchwork mit der Nähmaschine in engen Wellenlinien („Stippling"), mit Spiralen-, Blumen- und Blätterformen.
Begradigen Sie die Quiltkanten. Schneiden Sie die Einfassstreifen im diagonalen Fadenlauf zu und fassen Sie den Quilt ein (siehe S. 149).

Moody Blues

„Moody Blues" wirkt wie ein blauer Fleck, aus dem lebendige Akzente in Magenta und Ocker hervorstechen (siehe S. 34). Auf Seite 95 finden geübte Patchworkerinnen die Angaben für die alternative Farbstellung „Moody Whites". Der Quilt „Moody Whites" hat einen schlichten, nicht aus auf der Spitze stehenden Quadraten zusammengesetzten Randstreifen, weshalb seine Maße einfacher zu verändern sind.

QUILTGRÖSSE

Der fertige Quilt misst etwa 225 x 225 cm. Beachten Sie bitte, dass die Maße bei den Abbildungen für die fertigen Teile gelten und die Nahtzugaben nicht einschließen.

Anmerkung: Das Maß von „Moody Blues" lässt sich nur schwer verändern, da die Quadrate des inneren Randstreifens auf ihrer Spitze stehen, die des Mittelfeldes jedoch nicht. Randstreifen und Quiltmitte passen nur in wenigen Abmessungen genau aneinander. Wenn Sie eine andere Größe arbeiten möchten, so gibt es die Möglichkeit, die Quiltmitte mit einfachen Stoffstreifen einzurahmen.

MATERIAL

Stoffe aus 100 % Baumwolle, 112–114 cm breit. Die Stoffe sind meist Ton in Ton gehaltene Baumwolldrucke, einfache Streifen- und Karostoffe und einige gepunktete Stoffe:

- **Stoff A:** verschiedene Stoffreste in mittlerem bis hellem Blau-Grün (insgesamt etwa 1 m)
- **Stoff B:** verschiedene Stoffreste in mittlerem bis hellem, pudrigem Blau und einigen Lavendeltönen (insgesamt etwa 1 m)
- **Stoff C:** verschiedene Stoffreste in mittlerem bis dunklem Moosgrün und Braungrün (insgesamt etwa 1 m)
- **Stoff D:** verschiedene Stoffreste in mittlerem bis dunklem Blau (insgesamt etwa 1 m)
- **Stoff X:** verschiedene Stoffreste in sehr leuchtendem Magenta, Ocker und knalligem Pink
- **Stoff E:** verschiedene Stoffreste von mittlerem Schlammgrün, Olive und Ocker (insgesamt etwa 70 cm)
- **Stoff F:** verschiedene Stoffreste in dunklem gedecktem Blau, Pflaume und graustichigem Lavendel (insgesamt etwa 70 cm)
- **Stoff G:** 50 cm Unistoff in Kobaltblau
- **Stoff H:** 50 cm klein gemusterter Blümchenstoff in Magenta und Grün auf marineblauem Grund
- **Stoff I:** 70 cm dunkler Webstreifenstoff in Kastanienbraun, Blau und Grün
- **Stoff J:** je 25 cm eines in Ocker und Kobaltblau karierten Stoffes
- **Stoff K:** 1 m eines mehrfarbigen Streifenstoffes (siehe Einfassung)
- **Rückseitenstoff:** 7,3 m
- **Einfassung:** 1 m zusätzlich von Stoff K für den diagonal geschnittenen Einfassstreifen
- **Baumvollvlies:** 245 x 245 cm
- **Farbe des Quiltgarns:** Dunkelgrün oder Dunkelblau
- **Schablonen:** Arbeiten Sie mit den Schablonen R, S, T, U und V von den Seiten 150–153.

ZUSCHNEIDEN

Quiltmitte

Stoff A: 98 zusammenpassende Paare von Quadraten nach Schablone R (= insgesamt 196 Quadrate)
Stoff B: wie Stoff A.
Stoff C: wie Stoff A.
Stoff D: wie Stoff A.
Stoff X: 392 Quadrate von 4 x 4 cm

Innerer Randstreifen

Stoff E: 44 gleiche Paare von Quadraten nach Schablone R (= insgesamt 88 Quadrate)
Stoff F: wie Stoff E
Stoff G: 40 Quadrate nach Schablone R
Stoff H: 80 Dreiecke nach Schablone S
Stoff I: 40 Dreiecke nach Schablone T (achten Sie auf die Richtung der Streifen!)
Stoff J: 4 Eckdreiecke nach Schablone U

Äußerer Rand

Stoff X: 80 Dreiecke nach Schablone V
Stoff K: 20 Streifen von 6,5 x 40 cm.

QUILTMITTE

Blöcke nähen

98 A/B-Viererblöcke: Nähen Sie 98 A/B-Viererblöcke, indem Sie jeweils zwei gleiche Quadrate aus Stoff A und zwei gleiche Quadrate aus Stoff B zusammensetzen (siehe Abb. rechts). Arbeiten Sie grundsätzlich mit den auf den Schablonen angegebenen Nahtzugaben.

98 C/D-Viererblöcke: Nähen Sie 98 C/D-Viererblöcke, indem Sie jeweils zwei gleiche Quadrate aus Stoff C und zwei gleiche Quadrate aus Stoff D zu einem Block zusammensetzen.

Eckdreiecke annähen

Falten Sie jeweils eines der 392 kleinen Quadrate aus Stoff X diagonal zur Hälfte und drücken Sie mit den Fingern die diagonale Falte fest. Falten Sie das Quadrat wieder auf und legen Sie es rechts auf rechts in die äußere Ecke des Stoff-A-Quadrates eines A/B-Blockes, sodass die Kanten genau aufeinander liegen. Nähen Sie entlang der diagonalen Falte (siehe

SCHABLONEN

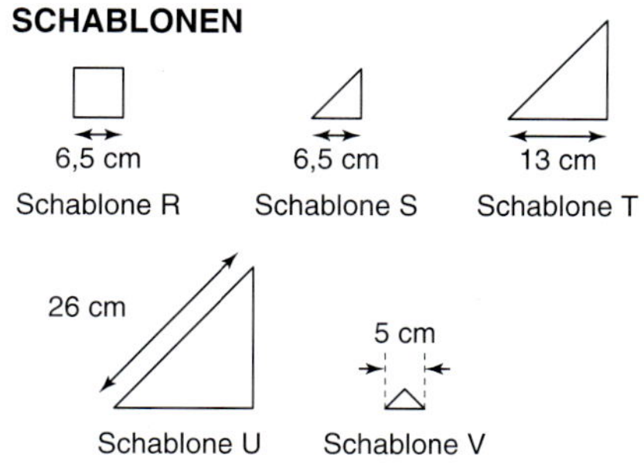

Dreiecksblock (innerer Randstreifen)

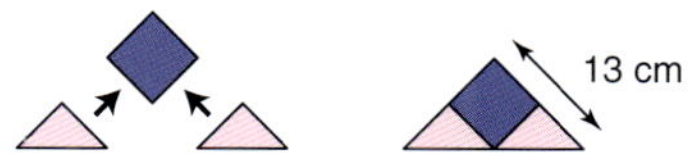

Parallelogramm-Block (innerer Randstreifen)

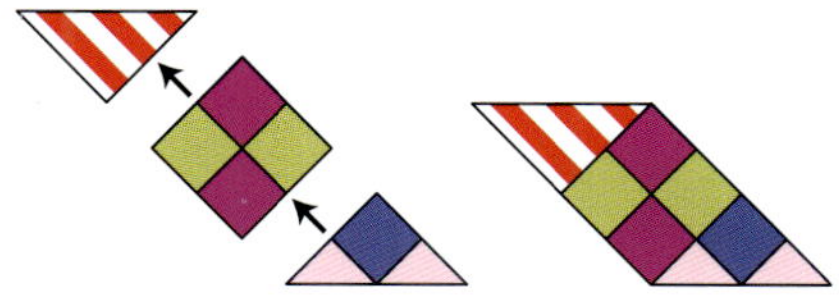

Unvollständiger Parallelogramm-Block (innerer Randstreifen)

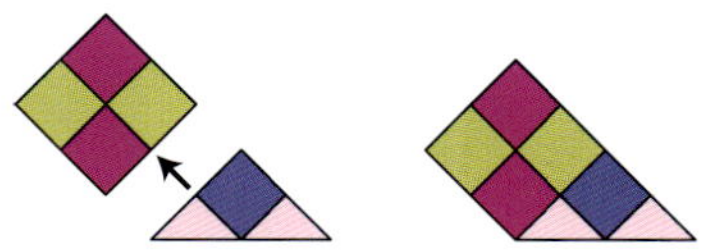

Eckblock (innerer Randstreifen)

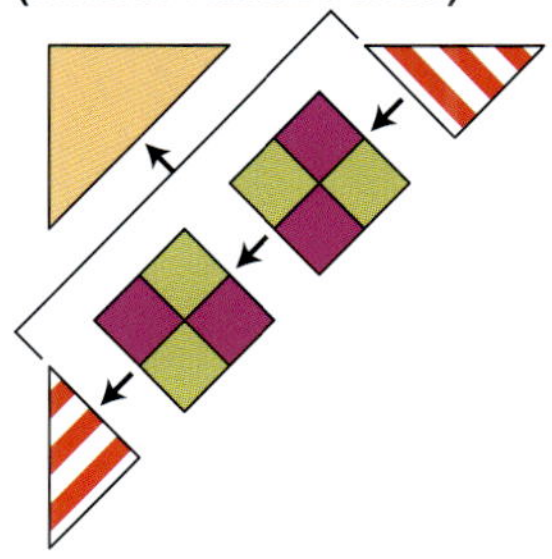

Viererblock

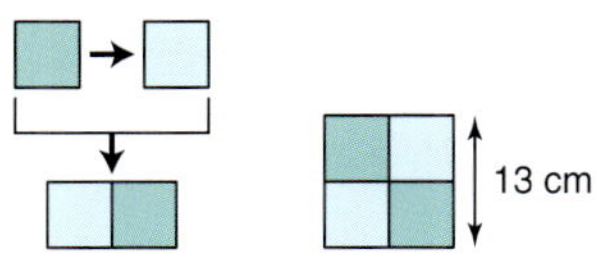

Block aus 4 Dreiecken

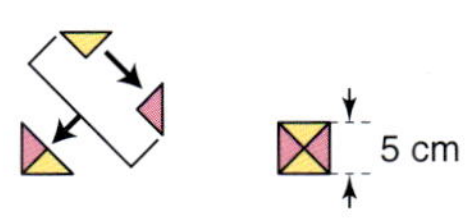

Abb. „Schneeball-Block" auf Seite 80). Schneiden Sie die Ecken beider Stoffe 7,5 mm außerhalb der soeben genähten

So werden die Blöcke zusammengesetzt

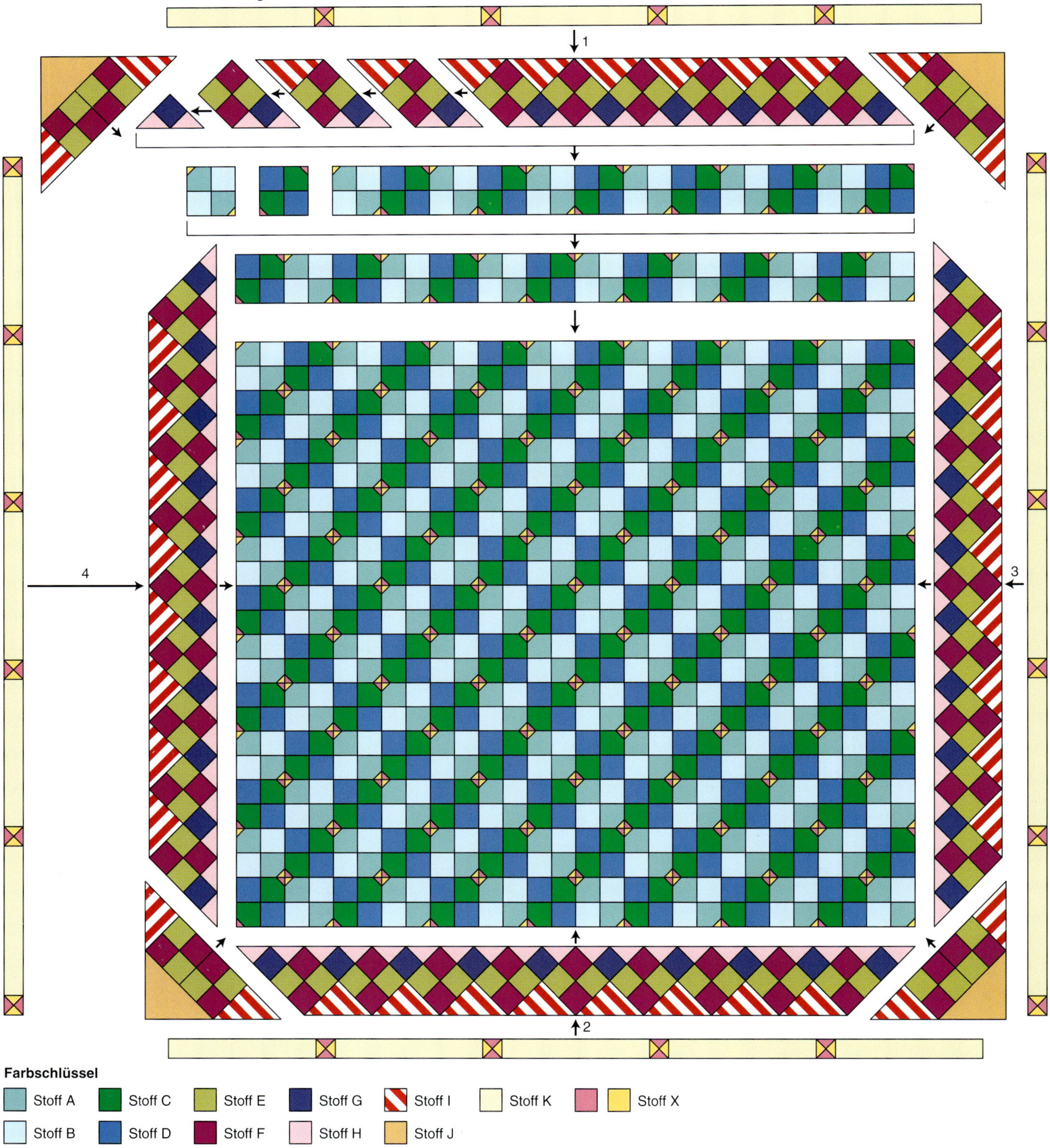

Naht ab. Bügeln Sie die angenähte Ecke aus Stoff X von der Mitte weg nach außen hin. Nähen Sie an das andere Stoff-A-Quadrat desselben Blocks ebenfalls ein Stoff-X-Dreieck (nicht aus dem gleichen Stoff wie das erste).

Nähen Sie je 2 Stoff-X-Ecken an jeden der 196 Viererblöcke der Quiltmitte. Nähen Sie sie an die Stoff-A-Quadrate der A/B-Blöcke und an die Stoff-C-Quadrate der C/D-Blöcke.

Quiltmitte zusammensetzen

Ordnen Sie die 196 Blöcke für die Quiltmitte in 14 Reihen zu je 14 Blöcken an (siehe Abb. oben) und wechseln Sie die A/B-Blöcke und die C/D-Blöcke ab. Dabei treffen die Ecken der Stoffe X aufeinander und formen kleine Quadrate. Legen Sie die Blöcke auf dem Fußboden aus oder arbeiten Sie an einer flanellbezogenen Entwurfswand (siehe S. 144). Wenn Sie die beste Anordnung gefunden haben, nähen Sie die Blöcke zu Reihen und dann die Reihen zur Quiltmitte zusammen.

INNERER RANDSTREIFEN

Blöcke für den inneren Randstreifen

Nähen Sie folgende Blöcke nach der Abbildung auf Seite 93.

44 E/F-Viererblöcke: Nähen Sie 44 E/F-Viererblöcke aus jeweils 2 gleichen Quadraten aus Stoff E und Stoff F.

40 G/H-Dreiecksblöcke: Nähen Sie 40 G/H-Dreiecksblöcke, indem Sie jeweils 2 passende Dreiecke aus Stoff H an ein Quadrat aus Stoff G nähen.

32 Parallelogramm-Blöcke: Nähen Sie 32 Parallelogramme, indem Sie jeweils ein Dreieck aus Stoff I und einen G/H-Dreiecksblock an einen E/F-Viererblock nähen. Achten Sie darauf, dass alle Streifen der Dreiecke aus Stoff I in die gleiche Richtung weisen.

4 unvollständige Parallelogramm-Blöcke: Nähen Sie wie oben, aber lassen Sie die Dreiecke aus Stoff I weg.

4 Eckblöcke: Nähen Sie die 4 Eckblöcke aus zwei E/F-Viererblöcken, zwei Dreiecken aus Stoff I und einem großen Dreieck aus Stoff J.

Inneren Randstreifen zusammensetzen

Setzen Sie acht Parallelogramm-Blöcke, einen unvollständigen Parallelogramm-Block und einen G/H-Dreiecksblock zu einem Randstreifen zusammen, der an eine Seite der Quiltmitte passt (siehe Abbildung). Nähen Sie auf die gleiche Weise auch die Blöcke für die anderen drei Seiten der Quiltmitte zu Streifen zusammen. Da entlang der Innenkante des Randstreifens der Fadenlauf diagonal geschnitten ist, stecken Sie die Kante an die Quiltmitte und heften sie notfalls fest. Beim Nähen legen Sie die Arbeit so unter die Nähmaschine, dass der Stoff der Quiltmitte unten liegt. So wird die diagonal geschnittene Kante vom Stofftransport zusätzlich eingehalten. Zuletzt setzen Sie die vier Eckblöcke an die vier Ecken des Quilts.

ÄUSSERER RANDSTREIFEN

Blöcke für den äußeren Randstreifen:

20 Blöcke aus 4 Dreiecken: Nähen Sie 20 Blöcke, indem Sie 4 unterschiedliche Dreiecke aus Stoff X zu einem quadratischen Block zusammensetzen.

Äußeren Randstreifen zusammensetzen

Sortieren und legen Sie 5 Streifen aus Stoff K und 4 Blöcke aus 4 Dreiecken (Stoff X) abwechselnd zu einer Reihe, beginnen und enden Sie mit einem Streifen. Setzen Sie noch 3 weitere solcher Streifen zusammen. An 2 dieser Streifen fügen Sie an jedes Ende einen Stoff-X 4-Dreiecke-Block an. Nähen Sie die beiden kurzen Streifen an einander gegenüberliegende Seiten des Quilts und die beiden langen Streifen an die beiden anderen Seiten. Wieder heften Sie, falls nötig, und legen beim Nähen die diagonal geschnittenen Kanten der inneren Randstreifen auf den Stofftransport der Nähmaschine.

FERTIGSTELLEN

Bügeln Sie die Quilt-Oberseite. Legen und heften Sie Oberseite, Vlies und Rückseitenstoff aufeinander (siehe S. 148). Quilten Sie mit dunkelblauem oder dunkel moosgrünem Garn (siehe Abb. rechts oben). Begradigen Sie die Quiltkanten. Schneiden Sie die Einfassung aus Stoff K im diagonalen Fadenlauf zu und nähen Sie sie um den Quilt (siehe S. 149).

FARBVARIANTE

Der alternative „Moody Whites" (siehe S. 34) gibt Ihnen eine Vorstellung davon, wie Sie Ihre eigene Farbstellung finden

Quiltlinien für „Moody Blues"

und die Stimmung Ihres Quilts damit verändern können.

Moody Whites

Der Quilt „Moody Whites" wurde auf die gleiche Weise wie „Moody Blues" genäht, allerdings besteht die Quiltmitte aus 12 Reihen zu je 12 Blöcken und wird von einem einfachen 13 cm breiten Rand eingerahmt. Der fertige Quilt misst 180 x 180 cm.

Für die Viererblöcke des Quilts wurden nur zwei verschiedene Stoffgruppen benötigt – Stoff A und Stoff B. Jeder Block besteht aus 2 Quadraten aus Stoff A (nach Schablone R geschnitten) und 2 Quadraten aus Stoff B. Die Eckdreiecke sind an ein Paar der blasseren Stoffteile der Blöcke angesetzt (Stoff A). Der Gesamteindruck ist sehr hell, die Farben wirken einheitlich in staubhellen, pudrigen Tönen.

- **Stoff A:** vorwiegend Ton in Ton gehaltene Stoffe, die wie Unistoff wirken, in Weiß und gebrochenem Weiß
- **Stoff B:** blasse, vorwiegend Ton in Ton gehaltene, uni wirkende Stoffe in hellem Maulwurfsgrau, verwässerten Sienatönen und mattem Grün
- **Stoff X:** helle Druckmuster in pudrigen, pastelligen Tönen von Türkis, Blau, Lindgrün, Altrosa und Karamell
- **Stoff für den Randstreifen:** ein Ton in Ton mit Punkten bedruckter Stoff in blasser Sandfarbe
- **Einfassung:** Weiß in Weiß schmal gestreift
- **Farbe des Quiltgarns:** Naturweiß

Red Courthouse Steps

Die folgende Anleitung gilt für den Quilt „Red Courthouse Steps" (siehe auch Seite 36). Geübte Patchworkerinnen möchten den Quilt vielleicht in einer anderen Farbstellung nähen – daher folgen die Beschreibungen für eine gelbe und für eine indigofarbene Version auf den Seiten 98 und 99.

QUILTGRÖSSE

Der fertige Quilt misst etwa 190 x 190 cm.
Beachten Sie bitte, dass die Maße bei den Abbildungen für die fertigen Teile gelten und die Nahtzugaben nicht einschließen.

Anmerkung: Dieses Muster ist in der Anordnung „Courthouse Steps" genäht, einer Variante des traditionellen Blockhaus-Blockes (Log Cabin). Jede Seite des Blockhauses ist aus schmalen Stoffstreifen genäht und jede der vier Seiten unterscheidet sich farblich von den anderen dreien. Jede Seite schließt sich an den Nachbarblock mit exakt derselben Farbe an. So ergibt sich eine wunderbare Form, wie chinesische Papierlaternen oder gestufte Quadrate, die auf der Spitze stehen.

MATERIAL

Stoffe aus 100 % Baumwolle, 112–114 cm breit:

- **Stoff A:** 25–50 cm von mindestens 25 verschiedenen Stoffen, meist mittelgroß bedruckt, auch gepunktet und kariert, vorwiegend in Rot – von Bordeaux, Rote Beete und Burgunder bis zu Magenta, Scharlachrot und Rotorange
- **Stoff B:** 50 cm „Shot Cotton" SC12/ Chartreuse von Kaffe Fassett oder ein vergleichbarer Unistoff in dunklem Gelbgrün
- **Stoff C:** 25 cm „Shot Cotton" SC09/ Pomegranate von Kaffe Fassett oder ein vergleichbarer Unistoff in Granatapfelrot
- **Stoff D:** 1 m „Roman Glass" GP01-R in Rot von Kaffe Fassett oder ein vergleichbarer mehrfarbiger, mit Kreismuster bedruckter Stoff in der Hauptfarbe Rot
- **Rückseitenstoff:** 4,6 m
- **Einfassung:** zusätzlich 50 cm von Stoff D
- **Wollvlies oder dickes Polyestervlies:** 210 x 210 cm

Stoffteile in farbgleichen Sets zuschneiden

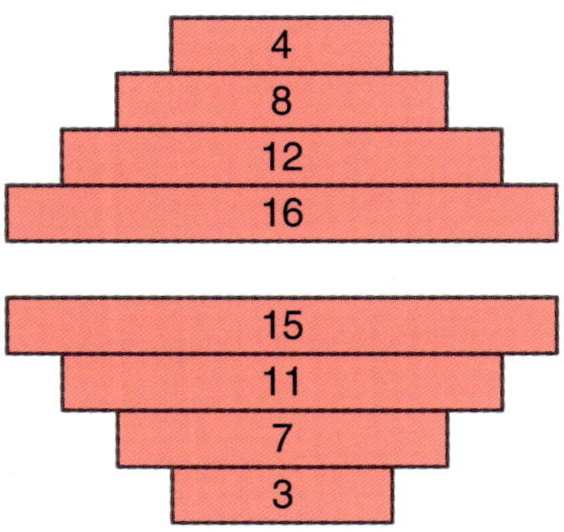

großes gestuftes Quadrat

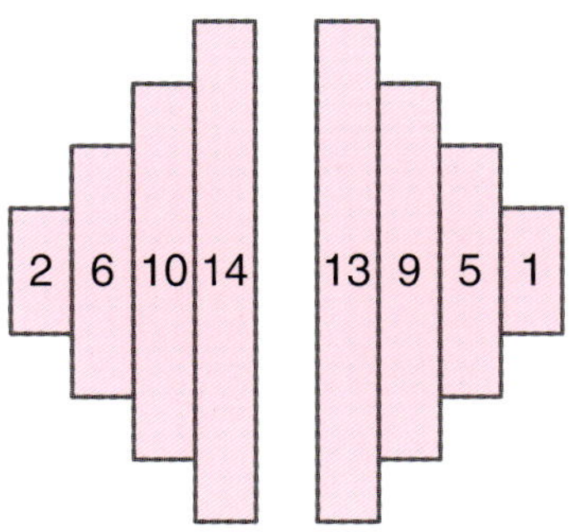

kleines gestuftes Quadrat

Blockhausblock

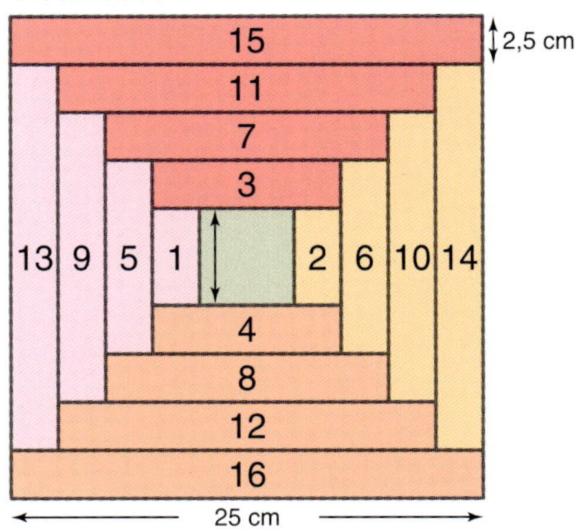

• **Garn zum Knoten:** burgunderrotes Stickgarn

ZUSCHNEIDEN
Quiltmitte

Weil sich das Muster erst dann formt, wenn die verschiedenen Stoffe der vier Seiten jedes Blockhauses und die jeweils daran angrenzenden Stoffe der Nachbarblöcke identisch sind, und da sich nur so die „gestuften Quadrate" bilden, werden die Teile dafür aus dem gleichen Stoff geschnitten. Sie schneiden jeweils ein Set für ein solches gestuftes Quadrat, also nicht nur für eine Seite eines Blockhausblockes. Die Stoffstreifen für die gestuften Quadrate werden komplett ausgelegt und danach zum Nähen in 2 Gruppen aufgeteilt, je eine Hälfte für jeden Block.

So werden die Blöcke zusammengesetzt

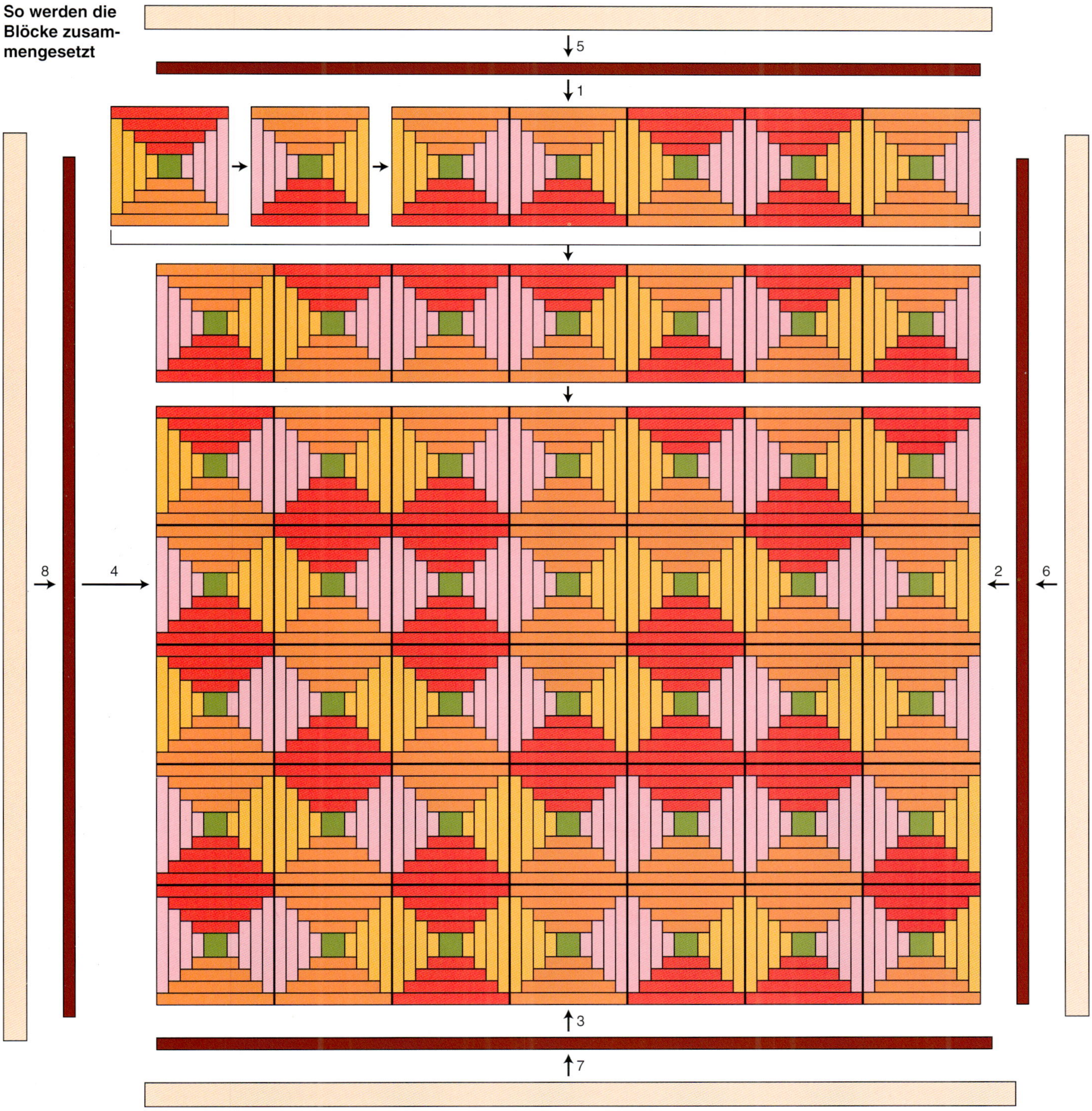

Farbschlüssel

42 große gestufte Quadrate: Für jedes der 42 großen gestuften Quadrate schneiden Sie aus einem einzigen Stoff der Farbe A folgende 8 Streifen zu:

- 2 Streifen von 4 x 11,5 cm für die Teile 3 und 4 eines Blockhausblockes (siehe Abbildungen auf Seite 96)
- 2 Streifen von 4 x 16,5 cm für die Teile 7 und 8
- 2 Streifen von 4 x 21,5 cm für die Teile 11 und 12
- 2 Streifen von 4 x 26,5 cm für die Teile 15 und 16

14 halbe große gestufte Quadrate: Für jedes der 14 halben großen gestuften Quadrate schneiden Sie 4 Streifen aus einem der Stoffe A – je 1 Streifen in jeder Größe, in den Maßen wie für das ganze große gestufte Quadrat.

42 kleine gestufte Quadrate: Für jedes der 42 kleinen gestuften Quadrate schneiden Sie aus einem einzigen Stoff A folgende 8 Streifen:

- 2 Streifen von 4 x 6,5 cm für die Teile 1 und 2 eines Blockhausblockes (siehe Abbildungen auf Seite 96)
- 2 Streifen von 4 x 11,5 cm für die Teile 5 und 6
- 2 Streifen von 4 x 16,5 cm für die Teile 9 und 10
- 2 Streifen von 4 x 21,5 cm für die Teile 13 und 14

14 halbe kleine gestufte Quadrate: Für jedes der 14 halben kleinen gestuften Quadrate schneiden Sie 4 Streifen aus einem der Stoffe A – je 1 Streifen in jeder Größe, in den Maßen wie für das ganze kleine gestufte Quadrat.

49 Mittelquadrate für die Blöcke: 49 Quadrate von 6,5 x 6,5 cm aus Stoff B (Chartreuse)

Innerer Randstreifen

4 Streifen: aus Stoff C (Pomegranate) 1 Streifen von 4 x 176,5 cm, 2 Streifen von 4 x 179 cm und 1 Streifen von 4 x 181,5 cm

Äußerer Randstreifen

4 Streifen: aus dem mit Kreisen bedruckten Stoff D 1 Streifen von 6,5 x 181,5 cm, 2 Streifen von 6,5 x 186,5 cm und 1 Streifen von 6,5 x 191,5 cm

GESTUFTE QUADRATE ANORDNEN

Ordnen Sie die Sets von Streifen nach der Abbildung an. Arrangieren Sie auf dem Fußboden oder einer flanellbezogenen Entwurfswand (siehe S. 144) 7 Reihen von 6 kleinen gestuften Quadraten, im Wechsel mit 6 Reihen von großen gestuften Quadraten. Füllen Sie die Lücken an den Seitenkanten mit halben kleinen gestuften Quadraten und die Ober- und Unterkante mit den halben großen. Dann legen Sie jeweils ein chartreusefarbenes Quadrat an die Stelle, an der die gestuften Quadrate aufeinander treffen.

BLOCKHAUSBLÖCKE NÄHEN

49 Blockhausblöcke: Wenn Ihnen die Anordnung gefällt, so teilen Sie die Streifen in Gruppen zu je 16 Streifen. Daraus, und aus dem chartreusefarbenem Mittelquadrat, werden die Blockhausblöcke genäht (siehe Abbildung auf Seite 96). Behalten Sie beim Nähen die einmal gefundene Anordnung bei.
Nehmen Sie ein Set von 16 Streifen für den ersten Block zur Hand. Nähen Sie mit 7,5 mm Nahtzugabe Teil 1 an die Mitte, dann Teil 2, dann Teil 3 und so weiter. Bügeln Sie jeweils die Nahtzugaben von der Mitte weg nach außen hin.
Arbeiten Sie die restlichen 48 Blöcke auf die gleiche Weise. Um die Farbenzuordnung nicht aus dem Auge zu verlieren, empfiehlt es sich, die Blöcke jeweils sofort zu horizontalen Reihen zusammenzunähen (siehe Abbildung auf Seite 97).

QUILTMITTE ZUSAMMENSETZEN

Falls nicht schon geschehen, nähen Sie nun die Blockhausblöcke zu 7 Reihen von je 7 Blöcken aneinander und setzen Sie dann die 7 horizontalen Reihen zur Quilt-Oberseite zusammen.

INNEREN RANDSTREIFEN ANSETZEN

Nähen Sie den kürzesten Streifen für den inneren Rand an die Oberkante der Quiltmitte, danach den ersten der beiden mittellangen Streifen an die rechte Kante und den zweiten an die Unterkante des Quilts. Zum Schluss setzen Sie den längsten Streifen an die linke Seitenkante.

ÄUSSEREN RANDSTREIFEN ANSETZEN

Nähen Sie die Streifen für den äußeren Rand in der gleichen Reihenfolge an wie zuvor den inneren Rand.

FERTIGSTELLEN

Bügeln Sie die Quilt-Oberseite. Legen und heften Sie Oberseite, Vlies und Rückseitenstoff aufeinander (siehe S. 148). Knoten Sie den Quilt mit burgunderfarbenem Stickgarn (siehe S. 148): Setzen Sie an jede Ecke der Blockhausblöcke einen Knoten, je einen weiteren genau zwischen diese Knoten und zum Schluss je einen Knoten in jede Ecke der kleinen chartreusefarbenen Mittelquadrate. Begradigen Sie die Quiltkanten. Schneiden Sie den Einfassstreifen zu und nähen Sie ihn um den Quilt (siehe S. 149).

FARBVARIANTEN

Sie finden zwei Farbvarianten dieses Quilts – die „Indigo Courthouse Steps" auf Seite 39 und die „Yellow Courthouse Steps" auf Seite 38. Sie geben Ihnen eine Vorstellung davon, wie Sie Ihre eigene Farbstellung finden können. Beide Alternativvorschläge sind kleiner als „Red Courthouse Steps". Bedenken Sie also, dass Sie für diese Versionen weniger von Stoff A benötigen als für die rote.

Indigo Courthouse Steps

Dieser Quilt ist 6 mal 6 Blöcke groß und hat einen einzigen, 13 cm breiten Randstreifen. Das fertige Patchwork misst 150 x 150 cm.

- **Stoff A:** dunkle bis mittlere Baumwolldrucke mit diversen Mustern in Indigo, darunter Punkte und ein einzelner Karostoff. Der Gesamteindruck sollte dunkel sein.

- **Stoff B:** „Shot Cotton" SC12/Chartreuse von Kaffe Fassett oder vergleichbarer Unistoff in dunklem Gelbgrün
- **Randstreifen:** Batikstreifen in dunklem Indigo
- **Einfassung:** Nadelpunkte auf Marineblau
- **Quiltknoten:** lilafarbenes Stickgarn

Yellow Courthouse Steps

Dieser Quilt ist 7 mal 7 Blöcke groß und hat keinen Randstreifen. Die einzelnen Blöcke in dieser Version entstehen aus 12 Streifen (anstatt aus 16), sodass sie 20,5 x 20,5 cm groß sind. Der fertige Quilt misst 144 x 144 cm.

Die Lagen des Quilts werden durch Stickereien statt durch Knoten zusammengehalten (siehe Stickgarne).

- **Stoff A:** mittelgroß gemusterte Druckstoffe, darunter Punkte, Karos und ein Streifenstoff in leuchtendem Gelb und Goldocker mit einigen weniger leuchtend gelben Partien
- **Stoff B:** „Shot Cotton" SC12/Chartreuse von Kaffe Fassett oder vergleichbarer Unistoff in dunklem Gelbgrün
- **Einfassung:** „Pebble Beach" GP06-C in Gelb von Kaffe Fassett oder ein vergleichbarer bräunlich gelber Druckstoff mit kupferfarbenen Akzenten
- **Stickgarne:** Seidenstickttwist und/oder Strick- und Stickgarne aus Baumwolle in verschiedenen Schattierungen von Pink, Blau, Grün, Gelb, Goldocker und Orange

Sticken Sie jeweils eine Blüte aus 2 bis 3 konzentrischen Kreisen von strahlenförmig angeordneten Spannstichen auf jedes der chartreusefarbenen Mittelquadrate. Beginnen Sie in der Mitte und lassen Sie eine 2 cm große, kreisförmige Blütenmitte unbestickt. Sticken Sie einen einzelnen orangefarbenen Sternstich in die Mitte der vier Seiten jedes Blockhausblockes und arbeiten Sie Saatstiche in die chartreusefarbenen Zentren der gestickten Blumen.

Nona

Halten Sie die Farbpalette dieser frei gearbeiteten Quadrate leuchtend und klar, mit nur wenigen gedeckten, „antiken" Farben wie Graublau oder Weinrot (siehe dazu auch Seite 40/41).

QUILTGRÖSSE

Der fertige Quilt misst etwa 167 x 217 cm. Beachten Sie bitte, dass die Maße bei den Abbildungen für die fertigen Teile gelten und die Nahtzugaben nicht einschließen.

MATERIAL

Stoffe aus 100 % Baumwolle, 112–114 cm breit:

- **Blockhaus-Stoffe:** je 25 cm von mindestens 5 verschiedenen gelben Stoffen und je 25 cm eines Sortiments an Stoffen in Orange, Weinrot, Giftgrün, Türkis, sowie warmen und kühlen Schattierungen von Lavendel (vorwiegend Ton in Ton gehaltene Baumwolldrucke), außerdem einige Unistoffe und bunte Druckstoffe
- **Stoff für die zentrierten Blöcke:** 50 cm „Blue and White Stripe" BSW01

So werden die Blöcke zusammengesetzt

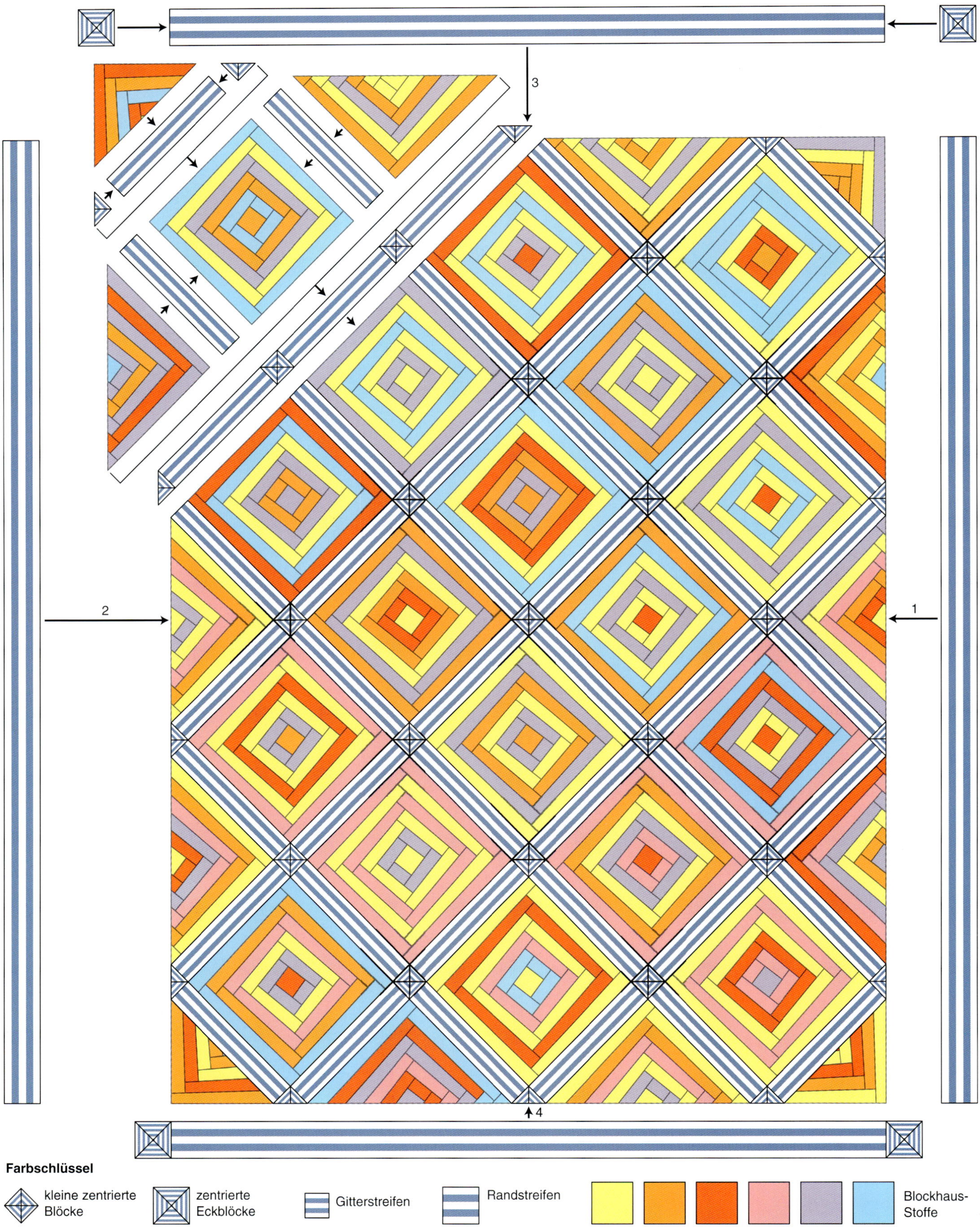

SCHABLONEN

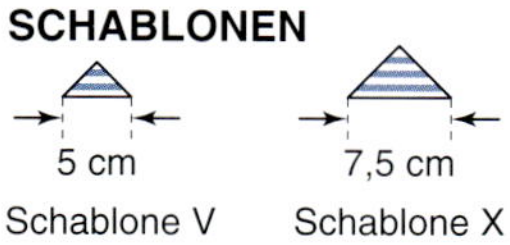

Freie Blockhaus-Form

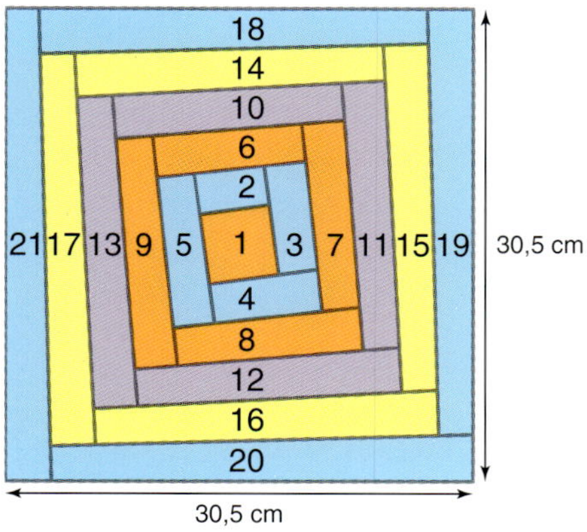

von Kaffe Fassett oder ein vergleichbarer schmal gestreifter Stoff in hellem Blau und Ecru

- **Stoff für die Gitterstreifen:** 50 cm „Ombré Stripe" OS02 in Blau von Kaffe Fassett oder ein vergleichbarer Stoff mit blauen Schattenstreifen auf Ecru
- **Stoff für den Randstreifen:** 1,5 m „Blue and White Stripe" BWS02 von Kaffe Fassett oder ein vergleichbarer breit gestreifter Stoff in hellem Blau und Ecru (siehe auch Einfassung)
- **Rückseitenstoff:** 4,6 m
- **Einfassung:** zusätzlich 70 cm des Randstreifenstoffes
- **Dünnes Baumwollvlies:** 185 × 235 cm
- **Farbe des Quiltgarns:** Ecru
- **Schablonen:** Arbeiten Sie mit den Schablonen V und X von Seite 153 für die zentrierten Blöcke und fertigen Sie Ihre eigenen Schablonen zum Zurechtschneiden der genähten Blockhausblöcke wie unten beschrieben.

ZUSCHNEIDEN

Quiltmitte

Blockhausteile: Schneiden Sie aus den verschiedenen Blockhaus-Stoffen 25 Teile von etwa 5 bis 8 cm im Quadrat. Schneiden Sie ohne Lineal, nach Augenmaß, sodass die Teile nicht exakt quadratisch sind. Dann schneiden Sie die restlichen Blockhausstoffe zu langen Streifen von 4 bis 6,5 cm Breite. Die Seitenkanten der Streifen sollten gerade sein, müssen jedoch nicht absolut parallel laufen. Beginnen Sie mit einigen langen Streifen aus Ihren Blockhausstoffen und schneiden Sie weitere erst nach Bedarf zu.

17 kleine zentrierte Blöcke: 68 Dreiecke nach Schablone V aus dem schmal in Blau und Ecru gestreiften Stoff (die Streifen verlaufen parallel zur langen Kante des Dreiecks, müssen aber nicht ganz exakt passen)

14 halbe kleine zentrierte Blöcke: 28 Dreiecke nach Schablone V aus dem schmal in Blau und Ecru gestreiften Stoff (siehe oben: kleine zentrierte Blöcke)

48 Gitterstreifen: 48 Gitterstreifen von 6,5 × 31,5 cm aus dem blauen Schattenstreifenstoff (das Muster muss in Längsrichtung des Streifens verlaufen)

Randstreifen

4 Randstreifen: 2 Streifen von 9 × 202,5 cm und 2 Streifen von 9 × 152,5 cm aus dem breit in Blau und Ecru gestreiften Stoff

4 zentrierte Eckblöcke: 16 Dreiecke nach Schablone X aus dem schmal in Blau und Ecru gestreiften Stoff (siehe oben: kleine zentrierte Blöcke)

SCHABLONEN FÜR DIE BLÖCKE

Die Blockhaus-Blöcke für diesen Quilt werden frei Hand geschnitten und genäht, weshalb die Streifen („Balken") nicht genau rechteckig geformt sind. Die unregelmäßig zusammengesetzten Blöcke werden größer genäht als nötig, anschließend gebügelt und auf die benötigte Größe zurechtgeschnitten. Auch die Blöcke für die Dreiecke werden zuerst zum Quadrat genäht und zurechtgeschnitten, danach diagonal zur Hälfte gefaltet und geteilt.
Um perfekte Quadrate zuschneiden zu können, benötigen Sie Schablonen aus Karton, an deren Kanten entlang Sie zeichnen können oder Schablonen aus normalem Papier, die Sie auf die Blöcke aufstecken, um entlang der Kanten zu schneiden. Pausen Sie die Quadrate für die Schablonen auf Schnittmusterpapier oder ein anderes transparentes Papier

durch und verwenden Sie sie direkt, oder kleben Sie sie auf festen Karton, falls Sie die Umrisse auf Stoff übertragen möchten. Alle nun folgenden Schablonenmaße verstehen sich inklusive der Nahtzugabe. Schneiden Sie zu
für die Blockhausblöcke: 1 Quadratschablone von 31,5 x 31,5 cm
für die Kantendreiecke: 1 Quadratschablone von 32,5 x 32,5 cm
für die Eckdreiecke: 1 Quadratschablone von 24 x 24 cm.
Beschriften Sie die Schablonen und legen Sie sie beiseite, bis sie zum Zurechtschneiden der genähten Blockhausblöcke benötigt werden.

QUILTMITTE

Blöcke nähen

25 Blockhausblöcke: Nähen Sie 25 freie Blockhausblöcke in der abgebildeten Reihenfolge (siehe Abb. auf S. 101) und arbeiten Sie grundsätzlich mit einer Nahtzugabe von 7,5 mm.
Beginnen Sie jeden Block mit einem Mittelquadrat Ihrer Wahl (Teil 1). Dann schneiden Sie einen kurzen Streifen von einem der vorbereiteten Kontraststoffe zu (Teil 2). Schneiden Sie den Streifen ein wenig länger zu als die Oberkante des Quadrates. Legen Sie Teil 2 rechts auf rechts auf Teil 1. Nähen Sie die Teile an den genau aufeinander liegenden Kanten zusammen. Falten Sie die zusammengenähte Einheit auf, rechte Seite nach oben, und bügeln Sie. Mit Teil 2 nach oben weisend, schneiden Sie das rechte Ende von Teil 2 so zu, dass die Kante mit der des Mittelquadrates gerade verläuft. Legen Sie auf diese Einheit einen Streifen aus dem gleichen Stoff (Teil 3), wieder rechts auf rechts und ohne die erste Einheit zu drehen. Nähen Sie Teil 3 an und falten Sie die Einheit auf. Bügeln Sie und nähen Sie noch 2 weitere Streifen desselben Stoffes (Teile 4 und 5) genauso an. Arbeiten Sie im Uhrzeigersinn um die Mitte. Danach fügen Sie noch 4 weitere Runden an, wie in der Abbildung gezeigt. Verwenden Sie für jede Runde eine andere Stofffarbe. Der fertige Block sollte 34 bis 36 cm im Quadrat messen. Falls Ihr Ergebnis nach 5 Runden noch zu klein ist, nähen Sie noch eine zusätzliche Runde darum. Erreichen Sie das Maß früher, dann lassen Sie eine Runde weg. Beenden Sie aber jeden Block unbedingt mit einer vollständigen Runde. Wenn Sie möchten, können Sie Ihren ersten genähten Block sofort bügeln und zurechtschneiden. So sehen Sie gleich, ob Ihre frei geschnittenen Streifen richtig passen.
17 kleine zentrierte Blöcke: Nähen Sie 17 kleine zentrierte Blöcke, indem Sie 4 gestreifte, nach Schablone V zugeschnittene Dreiecke zusammensetzen (siehe Beschreibung zu „Optische Quadrate", Seite 128). Arbeiten Sie mit der auf den Schablonen angegebenen Nahtzugabe. Die Streifen auf den Dreiecken müssen nicht exakt aufeinander treffen.
14 halbe kleine zentrierte Blöcke: Arbeiten Sie 14 halbe kleine zentrierte Blöcke aus jeweils 2 Dreiecken nach Schablone V.

Blockhausblöcke zurechtschneiden

18 ganze Blockhausblöcke: Wählen Sie 18 der fertigen Blockhausblöcke für die Mitte des Quilts aus. Bügeln Sie sie und schneiden Sie jeden Block mit Hilfe der entsprechenden Schablone auf 31,5 x 31,5 cm zu.
10 Blockhaus-Kantendreiecke: Wählen Sie 5 der restlichen Blockhausblöcke für die Kantendreiecke aus. Bügeln Sie sie und schneiden Sie jeden Block mit Hilfe Ihrer Schablone auf 32,5 x 32,5 cm zu. Falten Sie jeden der Blöcke diagonal zur Hälfte und teilen Sie ihn in zwei Teile, um 10 Dreiecke zu erhalten.
4 Blockhaus-Eckdreiecke: Arbeiten Sie die Eckdreiecke aus den verbleibenden 2 Blockhausblöcken. Bügeln Sie sie und schneiden Sie sie mit Hilfe Ihrer Schablone auf 24 x 24 cm zu. Falten Sie die beiden Blöcke jeweils diagonal zur Hälfte und schneiden Sie sie zu 4 Dreiecken auseinander. Die Eckdreiecke stehen nicht auf ihrer Spitze, wie der Rest der Blöcke in diesem Quilt.

Quiltmitte zusammensetzen

Arrangieren Sie die Blockhausblöcke, die Gitterstreifen und die kleinen zentrierten Blöcke gemäß der Abbildung auf Seite 100 auf dem Fußboden oder an einer flanellbezogenen Entwurfswand (siehe S. 144). Wenn Ihnen die Anordnung gefällt, nähen Sie die Blöcke wie abgebildet zu diagonalen Reihen und dann die Reihen zur Quiltmitte zusammen.

RANDSTREIFEN

Blöcke nähen

4 zentrierte Eckblöcke: Nähen Sie die 4 zentrierten Eckblöcke, indem Sie jeweils 4 gestreifte, nach Schablone X zugeschnittene Dreiecke zusammensetzen, wie für die kleinen zentrierten Blöcke beschrieben.

Randstreifen zusammensetzen

Nähen Sie an jede Seite der Quiltmitte einen langen längsgestreiften Stoffstreifen. Setzen Sie an jedes Ende der beiden verbleibenden Streifen eines der zentrierten Quadrate und nähen Sie diese zusammengesetzten Streifen an Ober- und Unterkante des Quilts.

FERTIGSTELLEN

Bügeln Sie die Quilt-Oberseite. Legen und heften Sie Oberseite, Vlies und Rückseitenstoff aufeinander und heften Sie (siehe S. 148). Beginnen Sie das Maschinenquilting mit ecrufarbenem Quiltgarn in der Mitte des Quilts. Nähen Sie eine frei geformte Spirale in jeden Blockhausblock und in jedes Quadrat der Gitterstreifen. Entlang der Gitterstreifen und der Randstreifen quilten Sie zwei freie Längslinien. Quilten Sie zusätzlich im Schatten der Naht zwischen Randstreifen und Quiltmitte. Begradigen Sie die Quiltkante. Schneiden Sie den gestreiften Stoff der Einfassung im diagonalen Fadenlauf zu und nähen Sie ihn um den Quilt (siehe S. 149).

Fensterblende „Quadrate“

Bei der Stoffauswahl für diese Fensterblende achten Sie bitte darauf, dass alle Farben dezent und zurückhaltend wirken – vermeiden Sie alles Leuchtende.

QUILTGRÖSSE

Das fertige Patchwork misst etwa 90 x 128 cm. Beachten Sie bitte, dass die Maße bei den Abbildungen für die fertigen Teile gelten und die Nahtzugaben nicht einschließen.

MATERIAL

Stoffe aus 100 % Baumwolle, 112–114 cm breit:

- **Stoff A:** je 12–25 cm von mindestens 6 verschiedenen blassen, blauweißen und fliederweißen Druckstoffen, vorwiegend in zarten, kleinen bis mittelgroßen Blümchenmustern, sowie ein oder zwei Karostoffe mit feinen Fadenkaros
- **Stoff B:** je 12–25 cm von mindestens 10 verschiedenen klein bis mittelgroß Ton in Ton gemusterten Druckstoffen in hellen bis mittelhellen Blaugrüntönen, Lavendel, Grau, Melone und weichen Rottönen
- **Stoff C:** 50 cm „Shot Cotton" SC28/ Blush von Kaffe Fassett oder ein vergleichbarer Unistoff in sehr blassem Pfirsich
- **Stoff** D: 50 cm „Shot Cotton“ SC24/ Ecru von Kaffe Fassett oder ein vergleichbarer Unistoff in sehr hellem Grau
- **Oberfaden:** Maschinennähfaden in Ecru
- **Schablonen:** Verwenden Sie Schablone W von Seite 152.

ZUSCHNEIDEN

204 große Quadrate: je 102 Quadrate nach Schablone W aus Stoff A und B

204 kleine, ohne Vorlage geschnittene Quadrate: je 102 Quadrate von ca. 4,5 bis 5 cm Seitenlänge aus Stoff C und D. Verwenden Sie weder Lineal noch Schablone. Diese Teile müssen nicht genau quadratisch sein, schneiden Sie also wirklich frei und aus dem Handgelenk.

BLÖCKE NÄHEN

102 A/C-Blöcke: Arbeiten Sie 102 Blöcke, indem Sie jeweils ein kleines frei geschnittenes Stoff-C-Quadrat links auf rechts in die Mitte eines nach Schablone W zugeschnittenen Stoff-A-Quadrates nähen. Die Kanten der oben liegenden Quadrate nicht umschlagen (siehe Abbildung)!

Nähen Sie das Teil mit ecrufarbenem Nähgarn von oben auf den Unterstoff. Nähen Sie frei und ohne eine exakte Naht anzustreben, etwa 6 mm von der Schnittkante des kleinen Quadrates entfernt.

102 B/D-Blöcke: Nähen Sie die 102 Blöcke wie die zuvor beschriebenen A/C-Blöcke.

SCHABLONE

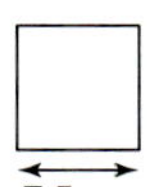

Schablone W

So werden die Blöcke zusammengesetzt

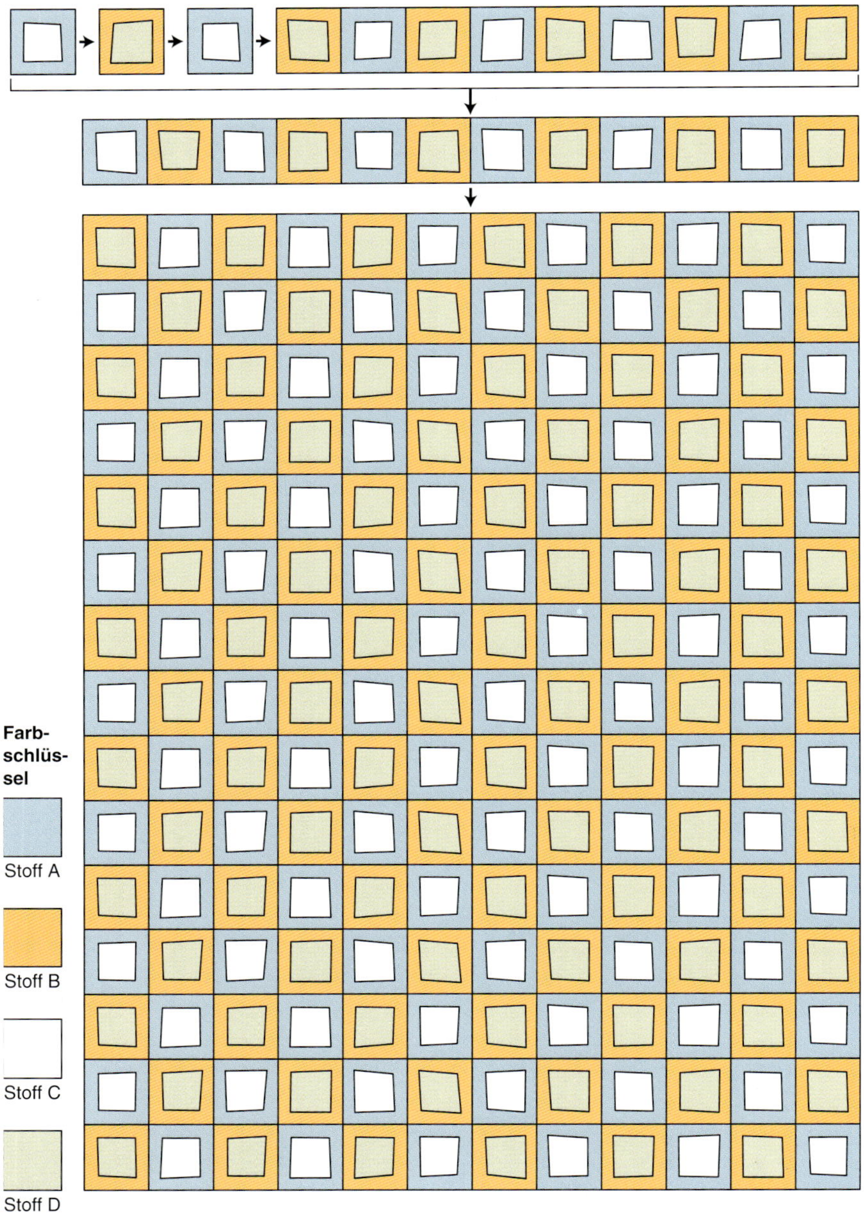

Block mit aufgesetztem Quadrat

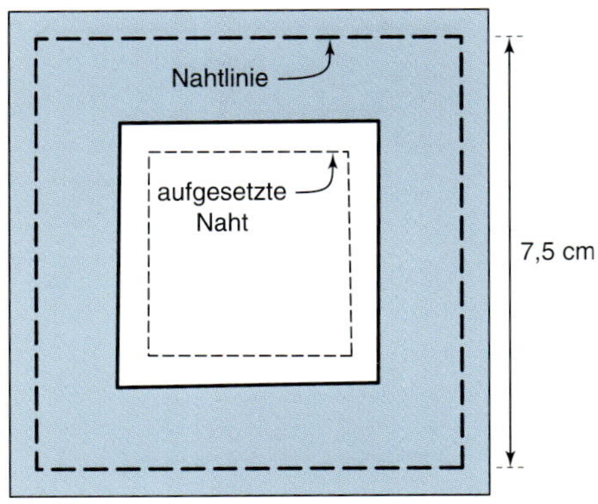

Bügeln Sie jeden der fertigen Blöcke sorgfältig. Dann schneiden Sie vorsichtig den Unterstoff hinter den aufgenähten Quadraten 6 mm von der Naht entfernt zurück.

QUILT-OBERSEITE ZUSAMMENSETZEN

Legen Sie die Blöcke zu 17 Reihen von je 12 Blöcken aus (siehe Abbildung oben). Wechseln Sie jeweils Stoff-A- und Stoff-B-Blöcke ab. Arbeiten Sie auf dem Fußboden oder an einer flanellbezogenen Entwurfswand (siehe S. 144). Wenn Sie eine Anordnung gefunden haben, die Ihnen gefällt, nähen Sie die Blöcke zu Reihen zusammen; benutzen Sie dabei grundsätzlich die auf der Schablone eingezeichnete Nahtzugabe. Bügeln Sie die Nahtzugaben der Blockreihe auseinander. Dann setzen Sie die Reihen zusammen und bügeln wieder die Nahtzugaben auseinander.
Schneiden Sie die Fadenenden nicht ab, die am Ende jeder Naht verbleiben. Dieses Patchwork muss ein wenig zerzaust und „federleicht“ wirken.

FERTIGSTELLEN

Schlagen Sie die gesamte Außenkante des Quilts 6 mm breit zur Rückseite hin um und nähen Sie die Kante von der rechten Stoffseite her fest. Für die Aufhängeschlaufen schneiden Sie zuerst vier Streifen von 5 x 20 cm aus Stoff C oder D zu. Falten Sie jeden Streifen der Länge nach zur Hälfte, die Kanten rechts auf rechts genau aufeinander. Nähen Sie mit 6 mm Abstand entlang der langen Kante. Wenden Sie das Teil auf rechts und bügeln Sie. Falten Sie die Schlaufen quer zur Hälfte und nähen Sie sie in gleichmäßigen Abständen von der Rückseite her an die Oberkante der Fensterblende.

Fonthill

Die folgende Anleitung gilt für den Quilt „Fonthill" (siehe S. 45). Mit etwas Übung können Sie aber auch die alternative Farbstellung von Seite 109 arbeiten oder Ihr eigenes Farbschema finden.

QUILTGRÖSSE

Der fertige Quilt misst etwa 183 x 198 cm. Beachten Sie bitte, dass die Maße bei den Abbildungen für die fertigen Teile gelten und die Nahtzugaben nicht einschließen.

Anmerkung: Im Quilt „Fonthill" gibt es wenig Kontraste. Denken Sie daran, wenn Sie nach den helleren Farben (Stoffe A und C) und den dunkleren Farben (Stoffe B und D) suchen. Der Unterschied zwischen den Hell-Dunkel-Werten ist nur minimal.

MATERIAL

Stoffe aus 100 % Baumwolle, 112–114 cm breit; vorwiegend kleine Druckmuster, Punkte, Karos und Streifen und zusätzlich einige Unistoffe:

- **Stoff A:** je 50 cm von mindestens 6 verschiedenen Stoffen in mittelhellen bis mittleren Tönen von stumpfem Maulwurfsgrau, Gelbbraun, Grau, Naturweiß, Khaki, Olive und Rost
- **Stoff B:** je 25 cm von mindestens 12 verschiedenen Stoffen in mittelhellen bis mittleren Tönen von Kobaltblau, Olive, Grau, Graublau und Türkis
- **Stoff C:** je 15 cm von mindestens 4 verschiedenen Stoffen in mittleren bis mitteldunklen Tönen von Orange und Kürbis
- **Stoff D:** je 25 cm von mindestens 6 verschiedenen Stoffen in mittleren bis mitteldunklen Tönen von Pflaume, Rosenrot und Magenta
- **Stoff E:** 1 m eines olivgrünen Batikstoffes mit Farbakzenten in Magenta, Türkis und Graublau
- **Stoff F:** 70 cm eines Druckstoffes mit olivgrünen Nadelpunkten auf schwarzem Grund
- **Rückseitenstoff:** 4,6 m
- **Einfassung:** 70 cm „Broad Stripe" BS06 von Kaffe Fassett oder ein vergleichbarer mehrfarbiger Stoff mit breiten Streifen für die diagonal geschnittene Einfassung
- **Baumwollvlies:** 200 x 215 cm
- **Farbe des Quiltgarns:** dunkles Olivbraun
- **Schablonen:** Arbeiten Sie mit den Schablonen M, N und O von den Seiten 153 und 157.

ZUSCHNEIDEN

Die Anweisungen zum Zuschneiden der Teile erscheinen in der Reihenfolge, wie sie benötigt werden, doch raten wir, die Dreiecke aus Stoff D für die Randstreifen 2 und 5 zuerst zuzuschneiden. Dadurch können Sie den übrigen Stoff D für die restlichen Stoffteile verwenden.

Quiltmitte

180 kleine zweifarbige Quadrate: 180 Dreiecke nach Schablone M aus den Stoffen A und C (die etwas helleren Farben) und 180 Dreiecke nach Schablone M aus den Stoffen B und D (etwas dunklere Farben), also insgesamt 360 Dreiecke

Randstreifen 1

4 Streifen: je 2 Streifen von 11,5 x 77,5 cm und von 11,5 x 62 cm aus Stoff E

4 große zweifarbige Quadrate: je 4 große Dreiecke nach Schablone N aus den Stoffen E und F

Randstreifen 2

70 kleine zweifarbige Quadrate: 70 Dreiecke nach Schablone M aus Stoff D und 70 aus Stoff F

4 Eckquadrate: 4 Quadrate nach Schablone O aus Stoff E

Randstreifen 3

38 Windräder: für jedes der 38 Windräder 2 x 4 Dreiecke nach Schablone M aus 2 harmonierenden Stoffen (d.h. 1 Vierer-Set aus einem Stoff A und 1 Vierer-Set aus einem Stoff B)

2 halbe Windräder: für jedes der halben Windräder 2 x 2 Dreiecke nach Schablone M aus 2 harmonierenden Stoffen (d.h. 1 Vierer-Set aus einem Stoff A und 1 Vierer-Set aus einem Stoff B)

4 große zweifarbige Quadrate: je 4 große Dreiecke nach Schablone N aus Stoff E und F

Randstreifen 4

4 Streifen: 2 Streifen von 11,5 x 108 cm und 2 Streifen von 11,5 x 93 cm aus Stoff E

12 große zweifarbige Quadrate: je 12 große Dreiecke nach Schablone N aus den Stoffen E und F

Randstreifen 5

110 kleine zweifarbige Quadrate: je 110 Dreiecke nach Schablone M aus den Stoffen D und F

4 Eckquadrate: 4 Quadrate nach Schablone O aus Stoff E

Randstreifen 6

132 Windräder: für jedes der 132 Windräder 2 x 4 Dreiecke nach der Schablone M aus 2 harmonierenden Stoffen (d.h. 1 Vierer-Set aus einem Stoff A und 1 Vierer-Set aus einem Stoff B)

SCHABLONEN

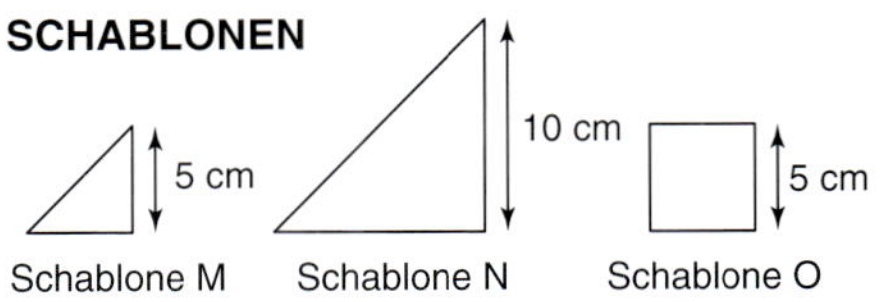

Zweifarbiges Quadrat

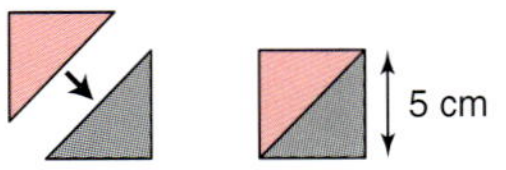

Windrad

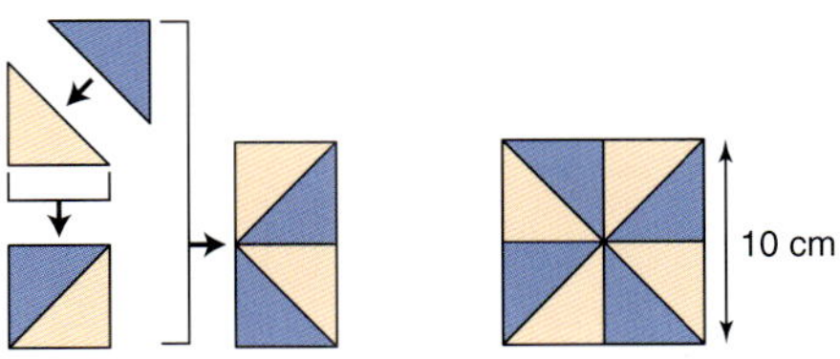

4 halbe Windräder: für jedes der 4 halben Windräder 2 x 2 Dreiecke nach der Schablone M aus 2 harmonierenden Stoffen (d.h. 1 Vierer-Set aus einem Stoff A und 1 Vierer-Set aus einem Stoff B)

So werden die Blöcke zusammengesetzt

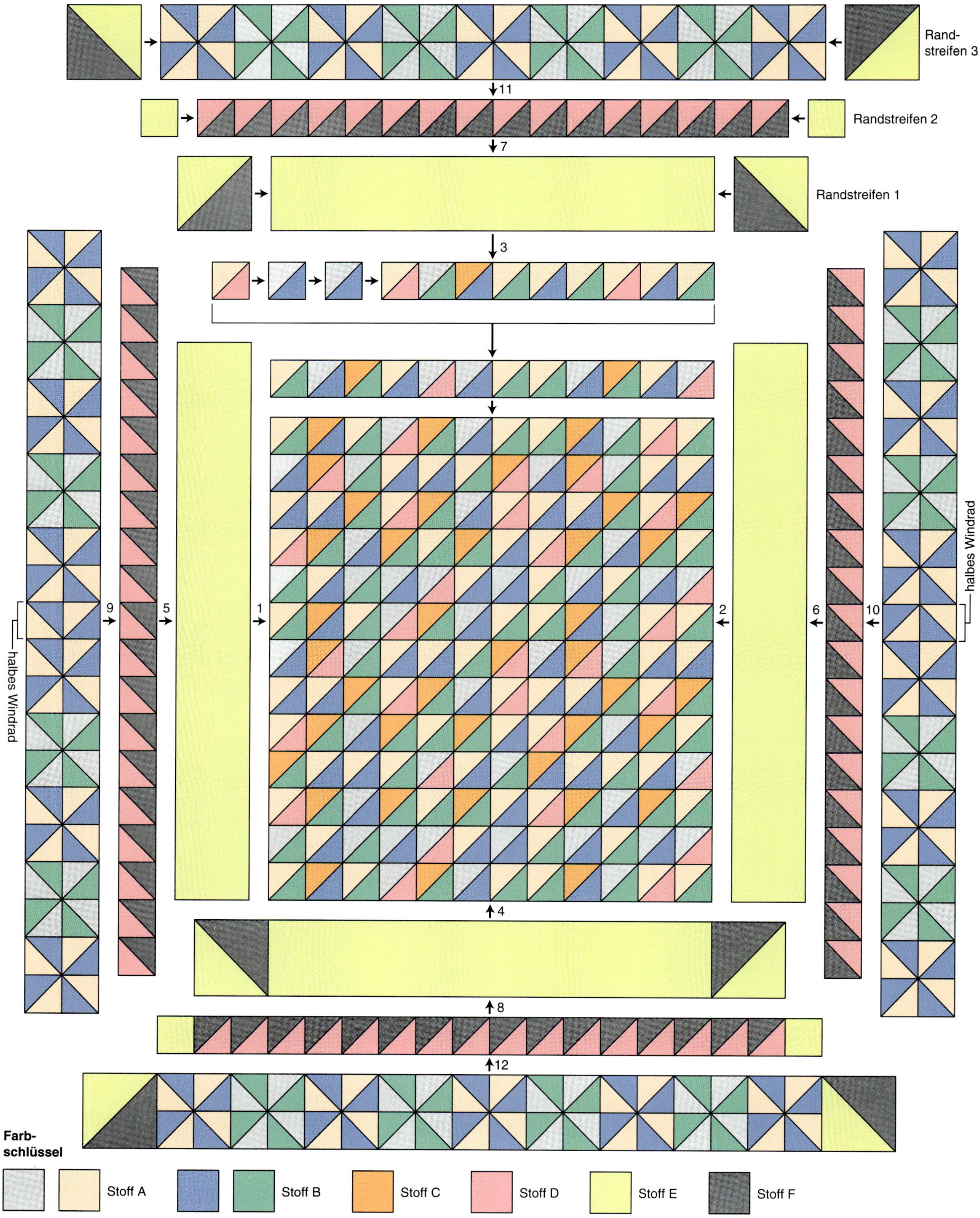

So werden die Blöcke zusammengesetzt

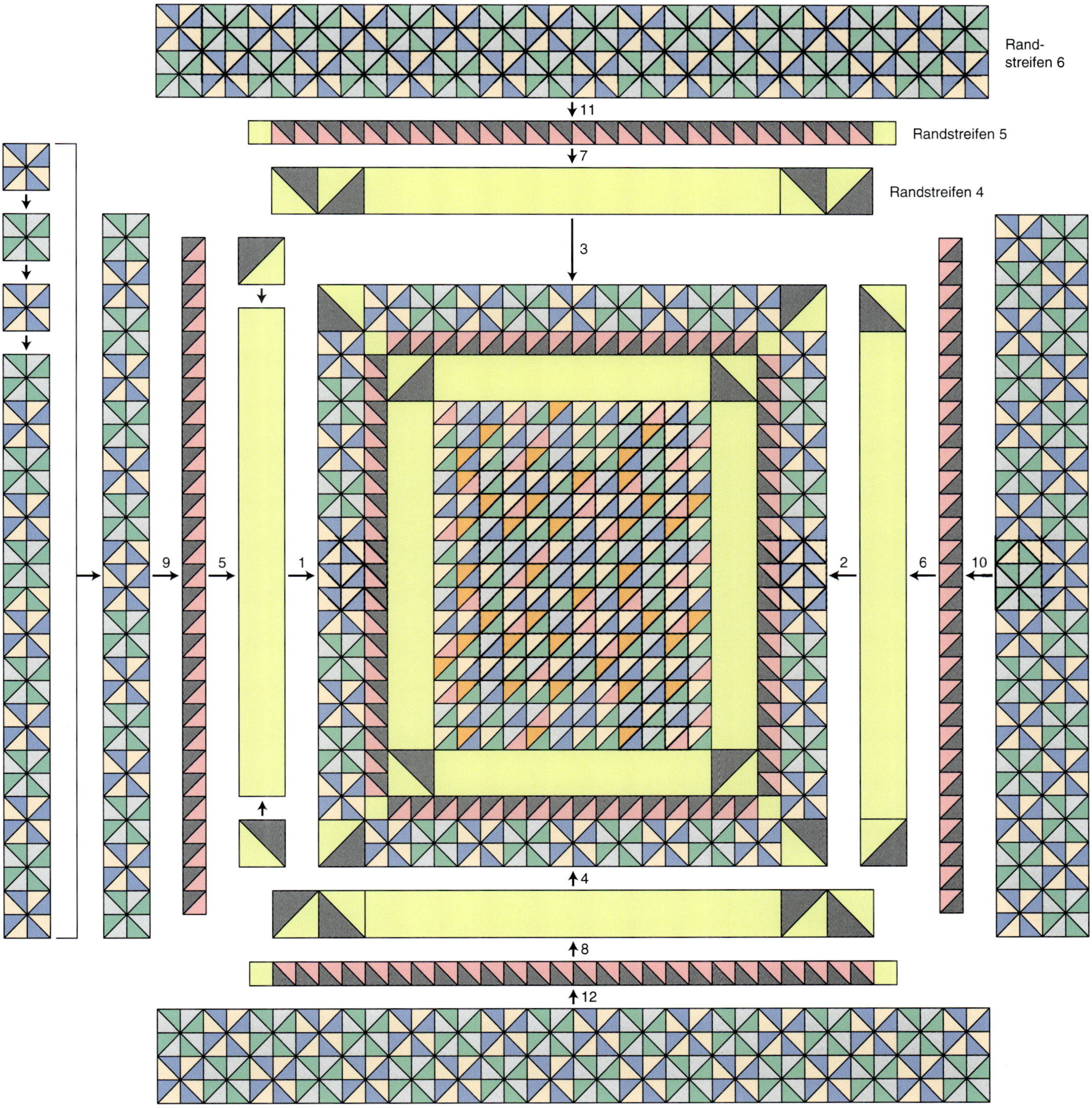

QUILTMITTE

Blöcke nähen

180 kleine zweifarbige Quadrate:
Nähen Sie 180 kleine zweifarbige Quadrate, indem Sie jeweils ein helleres Dreieck (Stoff A oder C) an ein dunkleres Dreieck (Stoff B oder D) setzen (siehe Abb. auf S. 105). Arbeiten Sie grundsätzlich mit den angegebenen Nahtzugaben.

Quiltmitte zusammensetzen

Setzen Sie die Quadrate zu 15 Reihen von je 12 Quadraten zusammen (siehe Abb. auf S. 106). Arbeiten Sie auf dem Fußboden aus oder an einer flanellbezogenen Entwurfswand (siehe S. 144). Alle helleren Dreiecke sollten in die eine Richtung zeigen und alle dunkleren in die andere. Wenn Sie eine Anordnung gefunden haben, die Ihnen gefällt, nähen Sie die Quadrate zuerst zu Reihen und dann die Reihen zur Quilt-Oberseite zusammen.

RANDSTREIFEN

Beim Zusammensetzen jedes der 6 Randstreifen sollten Sie die Lage der zweifarbigen Quadrate (entlang der

Streifen und in den Ecken) genau wie abgebildet einhalten, sodass die Dreiecke in die richtige Richtung weisen.

Randstreifen 1

4 große zweifarbige Quadrate: Nähen Sie 4 große zweifarbige Quadrate aus je einem Stoff-E- und einem Stoff-F-Dreieck (siehe Abbildung auf Seite 106).

Nähen Sie die beiden längeren Stoff-E-Streifen an die Seiten der Quiltmitte. An die Enden der Streifen für Ober- und Unterkante setzen Sie jeweils eines der großen zweifarbigen Quadrate und nähen die Streifen an die Quiltmitte.

Randstreifen 2

70 kleine zweifarbige Quadrate: Nähen Sie 70 zweifarbige Quadrate, jedes aus je einem Stoff-D- und einem Stoff-F-Dreieck.

Für die beiden seitlichen Randstreifen setzen Sie je 19 zweifarbige Quadrate zu einem langen Streifen zusammen und nähen sie an den Quilt. Für Ober- und Unterkante setzen Sie jeweils 16 zweifarbige Quadrate aneinander und fügen ein Stoff-E Quadrat an jedes Ende des Streifens an. Nähen Sie die Streifen an den Quilt.

Randstreifen 3

38 Windräder: Nähen Sie 38 Windräder, indem Sie die zugeschnittenen 8 Teile pro Windrad wie auf Seite 105 abgebildet zusammensetzen (4 gleiche Stoff-A-Dreiecke und 4 gleiche Stoff-B-Dreiecke). Achten Sie darauf, dass sich die Windräder in die gleiche Richtung „drehen", indem Sie beim Zusammennähen die dunklen Dreiecke alle an dieselbe Stelle des Windrades nähen.

2 halbe Windräder: Nähen Sie 2 halbe Windräder, indem Sie die 4 zugeschnittenen Teile wie abgebildet zusammensetzen (2 gleiche Stoff-A-Dreiecke und 2 gleiche Stoff-B-Dreiecke).

4 große zweifarbige Quadrate: Nähen Sie aus je einem Stoff-E-Dreieck und einem Stoff-F-Dreieck 4 große zweifarbige Quadrate.

Nähen Sie für die beiden seitlichen Randstreifen jeweils 10 Windräder und ein halbes Windrad zu einem langen Streifen zusammen und platzieren Sie das halbe Windrad etwa in der Mitte der Streifen. Nähen Sie diese an die Seiten des Quilts. Für die Ober- und Unterkante des Quilts nähen Sie jeweils 9 Windräder aneinander und setzen an jedes Ende ein großes zweifarbiges Quadrat. Nähen Sie die Randstreifen an den Quilt.

Randstreifen 4

12 große zweifarbige Quadrate: Nähen Sie je ein Stoff-E-Dreieck und ein Stoff-F-Dreieck zu 12 großen zweifarbigen Quadraten zusammen, wie abgebildet.

Für die beiden seitlichen Randstreifen nähen Sie je ein großes zweifarbiges Quadrat an die längeren Stoff-E-Streifen und setzen die Streifen an die Seiten des Quilts. Für Ober- und Unterkante setzen Sie je 2 große zweifarbige Quadrate an die beiden kürzeren Stoff-E-Streifen und nähen diese Streifen an den Quilt.

Randstreifen 5

110 kleine zweifarbige Quadrate: Nähen Sie 110 kleine zweifarbige Quadrate, jedes aus je einem Stoff-D- und einem Stoff-F-Dreieck.

Für die beiden seitlichen Randstreifen nähen Sie je 29 zweifarbige Quadrate zu einem langen Streifen und setzen Sie diese an die Seiten des Quilts. Für Ober- und Unterkante setzen Sie je 26 zweifarbige Quadrate aneinander und fügen an die Enden jeweils ein Quadrat aus Stoff E an. Nähen Sie diese Randstreifen an den Quilt.

Randstreifen 6

132 Windräder: Nähen Sie 132 Windräder, indem Sie jeweils die zugeschnittenen 8 Teile pro Windrad wie abgebildet zusammensetzen (4 gleiche Stoff-A-Dreiecke und 4 gleiche Stoff-B-Dreiecke).

4 halbe Windräder: Nähen Sie 4 halbe Windräder, indem Sie jeweils die 4 zugeschnittenen Teile zusammensetzen (2 gleiche Stoff-A Dreiecke und 2 gleiche Stoff-B Dreiecke).

Für die beiden seitlichen Randstreifen nähen Sie insgesamt 4 lange Streifen aus jeweils 15 Windrädern und einem halben Windrad. Setzen Sie die halben Windräder etwa in die Mitte der Streifen. Dann fügen Sie jeweils 2 dieser Streifen an ihren Längskanten aneinander. Nähen Sie diese Doppelreihen an die Seiten des Quilts.

Für Ober- und Unterkante fügen Sie 18 Windräder zu 4 Streifen aneinander und nähen je zwei davon an ihren Längskanten zusammen. Nähen Sie diese Randstreifen an den Quilt.

FERTIGSTELLEN

Bügeln Sie die Quilt-Oberseite. Legen und heften Sie Oberseite, Vlies und Rückseitenstoff aufeinander (siehe S. 148). Quilten Sie den gesamten Quilt mit der Nähmaschine mit olivgrünem Quiltfaden in mäanderförmigen Wellenlinien („Stippling"). Begradigen Sie die Quiltkante. Schneiden Sie den gestreiften Stoff der Einfassung im diagonalen Fadenlauf zu und nähen Sie ihn um den Quilt (siehe S. 149).

FARBVARIANTE

Der Quilt „Haiti-Fonthill" (Seite 47) wurde wie der Quilt „Fonthill", jedoch mit anderen Farbgruppen genäht. Für „Haiti-Fonthill" schneiden Sie 180 Dreiecke aus Stoff B (mittlere bis mitteldunkle Farbtöne) und 180 Dreiecke aus den Stoffen A, C und D (blasse und helle Farbtöne) zu. Für die zweifarbigen Quadrate kombinieren Sie immer Stoff B mit Stoff A und Stoff C mit Stoff D zu jeweils einem Paar.

Auch für den Quilt „Haiti-Fonthill" werden in der Hauptsache Stoffe mit kleinen Mustern, Punkten, Karos und Streifen sowie zusätzlich einige Unistoffe verwendet.

Haiti-Fonthill

- **Stoff A:** je 50 cm von mindestens 6 verschiedenen Stoffen in hellen Schattierungen von Pink, Lachs und Rosé
- **Stoff B:** je 25 cm von mindestens 14 verschiedenen Stoffen in mittleren bis mitteldunklen Farbtönen von Meergrün, Meerblau, Smaragd, Türkis und Graublau
- **Stoff C:** je 15 cm von mindestens 4 verschiedenen Stoffen in hellen Schattierungen von Chartreuse sowie blassem, giftigem Gelbgrün
- **Stoff D:** je 25 cm von mindestens 6 verschiedenen Stoffen in blassen Rosatönen
- **Stoff E:** 1 m „Gazania" GP03-S/Stone von Kaffe Fassett oder ein vergleichbarer großgeblümter Stoff in gedecktem Flieder, Ocker und Olive auf maulwurfsgrauem Grund
- **Stoff F:** 70 cm eines mittelgroß gemusterten Ton-in-Ton-Druckstoffes in mittleren Blaugrüntönen
- **Einfassung:** 70 cm eines Karostoffes in Hellgrün und Flieder (schräg geschnitten)
- **Farbe des Quiltgarns:** helles Graugrün. Quilten Sie mit der Nähmaschine verschlungene Palmblattmuster.

Hochzeitsquilt

Das Fehlen jeglicher Kontraste in den Druckmustern der Stoffe prägt die Stimmung dieses Quilts in „verblichenen" Farben.

QUILTGRÖSSE

Das fertige Patchwork misst etwa 257 x 287 cm.

Beachten Sie bitte, dass die Maße bei den Abbildungen für die fertigen Teile gelten und die Nahtzugaben nicht einschließen.

Anmerkung: Die Farben dieses Quilts sind sehr fein abgestuft. Die Stoffe C

SCHABLONEN

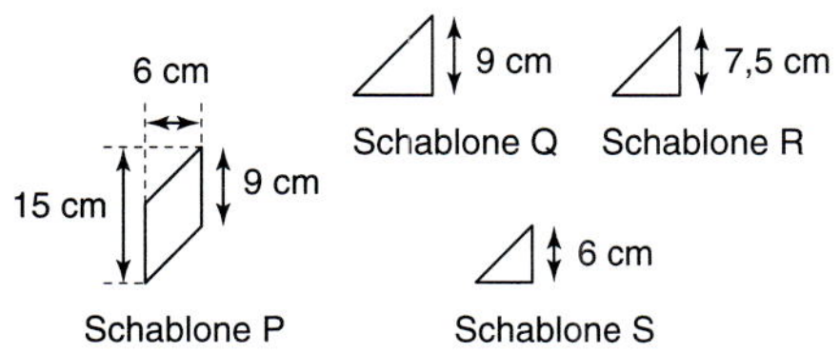

Sternenblock

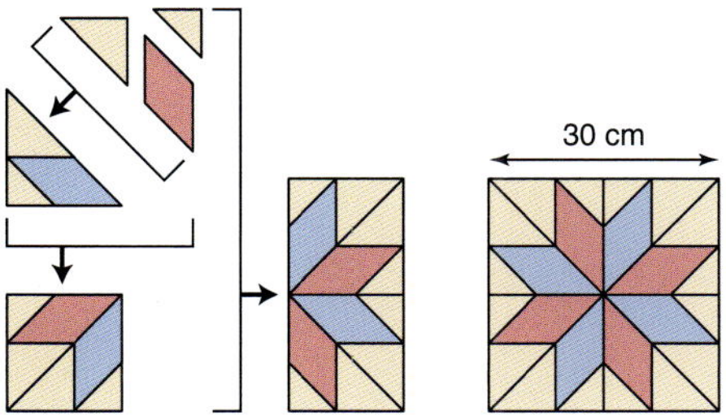

Doppelwindrad

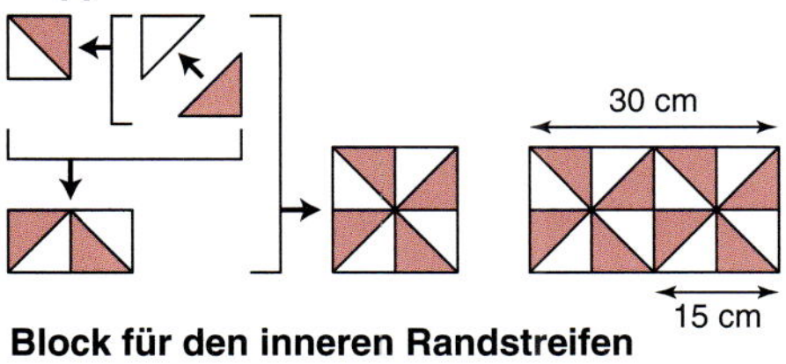

Block für den inneren Randstreifen

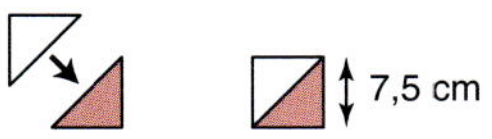

(Hintergrundstoffe) der doppelten Windräder und der Blöcke der inneren Randstreifen sind in der Hauptsache Weiß und Naturweiß, während die weißen Stoffe C um die Sterne ganz leicht beige, rosa und grün angehaucht sind. Doch auch diese Unterschiede werden nicht konsequent eingehalten.

MATERIAL

Stoffe aus 100 % Baumwolle, 112–114 cm breit

- **Stoff A:** verschiedene Reste von Druckstoffen mit Blumen und anderen Mustern sowie schmalen Streifen in Pastellrosa
- **Stoff B:** verschiedene Reste von Druckstoffen mit Blumen und anderen Mustern sowie schmalen Streifen in zartem Blau und Blaugrün
- **Stoff C (Hintergrundstoffe):** Verschiedene Reste von Unistoffen, Druckstoffen und feinen Streifenstoffen in Weiß, Naturweiß und zart mit Beige, Pink und Grün angehauchtem Weiß
- **Stoff D (äußerer Rand):** 3 m eines groß gemusterten, „verblassten" Blumenmusters mit pinkfarbenen Rosen auf cremefarbenem Grund
- **Rückseitenstoff:** 8,3 m
- **Einfassung:** 1 m eines schmal rosaweiß gestreiften Stoffes für Schrägstreifen
- **Baumwollvlies:** 275 x 305 cm
- **Farbe des Quiltgarns:** Naturweiß
- **Schablonen:** Arbeiten Sie mit den Schablonen P, Q, R und S von Seite 150.

ZUSCHNEIDEN

Quiltmitte

35 Sternenblöcke: für jeden der 35 Sternenblöcke je 2 Sets von 4 gleichen Rauten nach Schablone P (insgesamt 8 Rauten für jeden Block). Wählen Sie für das eine Set einen der Stoffe A und einen der Stoffe B oder zweierlei B-Stoffe. Wenn Sie Streifenstoffe zuschneiden, achten Sie darauf, dass die Streifen in Richtung der Spitzen verlaufen. Danach schneiden Sie aus einem einzelnen Stoff C (Hintergrundstoff) 8 Dreiecke nach Schablone Q und 8 Dreiecke nach Schablone S.

5 halbe Sternenblöcke: für die 5 halben Sternenblöcke je 2 Sets von 2 gleichen Rauten nach Schablone P (insgesamt 4 Rauten für jeden Block). Wählen Sie für das eine Set einen der Stoffe A und einen der Stoffe B oder zweierlei B-Stoffe. Danach schneiden Sie aus einem einzelnen Stoff C (Hintergrundstoff) 4 Dreiecke nach Schablone Q und 4 Dreiecke nach Schablone S.

74 Windräder: für jedes der 74 Windräder je 2 Sets von 4 gleichen Dreiecken nach Schablone R – ein Set aus einem einzelnen Stoff A und das andere aus einem einzelnen Stoff C

Innerer Randstreifen

120 Blöcke für den inneren Randstreifen: je 120 Dreiecke aus Stoff A und 120 Dreiecke aus Stoff C nach Schablone R

4 Eckquadrate: 4 Quadrate von 9 x 9 cm aus einem Stoff A mit Blumen

Äußerer Randstreifen

4 Streifen: 2 Streifen von 15 x 260 cm und zwei Streifen von 15 x 258 cm aus Stoff D

QUILTMITTE

Blöcke nähen

35 Sternenblöcke: Nähen Sie 35 Sternenblöcke, indem Sie die zugeschnittenen Teile wie links abgebildet zusammensetzen. Arbeiten Sie grundsätzlich mit den Nahtzugaben der Schablonen.

5 halbe Sternenblöcke: Nähen Sie aus den zugeschnittenen Teilen 5 halbe Sternenblöcke.

37 doppelte Windräder: Für die 37 doppelten Windräder nähen Sie zunächst 74 einzelne Windräder aus den dafür zugeschnittenen Teilen wie abgebildet. Danach nähen Sie je zwei aneinander und wählen dafür zwei verschiedenfarbige Windräder.

Quiltmitte zusammensetzen

Arrangieren Sie die Blöcke auf dem Fußboden oder an einer flanellbezogenen Entwurfswand (siehe dazu Seite 144) zu 7 Reihen (siehe Abb. auf S. 112). Wenn Sie eine Anordnung gefunden haben, die Ihnen gefällt, nähen Sie die Blöcke zu Reihen und dann die Reihen zur Quilt-Oberseite zusammen.

RANDSTREIFEN

Innerer Randstreifen

120 Blöcke für den inneren Randstreifen: Nähen Sie jeweils ein Dreieck aus Stoff A an ein Dreieck aus Stoff C (siehe Abb. links). Für Ober- und Unterkante setzen Sie je 28 Blöcke zu 2 langen Streifen aneinander und nähen sie an den Quilt. Für die beiden Seitenstreifen fügen Sie je 32 Blöcke aneinander und setzen ein Eckquadrat an jedes Ende. Nähen Sie die entstandenen Streifen an die Seiten des Quilts.

Äußerer Randstreifen

Nähen Sie die längeren Streifen an die Seiten des Quilts und die beiden kürzeren an Ober- und Unterkante.

So werden die Blöcke zusammengesetzt

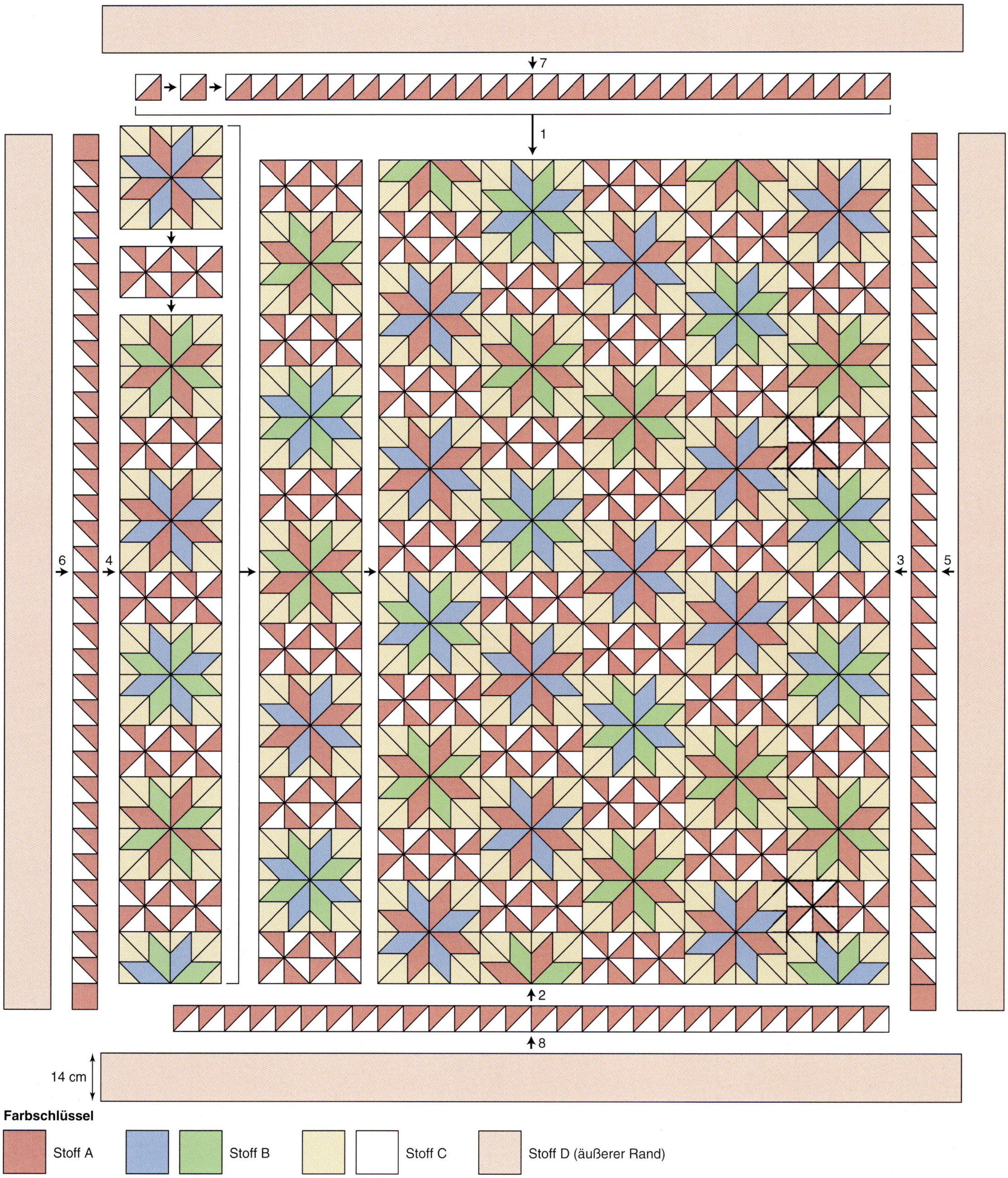

FERTIGSTELLEN

Bügeln Sie die Quilt-Oberseite. Legen und heften Sie Oberseite, Vlies und Rückseitenstoff aufeinander (siehe S. 148). Quilten Sie den gesamten Quilt mit der Nähmaschine und mit naturweißem Quiltgarn. Arbeiten Sie einfache Kurvenlinien in blütenähnlicher Form. Begradigen Sie die Quiltkante. Schneiden Sie den gestreiften Stoff der Einfassung im diagonalen Fadenlauf zu und nähen Sie ihn um den Quilt (siehe S. 149).

Delfter Körbchen

Die „Blumen" im Quilt „Delfter Körbchen" sind aus zweierlei „Pressed Roses"-Stoffen von Kaffe Fassett zugeschnitten. Wenn Sie Ihre eigenen Stoffe verwenden möchten, so versuchen Sie, wenigstens zwei vergleichbare, schlichte, zweifarbige Druckmuster in Dunkelblau mit Weiß oder Ecru zu finden. Die Anleitung gilt für den Quilt „Delfter Körbchen" (Seite 50). Angaben für eine alternative Farbstellung in Herbsttönen folgen im Anschluss.

QUILTGRÖSSE

Der fertige Quilt misst etwa 150 x 150 cm. Beachten Sie bitte, dass die Maße bei den Abbildungen für die fertigen Teile gelten und die Nahtzugaben nicht einschließen.

MATERIAL

Stoffe aus 100 % Baumwolle, 112–114 cm breit:

- **Stoffe A (Körbchenstoff):** je 50 cm von mindestens 3 verschiedenen tintenblauen Stoffen mit kleinem Druckmuster oder Karos. Wählen Sie Drucke, die wie „geflochten" aussehen, dadurch wirken die Patchworkteile eher wie Körbchen.
- **Stoff B:** 1 m „Pressed Roses" PR03 von Kaffe Fassett oder ein vergleichbarer zweifarbig bedruckter Stoff mit weißen Blüten auf indigofarbenem Grund (siehe Einfassung) und 50 cm „Pressed Roses" PR07 oder ein vergleichbarer zweifarbig bedruckter Stoff mit naturweißen Blüten auf kobaltblauem Grund
- **Stoff C:** je 25 cm von mindestens 8 verschiedenen zweifarbigen Stoffen in hellen Blautönen, kombiniert mit Beige oder Creme, und in hellem Toastbraun, kombiniert mit blassem Beige – alle mit Streifen, Karos und kleinen Druckmustern
- **Stoff D:** je 25 cm von mindestens 8 verschiedenen Stoffen in Dunkelblau, mit Ton in Ton gehaltenen kleinen oder mittelgroßen Blumenmustern
- **Stoff E:** 50 cm „Shot Cotton" SC24/Ecru von Kaffe Fassett oder ein vergleichbarer Unistoff in sehr hellem Grau
- **Rückseitenstoff:** 2,8 m
- **Einfassung:** zusätzlich 50 cm „Pressed Roses" PR03 von Kaffe Fassett oder ein vergleichbarer zweifarbiger Druckstoff mit weißen Blumen auf indigoblauem Grund
- **Dünnes Baumwollvlies:** 170 x 170 cm
- **Farbe des Quiltgarns:** Mittelblau
- **Schablonen:** Arbeiten Sie mit den Schablonen O, Y, Q und R von den Seiten 153 und 157.

ZUSCHNEIDEN

Quiltmitte

25 Körbchenblöcke: 25 Dreiecke nach Schablone Y aus Stoff A und 25 Dreiecke nach Schablone Y aus Stoff B (verwenden Sie etwa die Hälfte der beiden Stoffe B)

460 Schachbrettquadrate: 208 Quadrate nach Schablone O aus Stoff C und 252 Quadrate aus Stoff D

Rand

156 Randquadrate: 76 Quadrate aus Stoff E und 80 Quadrate aus dem verbleibenden Stoff B mit indigoblauem Grund nach Schablone O

80 Kantendreiecke: 80 Dreiecke nach Schablone Q aus Stoff E

4 Eckdreiecke: 4 Dreiecke nach Schablone R aus Stoff E.

BLÖCKE NÄHEN

25 Körbchenblöcke: Nähen Sie 25 Körbchenblöcke, indem Sie je ein nach Schablone Y zugeschnittenes Stoff-A-Dreieck und ein Stoff-B-Dreieck zusammennähen wie abgebildet. Arbeiten Sie grundsätzlich mit den auf den Schablonen angegebenen Nahtzugaben.

QUILT-OBERSEITE ZUSAMMENSETZEN

Folgen Sie der Abbildung auf Seite 114 und arrangieren Sie die Quadrate aus Stoff C und aus Stoff D, sowie die Körb-

SCHABLONEN

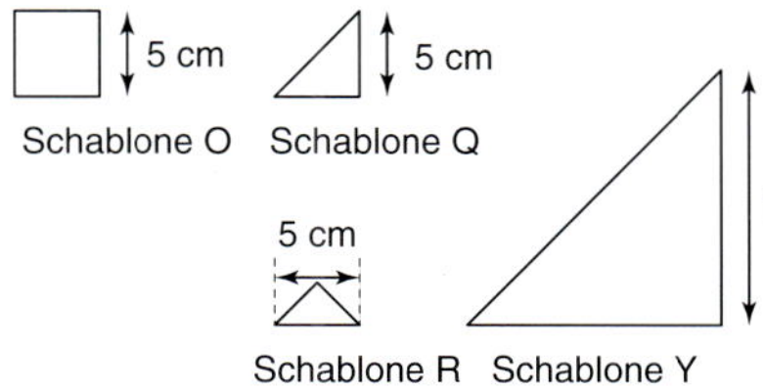

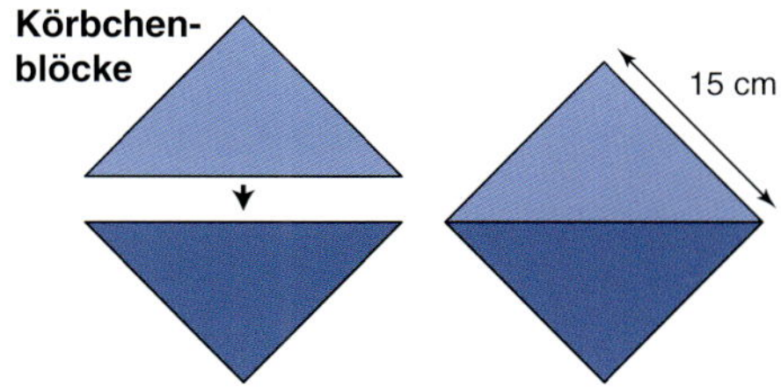

chenblöcke in diagonalen Reihen, entweder auf dem Fußboden oder an einer flanellbezogenen Entwurfswand (siehe S. 144). Achten Sie darauf, dass die hellen und dunklen Quadrate der Schachbrett-Hintergrundblöcke richtig wechseln. Wenn Sie eine Anordnung gefunden haben, die Ihnen gefällt, legen Sie den Rand entlang der Kanten. Nähen Sie die Teile und die Blöcke zusammen. Nähen Sie zuerst diagonale Reihen und dann die Reihen zur Quilt-Oberseite.

FERTIGSTELLEN

Bügeln Sie die Quilt-Oberseite. Legen und heften Sie Oberseite, Vlies und Rückseitenstoff aufeinander (siehe S. 148). Quilten Sie die Körbchen mit der Maschine und mit mittelblauem Quiltgarn (siehe Abb. auf S. 114). Quilten Sie die Schachbrett-Blöcke und den Rand frei mit Wellenlinien („Stippling", siehe Abb auf S. 114). Begradigen Sie die Quiltkante. Schneiden Sie den gestreiften Stoff der Einfassung im diagonalen Fadenlauf zu und nähen Sie ihn um den Quilt (siehe S. 149).

FARBVARIANTE

Die „Zitruskörbchen" (Seite 52) wurden komplett mit Patchworkstoffen von Kaffe Fassett genäht (siehe S. 159). Der fertige Quilt misst ca. 137 x 137 cm.

Wenn Sie als erfahrene Patchworkerin diesen Quilt nacharbeiten wollen, so folgen Sie der Anleitung für „Delfter Körbchen", doch lassen Sie den Rand weg, also eine Reihe von Stoff-E- und eine von Stoff-B-Quadraten. Stattdessen schneiden Sie 76 Kantendreiecke nach Schablone Q und vier Eckdreiecke nach Schablone R aus Stoff C.

Kniedecke „Zitruskörbchen"

• **Stoff A (Körbchenstoff):** je 50 cm von 4 verschiedenen Kaffe-Fassett-Streifenstoffen oder von vergleichbaren mehrfarbigen Streifenstoffen, vornehmlich in Rot und Orange

• **Stoff B:** je 25 cm von mindestens 6 verschiedenen Kaffe-Fassett-Druckstoffen oder vergleichbaren gemusterten Stoffen, hauptsächlich in Gelb und Ocker. Wir nahmen „Artischocke" GP07-L und

Quiltlinien für „Delfter Körbchen"

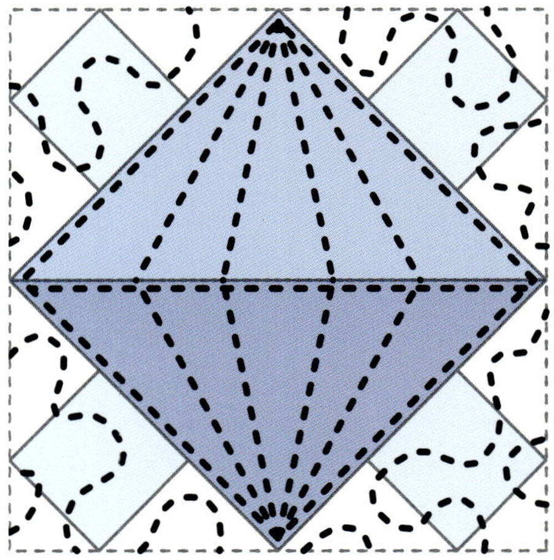

So werden die Blöcke zusammengesetzt

Farbschlüssel

Stoff A

Stoff B

Stoff C

Stoff D

Stoff E

GP07-J, „Gazania" GP03-C, „Pressed Roses" PR02, „Pebble Beach" GP06-J und GP06-C sowie „Chard" GP09-C.

- **Stoff C:** insgesamt 2 m eines Sortiments von „Shot Cotton" von Kaffe Fassett oder vergleichbare Unistoffe in Olive, pastelligem Orange, Rost, Mittelbraun. Wir nahmen SC01, SC11, SC12, SC18 und SC16.
- **Stoff D:** insgesamt 2 m eines Sortiments von mindestens 5 verschiedenen Kaffe-Fassett-Druckstoffen oder vergleichbare mittelgroß bedruckte Stoffe in mittlerem Grün, Blaugrün, Olive, Ocker und leuchtendem Rot. Wir nahmen „Roman Glass" GP01-L, GP01-S, GP01-G, GP01-R, „Beads" GP04-L und GP04-S, „Artischocke" GP07-L und GP07-J und „Forget-me-not-Rose" GP08-L.
- **Einfassung:** 50 cm „Exotic Stripe" von Kaffe Fassett (ES20) oder ein vergleichbarer mehrfarbiger Streifenstoff
- **Farbe des Quiltgarns:** mittleres Rostbraun. Quilten Sie die Schachbrett-Blöcke mit Kurvenmustern, die gestreiften Körbchen mit Parallel-Linien und die „Blumen" mit Blütenformen.

Wimpel in Pink

Die rautenförmigen Teile auf den Wimpeln sind aus vielen verschiedenen Druckstoffen in einer breiten Farbpalette zugeschnitten. Wenn Sie diese Stoffe aussuchen, so achten Sie auf eine gute Balance zwischen Druckmuster und Farben.

QUILTGRÖSSE

Der fertige Quilt misst etwa 153 x 220 cm. Beachten Sie bitte, dass die Maße bei den Abbildungen für die fertigen Teile gelten und die Nahtzugaben nicht einschließen.

Anmerkung zum Zuschneiden: Die zusammengesetzten Wimpel auf diesem Quilt wurden aus ganzen Rauten genäht und dann zum Dreieck zugeschnitten. So brauchen Sie keine halben oder viertel Rauten zuzuschneiden und können beim Zusammenstellen der Wimpel die Rauten so lange verschieben, bis Sie die beste Anordnung gefunden haben. Eine Raute, die Sie aus dem einen Block aussortieren, können Sie bei einem anderen Block wieder einsetzen.

MATERIAL

Stoffe aus 100 % Baumwolle, 112–114 cm breit:

• **Stoff A:** 2,8 m „Roman Glass" von Kaffe Fassett GP01-PK/Pink oder ein vergleichbarer, mehrfarbiger Druckstoff mit klaren pastellfarbenen Kreismustern auf leuchtend pinkfarbenem Grund

• **Stoff B:** je 25–50 cm von mindestens 20 verschiedenen Ton in Ton gehaltenen und vielfarbigen Druckstoffen mit breiten und schmalen Streifen, japanischen Blüten und kleinen Konfettipunkten, sowie 2 zweifarbig gestreifte Stoffe und kleine Karostoffe – alle in einer klaren Palette von leuchtendem Lindgrün, Himmelblau, Gelb, gedecktem Pink, Orangerot, Grau und dunklem Senfgelb. Wir benutzten in dieser Stoffgruppe auch Reste von Kaffe Fassetts Stoffen „Pressed Roses" PR06 und PR02.

• **Rückseitenstoff:** 3,7 m

• **Einfassung:** 70 cm eines auffallenden Streifenstoffes in leuchtenden Farben

• **Dünnes Baumwollvlies:** 170 x 240 cm

• **Farbe des Quiltgarns:** blasses Blau

• **Schablonen:** Arbeiten Sie nach Schablone L von Seite 156 und stellen Sie für die großen Dreiecke eigene Schablonen her (siehe Anleitung unten).

GROSSE DREIECKSSCHABLONEN

Die Schablonen zum Zuschneiden der Wimpel sind für eine Abbildung in diesem Buch zu groß, deshalb müssen Sie sie selbst herstellen. Folgen Sie der Abbildung und übertragen Sie das Maß des ganzen Dreiecks (Schablone J) und der beiden halben Dreiecke (Schablone K und K-revers) auf ein großes Stück Papier. Zeichnen Sie um alle Kanten die Nahtzugabe dazu, wie bei der Rauten-

SCHABLONEN

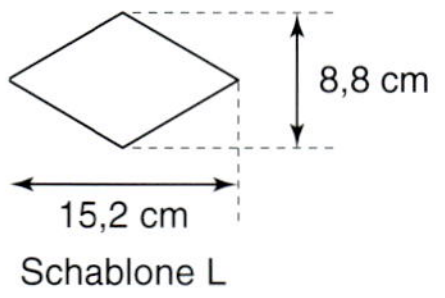

Große Dreiecksschablonen

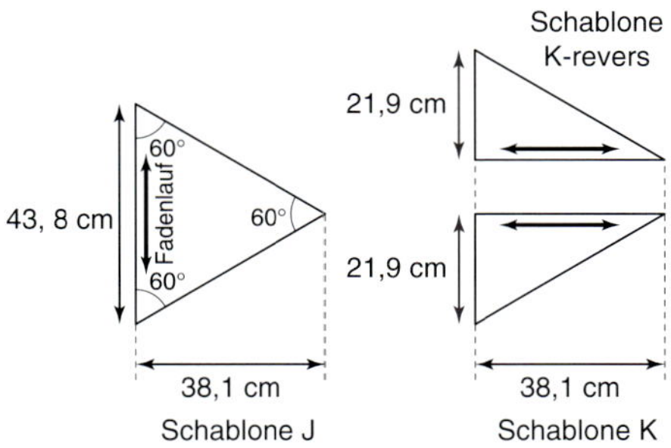

schablone (Schablone L auf Seite 156) angegeben. Schneiden Sie damit Papierschablonen zu oder kleben Sie sie auf festen Karton, wenn Sie um die Schablonenkanten zeichnen möchten.

ZUSCHNEIDEN

18 große Dreiecke: 18 Dreiecke nach Schablone J aus Stoff A

4 halbe Dreiecke: je 2 Dreiecke nach Schablone K und K-revers aus Stoff A.

18 Wimpelblöcke: für jeden der Wimpelblöcke insgesamt 15 Rauten nach Schablone L (5 aus einem Stoff B, 4 aus einem anderen Stoff B, 3 aus einem anderen Stoff B, 2 aus wieder einem anderen Stoff B und 1 aus einem letzten Stoff B). Achtung: Auf der Schablone L sind zwei Fadenlaufrichtungen angegeben. Wenn möglich, wechseln Sie die Richtung des Fadenlaufs von Reihe zu Reihe, sodass bei der ersten Reihe der Fadenlauf der Teile in die eine Richtung verläuft und bei der zweiten Reihe in die andere Richtung. Auf diese Weise treffen in jeder Naht eine gerade und eine diagonale Stoffkante aufeinander.

4 halbe Wimpelblöcke: für jeden halben Wimpelblock 9 Rauten nach Schablone L (3 aus Stoff B, 2 aus einem anderen Stoff B, 2 aus dem nächsten Stoff B, 1 aus einem anderen Stoff B und 1 aus wieder einem anderen Stoff B)

Blöcke zurechtschneiden

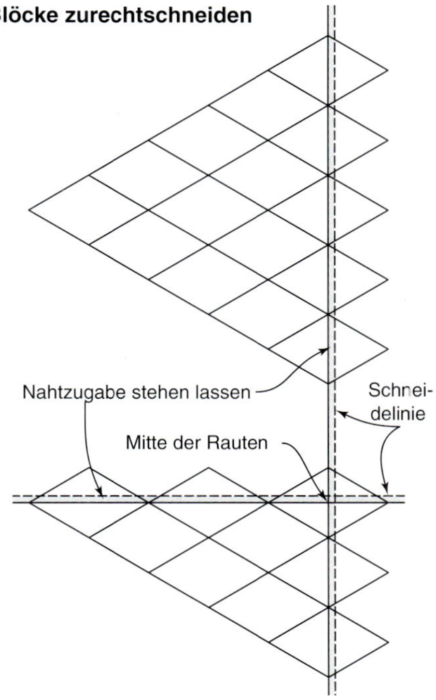

BLÖCKE NÄHEN

18 Wimpelblöcke: Nähen Sie 18 Wimpelblöcke, indem Sie die 15 Rauten für jeden Block zusammensetzen, wie rechts abgebildet. Arbeiten Sie grundsätzlich mit der auf den Schablonen eingezeichneten Nahtzugabe.

4 halbe Wimpelblöcke: Nähen Sie aus den jeweils 9 dafür zugeschnitten Rauten 2 halbe Wimpelblöcke, wie rechts abgebildet. Dann nähen Sie 2 weitere halbe Wimpelblöcke, aber umgekehrt, sodass Sie die Revers-Form erhalten.

BLÖCKE ZURECHTSCHNEIDEN

Bügeln Sie die fertigen ganzen und halben Wimpelblöcke. Dann schneiden Sie die Blöcke zurecht, wie abgebildet, und lassen eine Nahtzugabenbreite entlang der Schnittkante stehen.

PATCHWORK ZUSAMMENSETZEN

Arrangieren Sie die Wimpelblöcke und die Dreiecke auf dem Fußboden oder an einer flanellbezogenen Entwurfswand (siehe S. 144). Wenn Sie eine Anordnung gefunden haben, die Ihnen gefällt, nähen Sie die Blöcke und Dreiecke in Reihen zusammen und dann die Reihen zur Quilt-Oberseite.

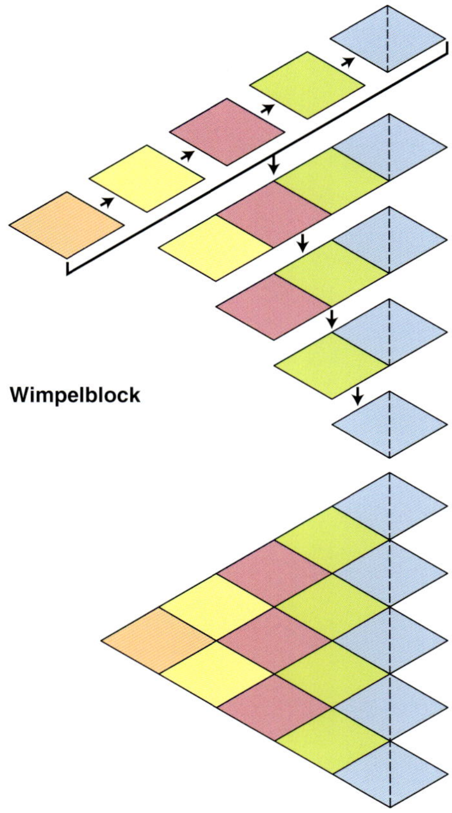

Wimpelblock

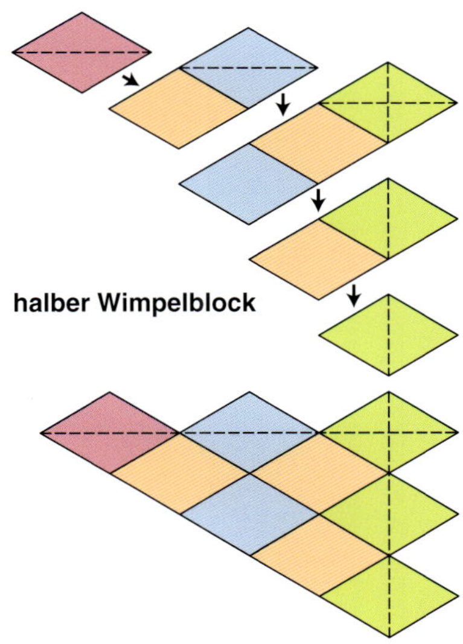

halber Wimpelblock

FERTIGSTELLEN

Bügeln Sie die Quilt-Oberseite. Nähen Sie dann, ohne die Kanten zu dehnen, einen langen Geradstich mit der Nähmaschine entlang der Außenkante der Quiltoberfläche. Auf diese Weise werden die diagonal geschnittenen Stoffkanten der Rauten stabilisiert. Legen und heften Sie Oberseite, Vlies und Rückseitenstoff aufeinander (siehe S. 148). Quilten Sie Parallellinien mit blass-blauem Quiltgarn (von oben nach unten), sodass sie genau

So werden die Blöcke zusammengesetzt

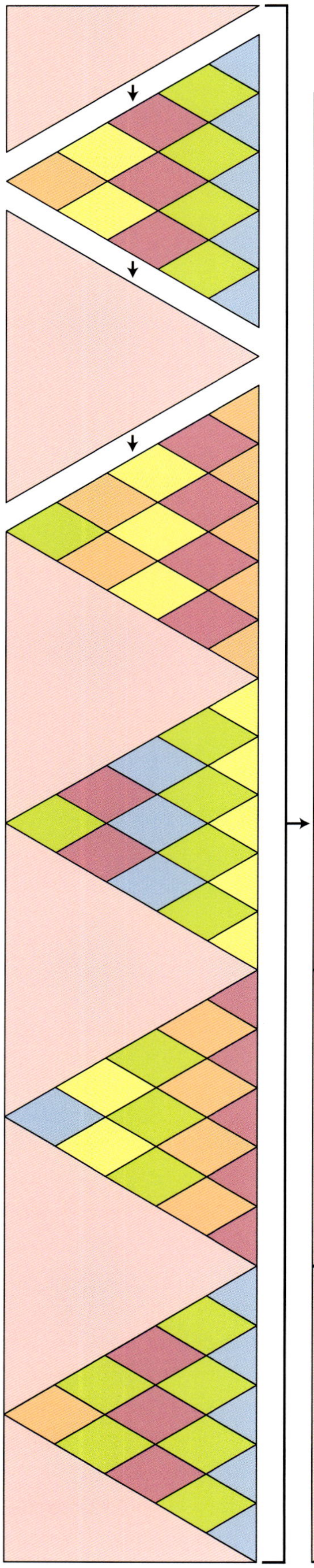

über die Mitten der Rauten verlaufen. Begradigen Sie die Quiltkanten. Schneiden Sie den gestreiften Stoff der Einfassung im diagonalen Fadenlauf zu und nähen Sie ihn um den Quilt (siehe S. 149). Entfernen Sie alle Heftfäden.

Farbschlüssel

Tischdecke „Windrad“

Wenn Sie die Stimmung dieser Tischdecke nachempfinden möchten, vermeiden Sie alle schrillen Farben. Obwohl die Farben sehr leuchtend wirken, sind es doch blasse Edelsteinfarben. Wir haben einige Stoffreste aus der „Pressed Roses“-Kollektion von Kaffe Fassett verwendet.

QUILTGRÖSSE

Die fertige Tischdecke misst etwa 127 x 127 cm.
Beachten Sie bitte, dass die Maße bei den Abbildungen für die fertigen Teile gelten und die Nahtzugaben nicht einschließen.

Anmerkung: Dieses Patchwork wurde nicht gequiltet, sondern mit Klebevlies auf den Rückseitenstoff „geklebt“. Dieses Klebevlies ist eine auf einem Trägerpapier befindliche Klebeschicht, die sich unter dem Bügeleisen löst. Beachten Sie unbedingt die Anweisung des Herstellers.

MATERIAL

Stoffe aus 100 % Baumwolle, 112–114 cm breit, vorwiegend in Unifarben und Ton-in-Ton-Drucken, die wie uni wirken, dazu einige Druckstoffe mit Punkten und Karos:

- **Stoff A:** je 25 cm von mindestens 5 verschiedenen Stoffen in mittleren bis dunklen Tönen von Rot und Rost, Terrakotta und leuchtendem Pink
- **Stoff B:** je 25 cm von mindestens 5 verschiedenen Stoffen in mittleren bis dunklen Tönen von Rehbraun, Jeansblau, Enzianblau, Piniengrün und Purpur
- **Stoff C:** je 25 cm von mindestens 5 verschiedenen hellen bis mittleren Tönen von Pink, Orange und Goldocker
- **Stoff D:** je 25 cm von mindestens 5 verschiedenen hellen bis mittleren Tönen von Lavendel, Lindgrün, blassem Blau, Zartblau und Apfelgrün
- **Klebevlies:** ausreichende Menge Klebevlies für die gesamte Patchworkfläche (siehe Anmerkung oben)
- **Rückseitenstoff:** 1,60 m eines 152 cm breiten Baumwollstoffes, etwas schwerer als der durchschnittliche Patchworkstoff
- **Einfassung:** 6,5 m Ripsband, 2,5 cm breit, dunkles Weinrot
- **Schablonen:** Arbeiten Sie mit den Schablonen S und T von S. 150 und 152.

ZUSCHNEIDEN

Schneiden Sie beim Vorbereiten der Dreiecke jeweils etwa die gleiche Anzahl zusammengehöriger Sets aus jeder der 4 Stoffgruppen.

SCHABLONEN

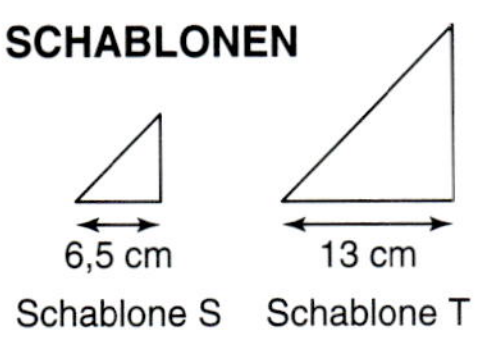

Großes Windrad

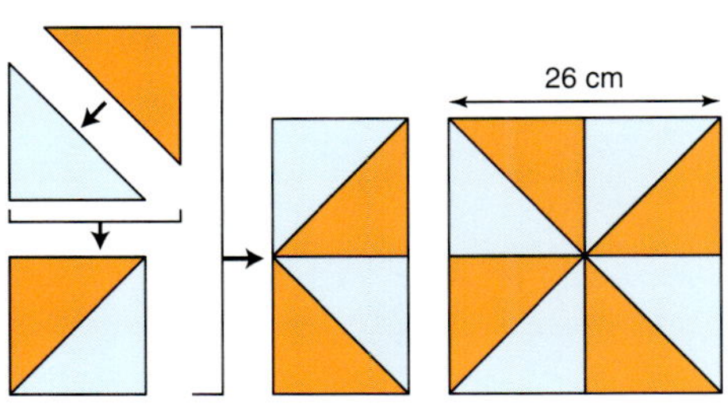

Kleines Windrad

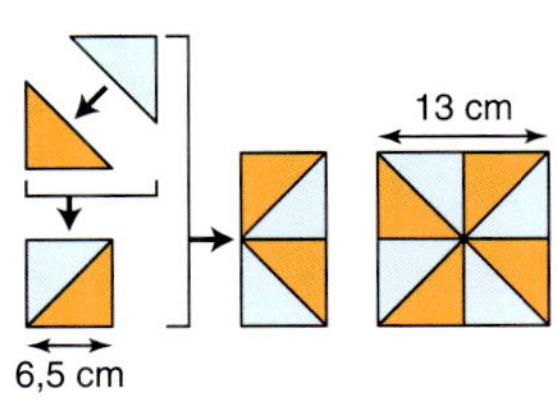

Kleiner Windradblock

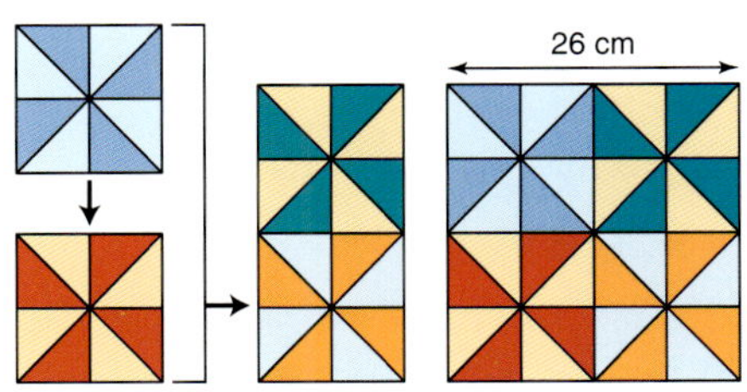

So werden die Blöcke zusammengesetzt

Farbschlüssel

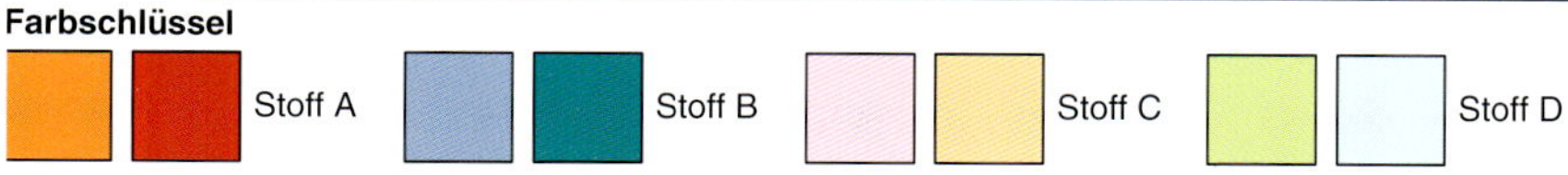

136 große Dreiecke: 34 Sets zu je 4 gleichen Dreiecken nach Schablone T (= insgesamt 136 Dreiecke)
256 kleine Dreiecke: 64 Sets zu je 4 gleichen Dreiecken nach Schablone S (= insgesamt 256 Dreiecke)

WINDRÄDER NÄHEN

Die meisten Windräder entstehen aus 4 gleichen Dreiecken aus einem dunkleren Stoff (Stoffe A oder B) und 4 gleichen Dreiecken aus einem helleren Stoff (Stoffe C oder D). Stoff A ist gewöhnlich mit Stoff D zusammengestellt und Stoff B mit Stoff C. Manche der Windräder bestehen aus zwei Komplementärfarben, etwa Blau mit Gelborange oder Rot mit Grün oder Blaugrün; dies ist jedoch nur eine grobe Richtlinie für das Zusammenstellen der Farbenpaare. Auch wurden einige der Windräder absichtlich mit einem „Fehler“ genäht, sodass ein Windradflügel anders gefärbt ist als die übrigen drei. Dadurch wird das Muster weniger vorhersehbar und wirkt origineller. Die Lage der dunkleren Dreiecke bewirkt, dass sich die Windräder in die eine oder die andere Richtung zu drehen scheinen. Achten Sie darauf, dass die Drehrichtung ab und zu wechselt.

17 große Windräder: Nähen Sie 17 große Windräder, indem Sie für jedes 4 gleiche große helle Dreiecke mit 4 gleichen großen dunklen Dreiecken zusammensetzen (siehe Abb. auf S. 119). Arbeiten Sie grundsätzlich mit der auf den Schablonen angegebenen Nahtzugabe.

32 kleine Windräder: Nähen Sie 32 kleine Windräder, indem Sie für jedes 4 gleiche kleine helle Dreiecke an vier gleiche kleine dunkle Dreiecke nähen (siehe Abb. auf S. 119).

WINDRÄDER ANORDNEN

Folgen Sie der Abbildung und arrangieren Sie alle großen Windräder in der gewünschten Formation, bevor Sie die kleinen Windräder nähen.

KLEINE WINDRADBLÖCKE NÄHEN

8 kleine Windradblöcke: Legen Sie die Windräder aus. Wenn Ihnen die Anordnung gefällt, nähen Sie 8 Blöcke aus kleinen Windrädern, indem Sie immer 4 kleine Windräder wie abgebildet aneinandersetzen.

QUILT-OBERSEITE ZUSAMMENSETZEN

Nähen Sie die großen Windräder und die Blöcke aus kleinen Windrädern zuerst zu Reihen zusammen, dann die Reihen zur Quilt-Oberseite.

FERTIGSTELLEN

Bügeln Sie die Quilt-Oberseite sehr sorgfältig. Dann bügeln Sie vorsichtig das Klebevlies auf die linke Seite des Patchworks. Folgen Sie dabei unbedingt der Anweisung des Klebevlies-Herstellers. Ziehen Sie das Schutzpapier des Klebevlieses ab und legen Sie dann den Rückseitenstoff auf die aufgebügelte Klebeschicht. Bügeln Sie das gesamte „Sandwich" sehr langsam, um die beiden Lagen fest aufeinander zu kleben. Schneiden Sie überstehenden Rückseitenstoff entlang der Quiltkanten ab. Falten Sie das Ripsband um die Nahtzugabe und stecken und heften Sie es fest. Nähen Sie das Band von der Vorderseite her auf und entfernen Sie die Heftfäden.

Ingwerkrüge

Die Porzellangefäße auf diesem Quilt sind aus „Pressed Roses" von Kaffe Fassett zugeschnitten (siehe Bezugsquellen, Seite 159). Für einen ähnlichen Effekt aus Material Ihrer eigenen Sammlung benötigen Sie Stoffe in Pink und Rot.

QUILTGRÖSSE

Der fertige Quilt misst etwa 200 × 257 cm.

Beachten Sie bitte, dass die Maße bei den Abbildungen für die fertigen Teile gelten und die Nahtzugaben nicht einschließen.

Anmerkung: Jede der horizontalen Dreiecksreihen kann aus einem Stoffstreifen von ca. 10 × 112 cm zugeschnitten werden, kaufen Sie also keine „Fat Quarters" (ca. 50 × 50 cm, halbe Stoffbreite) für das Projekt, denn sie sind zu schmal.

MATERIAL

Stoffe aus 100 % Baumwolle, 112–114 cm breit:

- **Stoff A (rote Zickzackreihe):** je 25–50 cm von mindestens 10 verschiedenen Ton in Ton klein gemusterten Druckstoffen in dunklem Magenta, Weinrot und Scharlach und zusätzlich „Narrow Stripe" NS17 von Kaffe Fassett oder ein

SCHABLONEN

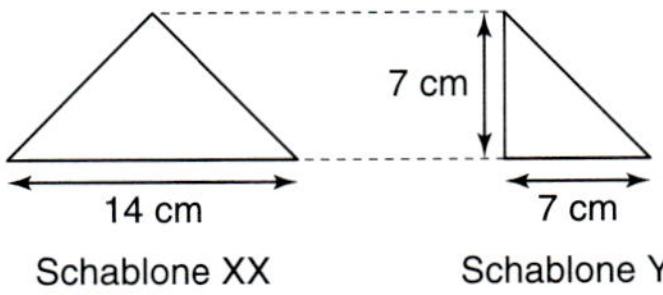

vergleichbarer schmal gestreifter mehrfarbiger Stoff in vorwiegend dunklem Magenta und Rot

- **Stoff B (rosa Zickzackreihe):** je 25–50 cm von mindestens 10 verschiedenen Ton in Ton klein gemusterten Druckstoffen und Karos, sowie ein Streifenstoff in frischem Rosa, gedämpftem Rosa und Graurosa
- **Stoff C (Randstreifen 1):** 50 cm eines wie uni wirkenden, Ton in Ton gehaltenen Druckstoffes in dunklem Magenta
- **Stoff D (Randstreifen 1):** 50 cm „Shot Cotton" SC27/Grass von Kaffe Fassett oder ein vergleichbarer Unistoff in dunklem Blaugrün
- **Stoff E (Randstreifen 2):** 50 cm eines wie uni wirkenden Ton in Ton gemusterten Stoffes in leuchtendem Moosgrün
- **Stoff F (Randstreifen 3):** 2,3 m „Pressed Roses" PR04 von Kaffe Fassett oder ein vergleichbarer zweifarbiger Druckstoff mit hellen lachsfarbenen Blumen auf dunklem pflaumenblauem Grund
- **Stoff G (Gefäße):** 3,2 m „Pressed Roses" PR06 von Kaffe Fassett oder ein vergleichbarer zweifarbiger Druckstoff mit cremefarbenen Blumen auf korallenrotem Grund
- **Dünne Vlieseinlage:** ausreichende Menge, um die 15 Gefäße zu unterlegen, jedes ca. 31 x 65 cm groß
- **Rückseitenstoff:** 5,5 m
- **Einfassung:** 1 m „Narrow Stripe" NS09 von Kaffe Fassett oder ein vergleichbarer pflaumenblauer schmal gestreifter Stoff
- **Dünnes Baumwollvlies:** 220 x 275 cm
- **Farbe des Quiltgarns:** dunkles Magenta
- **Schablonen und Applikationsvorlagen:** Arbeiten Sie mit den Schablonen XX und YY von Seite 152 und stellen Sie nach der Anleitung Ihre eigene Applikationsvorlage für die Gefäße her.

Schablone für ein Gefäß

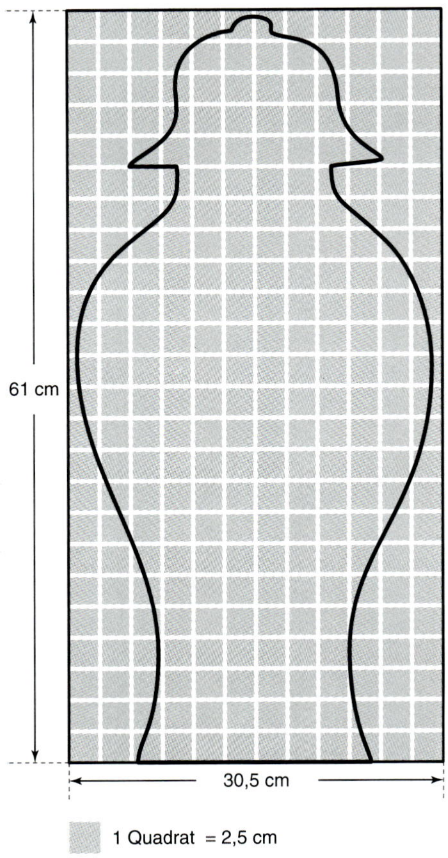

Quiltlinien für „Ingwerkrüge"

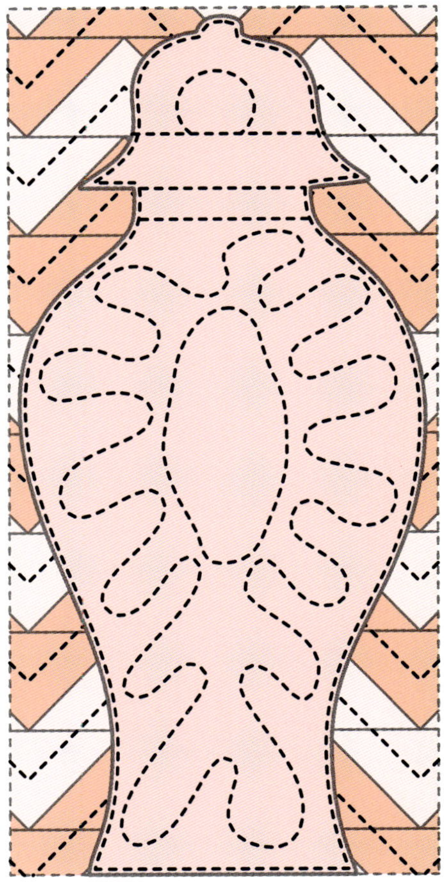

ZUSCHNEIDEN

Quiltmitte

15 rote Zickzacklinien: für jede der 15 roten horizontalen Zickzacklinien 21 Dreiecke nach Schablone XX und 2 Dreiecke nach Schablone YY aus einem einzelnen Stoff A

14 rosafarbene Zickzacklinien: für jede der 15 Zickzacklinien in Rosa 21 Dreiecke nach Schablone XX und 2 Dreiecke nach Schablone YY aus einem einzelnen Stoff B

2 halbe rosafarbene Zickzacklinien: für die halbe rosafarbene Zickzacklinie an der Oberkante des Quilt-Mittelfelds 11 Dreiecke nach Schablone XX aus einem einzelnen Stoff B; für die halbe rosafarbene Zickzacklinie an der Unterkante des Quilts 10 Dreiecke nach Schablone XX und 2 Dreiecke nach Schablone YY aus einem einzelnen Stoff B.

Randstreifen 1

Stoff-C-Dreiecke (dunkles Magenta): 51 Dreiecke nach Schablone XX und 6 Dreiecke nach Schablone YY aus Stoff C

Stoff-D-Dreiecke (dunkles Blaugrün): 53 Dreiecke nach Schablone XX und 2 Dreiecke nach Schablone YY aus Stoff D

Randstreifen 2

4 Streifen: Schneiden Sie aus Stoff E 2 Streifen von 5 x 169 cm und 2 Streifen von 5 x 232,5 cm zu.

Randstreifen 3

4 Streifen: Schneiden Sie aus Stoff F 2 Streifen von 14 x 176,5 cm und 2 Streifen von 14 x 258 cm zu.

APPLIKATIONEN VORBEREITEN

Übertragen Sie die Form des Ingwer-Gefäßes auf ein großes Stück kariertes Papier oder Schneiderpapier (siehe Abb. oben). Schneiden Sie die Form aus. Für eine feste Schablone kleben Sie die Form auf Karton und schneiden sie aus. Übertragen Sie 15 Gefäße auf die linke Seite von Stoff G und lassen Sie zwi-

So werden die Blöcke zusammengesetzt

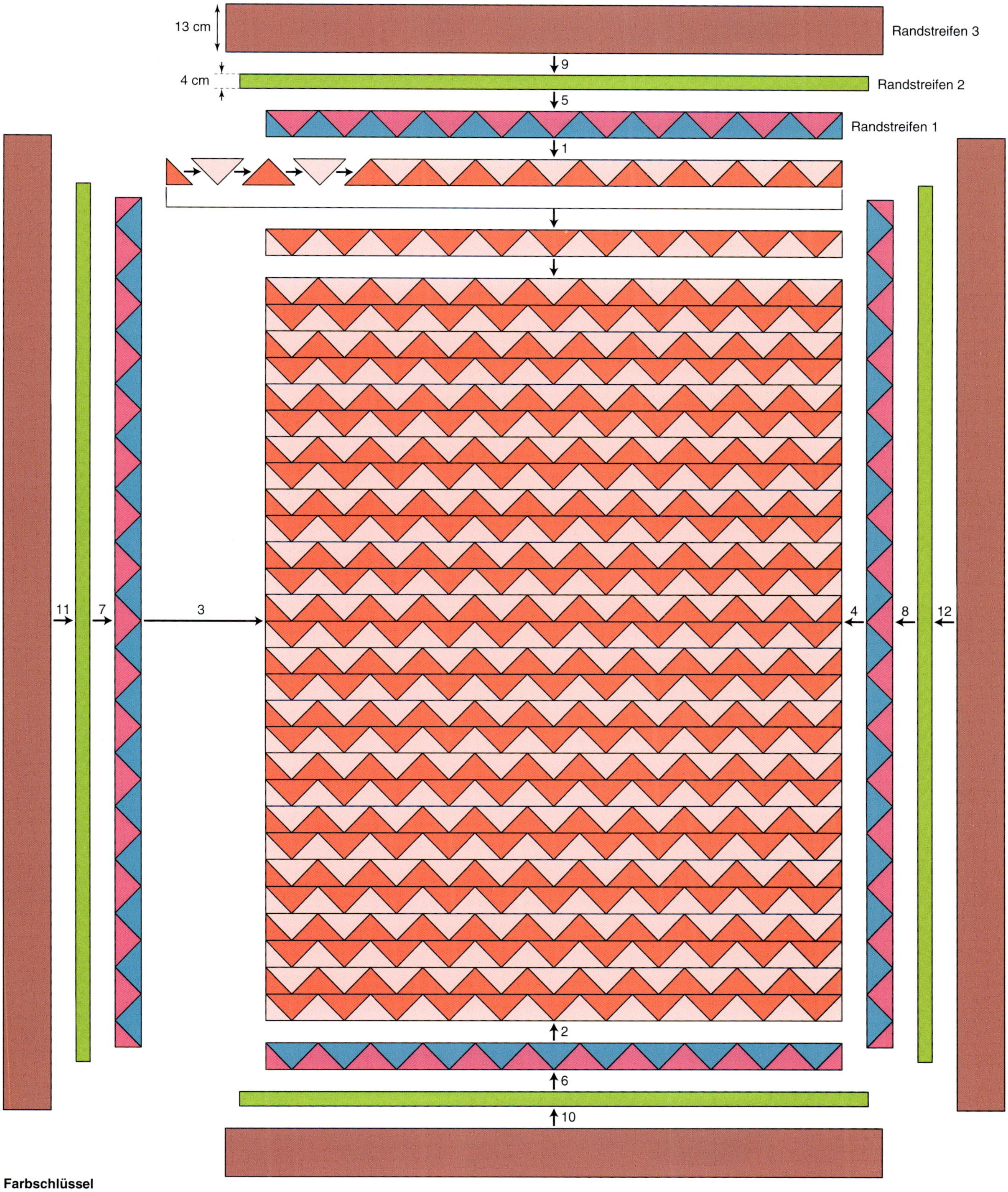

Farbschlüssel

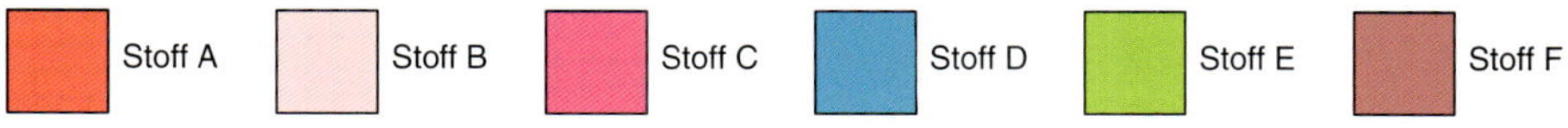

schen den Motiven Platz für jeweils 6 mm Nahtzugabe. Schneiden Sie die Krüge 6 mm außerhalb der Umrisslinien aus. Schneiden Sie zusätzlich 15 gleich große Gefäßformen (inklusive der Nahtzugaben) aus der dünnen Vlieseinlage aus. Nähen Sie jedes Stoff-Gefäß rechts auf rechts auf ein Vlieseinlage-Gefäß, einmal um den ganzen Umriss. Schneiden Sie die Nahtzugaben an den Kurven ein und die Ecken ab. Dann schneiden Sie eine Öffnung in die Mitte des Vlieses, groß genug, um die Gefäßform wenden zu können. Wenden Sie die Gefäßmotive auf rechts und bügeln Sie sie. Bügeln Sie dabei die Nahtlinie etwas zur Rückseite hin.

QUILT-OBERSEITE ZUSAMMENSETZEN

Legen Sie die Dreiecke zu 30 Reihen von Zickzackstreifen aus, wie abgebildet. Beginnen und enden Sie mit der roten Zickzacklinie an Ober- und Unterkante und wechseln Sie danach rosa und rote Zickzacklinien ab. Dann ordnen Sie die halben rosafarbenen Zickzacklinien an Ober- und Unterkante an. Arbeiten Sie auf dem Fußboden oder an einer flanellbezogenen Entwurfswand (siehe S. 144). Wenn Ihnen die Anordnung gefällt, nähen Sie die Teile zu Reihen und dann die Reihen zur Quilt-Oberfläche zusammen (siehe Abb. auf S. 123). Arbeiten Sie grundsätzlich mit den auf den Schablonen angegebenen Nahtzugaben.

Randstreifen 1

Für den Randstreifen an der Oberkante fügen Sie 11 Dreiecke nach Schablone XX aus Stoff C, 10 Dreiecke nach Schablone XX und 2 Dreiecke nach Schablone YY, jeweils aus Stoff D, aneinander (siehe Abb. auf S. 123). Nähen Sie diese Reihe an die Oberkante des Quilts.
Für die Unterkante fügen Sie 11 Dreiecke nach Schablone XX aus Stoff D, 10 Dreiecke nach Schablone XX sowie 2 Dreiecke nach Schablone YY, jeweils aus Stoff C, zu einer Reihe und nähen sie unten an den Quilt.
Für die Seiten fügen Sie jeweils 16 Dreiecke nach Schablone XX aus Stoff D, 15 Dreiecke nach Schablone XX sowie 2 Dreiecke nach Schablone YY, jeweils aus Stoff C, zu Reihen aneinander und nähen sie an die Seiten des Quilts.

Randstreifen 2 und 3

Nähen Sie die kurzen Streifen aus Stoff E an Ober- und Unterkante des Quilts und die beiden langen Streifen aus Stoff E an die Seiten. Verfahren Sie mit den Streifen aus Stoff F genauso.

APPLIZIEREN

Bügeln Sie die zusammengesetzte Patchworkfläche. Heften Sie 3 Reihen von je 5 der vorbereiteten Gefäßformen auf die Quilt-Oberseite. Achten Sie auf gleichmäßige Abstände zwischen den Reihen, zu Ober- und Unterkante sowie zwischen den einzelnen Gefäßen. Die äußeren Motive berühren genau den moosgrünen Randstreifen 2. Steppen Sie die Gefäße knappkantig auf. Arbeiten Sie mit dem dunklen magentafarbenen Quiltgarn. Schneiden Sie den Stoff und die Vlieseinlage hinter den Bonbongläsern bis auf 6 mm an die Applikationsnaht zurück.

FERTIGSTELLEN

Bügeln Sie die Quilt-Oberseite. Legen und heften Sie Oberseite, Vlies und Rückseitenstoff aufeinander (siehe S. 148). Quilten Sie mit der Maschine mit dem dunkel-magentafarbenen Quiltgarn eine Zickzacklinie durch die Mitte jeder Zickzackreihe und in 2 cm Abstand zu den Dreiecksspitzen der magentafarbenen Stoff-C Dreiecke von Randstreifen 1. Quilten Sie ebenfalls mit der Nähmaschine freie Linien auf den Ingwer-Gefäßen (siehe Abb. auf S. 122). Auf dem Randstreifen 3 quilten Sie eine einzelne große, freie Zickzacklinie.
Begradigen Sie die Quiltkante. Schneiden Sie den gestreiften Stoff der Einfassung im diagonalen Fadenlauf zu und nähen Sie ihn um den Quilt (siehe S. 149).

Taschentuch-Ecken

Die „Taschentuch-Ecken" entstanden aus den bunten Streifenstoffen von Kaffe Fassett und einigen Unistoffen (siehe S. 127). Wenn Sie andere Streifenstoffe verwenden, aber den gleichen Farbeindruck erreichen möchten, so halten Sie sich an glühende, erdige Herbsttöne mit Farbakzenten in leuchtendem Magenta, Türkis, Lavendel und Blau.

QUILTGRÖSSE

Der fertige Quilt misst etwa 200 x 200 cm.
Beachten Sie bitte, dass die Maße bei den Abbildungen für die fertigen Teile gelten und die Nahtzugaben nicht einschließen.

MATERIAL

114 cm breite Streifenstoffe von Kaffe Fassett in 100 % Baumwolle:

- **Stoff A (Streifen):** je 25 cm von mindestens 25 verschiedenen gestreiften Stoffen der Kollektion „Stripes" (Pachrangi, Alternate, Narrow, Broad und Exotic) oder 25 vergleichbare mehrfarbige in mittlerer und breiterer Steifenbreite gewebte Streifenstoffe (Farben siehe oben). Oder kaufen Sie je 50 cm von mindestens 12 verschiedenen Streifenstoffen.
- **Stoff B (Unistoffe):** je 25 cm „Shot Cotton" SC12/Chartreuse, SC16/ Mustard und SC18/Tobacco von Kaffe Fassett oder 3 vergleichbare Unistoffe in dunklem Gelbgrün, Senfgelb und Tabakbraun
- **Rückseitenstoff:** 4,6 m
- **Einfassung:** zusätzlich 70 cm von Stoff A
- **Dünnes Baumwollvlies:** 215 x 215 cm

SCHABLONEN

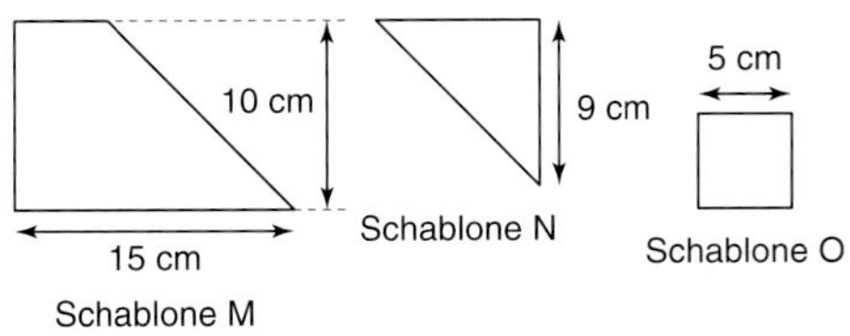

Patchworkteile aus den zusammengesetzten Teilen schneiden

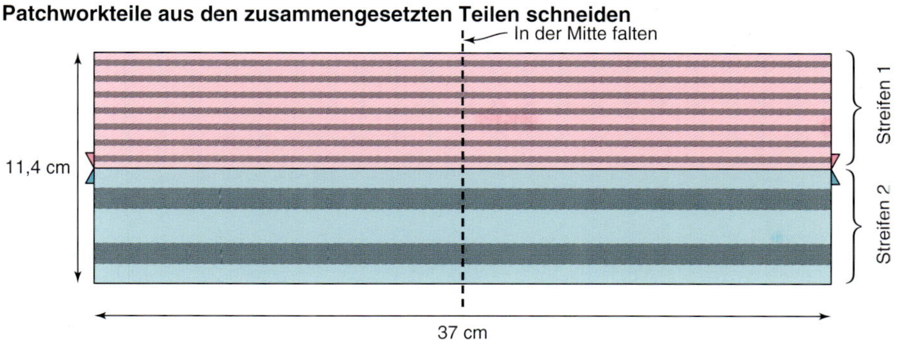

- **Farbe des Quiltgarns:** mitteldunkle, neutrale Farbe
- **Schablonen:** Arbeiten Sie mit den Schablonen M, N und O von Seite 153.

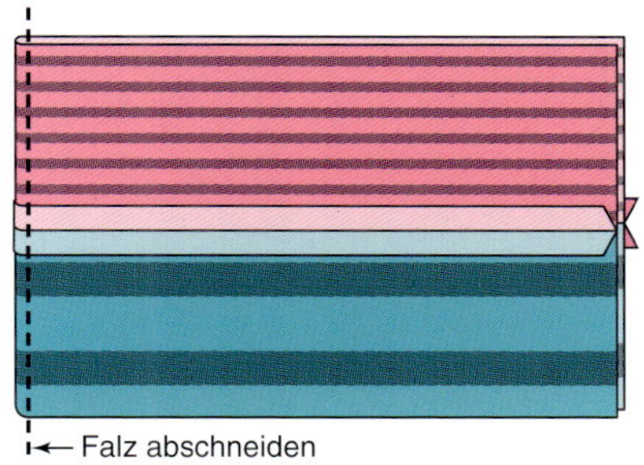

ZUSCHNEIDEN

120 Quadrate nach Schablone O:
120 Quadrate nach Schablone O aus den Stoffen B (uni)

120 große und 144 kleine Blöcke: Alle weiteren Teile schneiden Sie aus verschiedenen, zu Streifen zusammengesetzten gestreiften Stoffen. Schneiden Sie zuerst 240 Stoffstreifen von 6,4 x 37 cm aus Stoff A zu (das Streifenmuster verläuft in Längsrichtung). Dann schneiden Sie 24 Stoffstreifen von 6,4 x 24 cm aus Stoff A zu, wieder verlaufen die Streifen des Musters in Längsrichtung. Nähen Sie zwei unterschiedliche 37-cm-Streifen aus Stoff A an den Längskanten aneinander. Arbeiten Sie grundsätzlich mit 6 mm Nahtzugabe. Öffnen Sie die beiden Streifen und bügeln Sie sie. Nähen Sie auf diese Weise alle 37-cm Streifen zu **120 langen Streifenpaaren.**
Danach setzen Sie die 24 cm-Streifen zu insgesamt **12 kurzen Streifenpaaren zusammen.**
Orientieren Sie sich beim Zuschneiden der Teile nach den Schablonen M und N

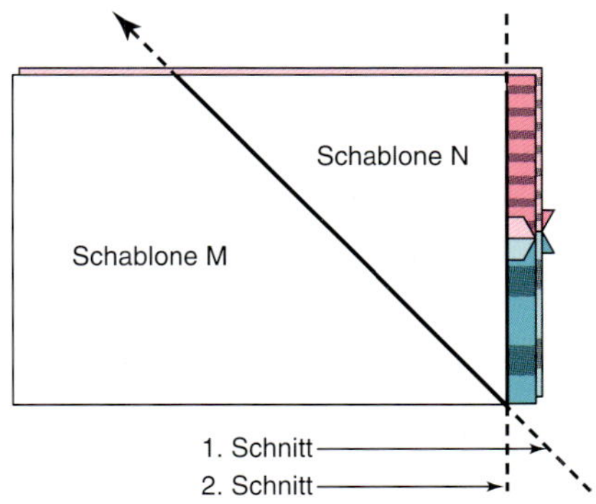

an der Abbildung. Falten Sie zuerst eines der 37-cm-Streifenpaare rechts auf rechts quer durch die Mitte zur Hälfte. Schneiden Sie den Falz ab und werfen Sie ihn weg. Benutzen Sie dafür Rollschneider und Schneidematte (siehe S. 144). Schneiden Sie den Falz ab, ohne die Stoffe zu bewegen, sodass die beiden Stofflagen absolut genau aufeinander liegen bleiben. Sie dürfen sie nicht auffalten oder bewegen. Lassen Sie die Stoffe so aufeinander liegen.

Legen Sie die Schablonen M und N genau wie auf Seite 153 abgebildet auf. Schneiden Sie zuerst die Diagonallinie im 45°-Winkel und schneiden Sie dann den an der rechten Kante von Schablone N überstehenden Stoff ab. Da die beiden Stoffteile genau so, wie sie liegen, auch wieder zusammengesetzt werden, lassen Sie sie unverändert beisammen.
Schneiden Sie 120 gleiche Paare von Trapezen nach Schablone M und 120 gleiche Paare von Dreiecken nach Schablone N aus allen 37-cm-Streifenpaaren.
Danach schneiden Sie die restlichen 24 gleichen Dreieckspaare nach Schablone N aus den 24-cm-Streifenpaaren. Bedienen Sie sich derselben Technik wie zuvor, indem Sie die Streifenpaare quer zur Hälfte falten und die Teile zuschneiden – diesmal aber zwei gleiche Dreieckspaare nach Schablone N von jedem zusammengefalteten Streifen.

QUILTMITTE

Blöcke nähen

144 kleine Blöcke: Nähen Sie 144 kleine Blöcke, indem Sie jedes der nach Schablone N zugeschnittenen Dreieckspaare entlang ihrer diagonalen Kante zusammennähen. Arbeiten Sie grundsätzlich mit den auf den Schablonen angegebenen Nahtzugaben.

Großer Block

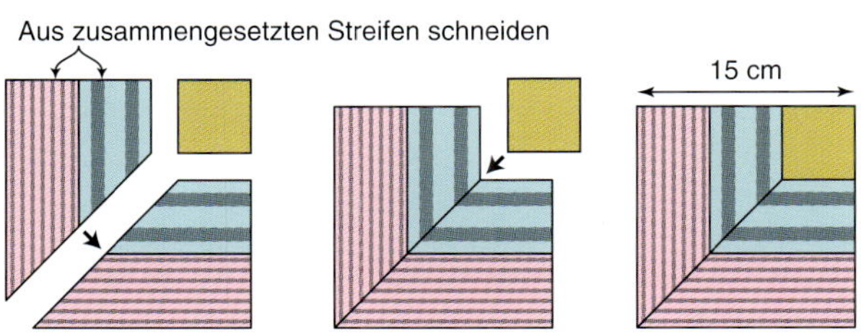

Kleiner Block

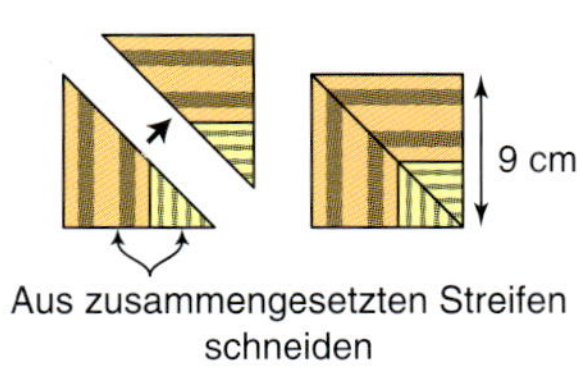

So werden die Blöcke zusammengesetzt

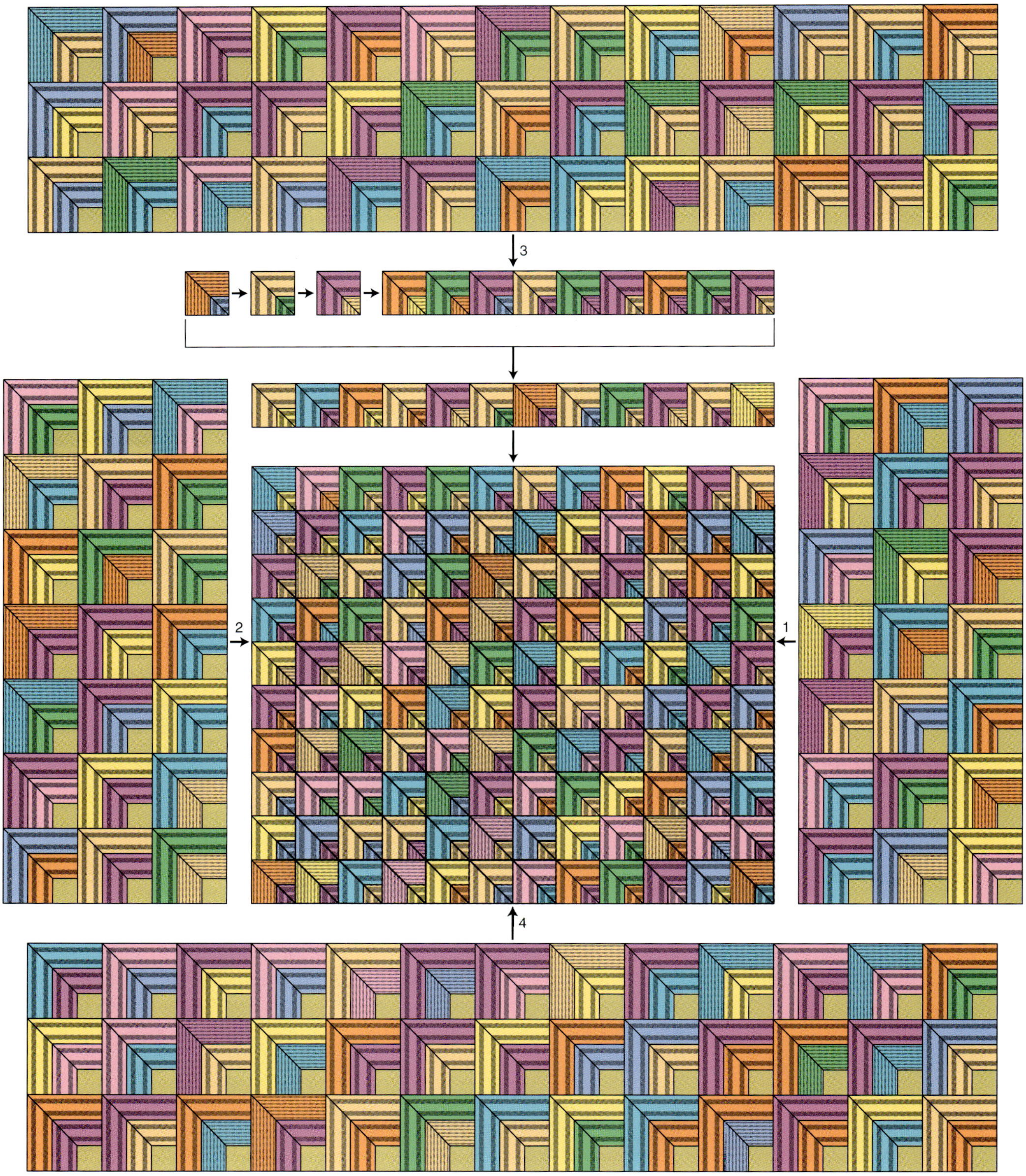

Quiltmitte zusammensetzen

Folgen Sie der Abbildung und legen Sie die kleinen Blöcke zu 12 Reihen von je 12 Blöcken aus, die alle in die gleiche Richtung weisen. Arbeiten Sie auf dem Fußboden oder an einer flanellbezogenen Entwurfswand (siehe S. 144). Wenn Ihnen die Anordnung gefällt, nähen Sie die Blöcke zu Reihen und dann die Reihen zur Fläche zusammen.

RAND

Blöcke nähen

120 große Blöcke: Nähen Sie 120 große Blöcke, indem Sie jedes der nach Schablone M zugeschnittenen Trapez-Paare an den diagonalen Kanten zusammennähen (siehe Abb. auf S. 125). Dann setzen Sie jeweils ein nach Schablone O geschnittenes Quadrat mit einer Y-Naht in die offene Ecke (siehe S. 147).

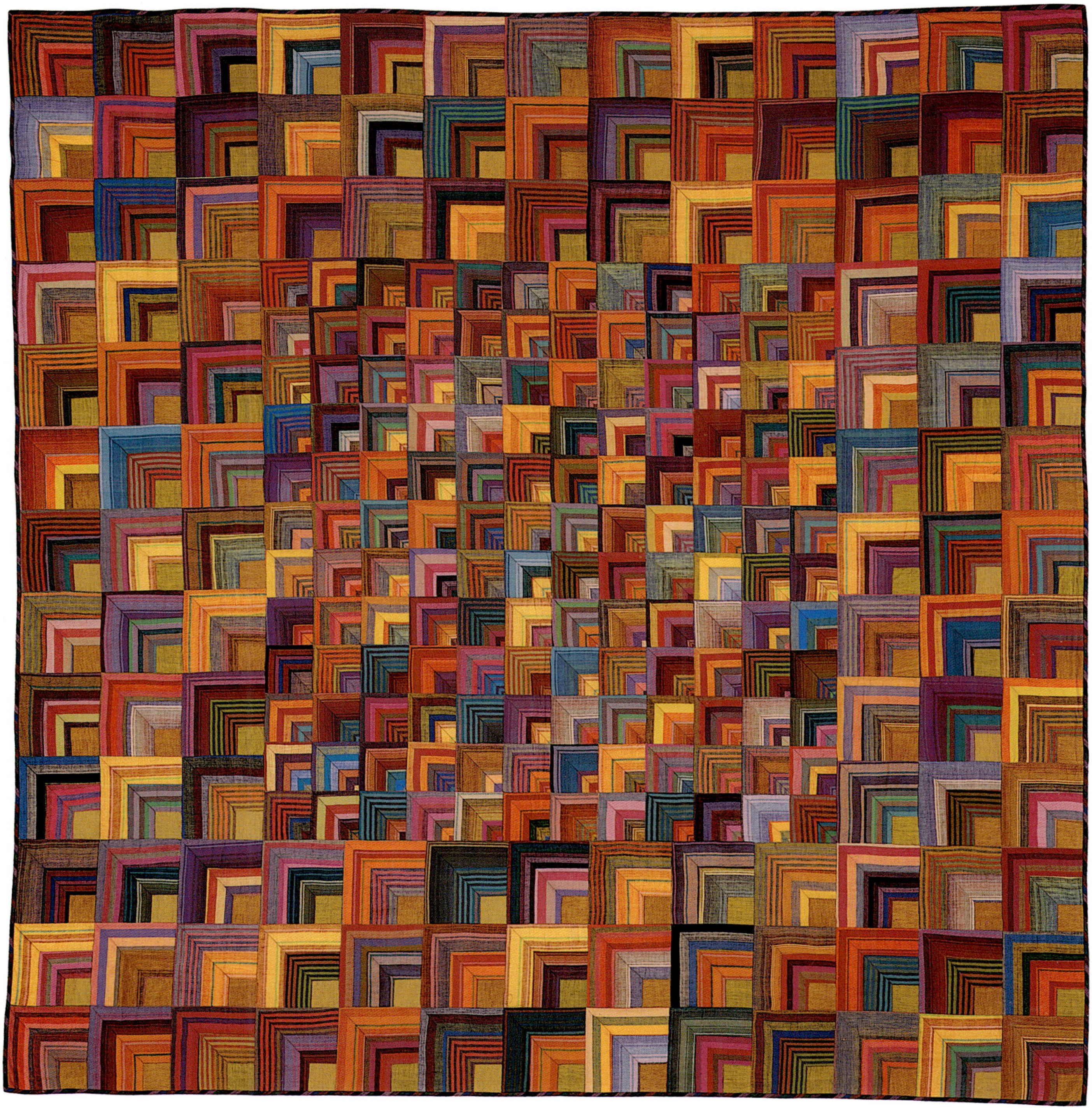

Rand zusammensetzen
Legen Sie einen breiten Rand von je 3 großen Blöcken nebeneinander um die Quiltmitte, alle Blöcke weisen in die gleiche Richtung (siehe Abb. auf S. 126). Sobald Ihnen die Anordnung gefällt, nähen Sie die Blöcke für die seitlichen Randstreifen zuerst zu Reihen und dann zur Fläche zusammen. Nähen Sie die zusammengesetzten Randstreifen an die Seiten der Quiltmitte. Dann nähen Sie die Randstreifen für Ober- und Unterkante genauso zusammen und setzen Sie sie an die Quiltmitte.

FERTIGSTELLEN
Bügeln Sie die Patchworkfläche. Legen und heften Sie Oberseite, Vlies und Rückseite aufeinander (siehe S. 148). Quilten Sie mit der Nähmaschine in den Nähten aller großen und kleinen Blöcke. Arbeiten Sie mit einer neutralen Fadenfarbe. Begradigen Sie die Quiltkanten. Schneiden Sie den Einfassstreifen im diagonalen Fadenlauf zu und nähen Sie ihn um den Quilt (siehe S. 149).

Tischdecke „Optische Quadrate“

Die Tischdecke „Optische Quadrate“ entstand ausschließlich aus Resten der bunten indischen Streifenstoffe von Kaffe Fassett (siehe Bezugsquellen auf S. 159). Der Quilt ist hauptsächlich in Rot und Kastanienbraun mit ockerfarbenen Akzenten genäht (siehe S. 61). Wenn Sie mit Material aus Ihrer persönlichen Streifenstoffsammlung eine ähnliche Farbigkeit erzielen möchten, so halten Sie die Töne mittel bis dunkel.

Anmerkung: Wenn Sie für diesen Quilt Reste von gestreiften Stoffen sammeln, so achten Sie darauf, dass das Streifenmuster parallel zur längsten Seite des Dreiecks verläuft – jeder Rest muss also mindestens 27 x 16 cm groß sein.

QUILTGRÖSSE

Der fertige Quilt misst etwa 137 x 137 cm im Quadrat.
Beachten Sie bitte, dass die Maße bei den Abbildungen für die fertigen Teile gelten und die Nahtzugaben nicht einschließen.

MATERIAL

114 cm breite Streifenstoffe von Kaffe Fassett in 100 % Baumwolle:

- **Patchworkstoffe:** viele Reste oder je 25–50 cm von mindestens 8 bis 10 verschiedenen Streifenstoffen der Kollektion „Stripes“ (Pachrangi, Alternate, Narrow, Broad und Exotic) oder 8 bis 10 vergleichbare bunte, breite und schmale Webstreifenstoffe, vorwiegend in mittleren bis dunkleren Tönen von Rotviolett, Pflaume, Orange und Rot, dazu einige Grün- und Blautöne
- **Rückseitenstoff:** 3,2 m (für eine größere Tischdecke entsprechend mehr)
- **Einfassung:** zusätzlich 50 cm eines der gestreiften Stoffe für den diagonal geschnittenen Einfassstreifen
- **Dünnes Baumwollvlies:** 155 x 155 cm
- **Farbe des Quiltgarns:** Graugrün
- **Schablonen:** Arbeiten Sie mit Schablone V von Seite 156.

ZUSCHNEIDEN

144 Dreiecke: Schneiden Sie 144 Dreiecke nach Schablone V aus den unterschiedlichen Streifenstoffen zu und achten Sie darauf, dass das Streifenmuster parallel zur längsten Seite der Schablone verläuft. Die Streifen brauchen beim Zusammennähen nicht aufeinander zu treffen, machen Sie sich also beim Zuschneiden keine Gedanken darüber.

SCHABLONE

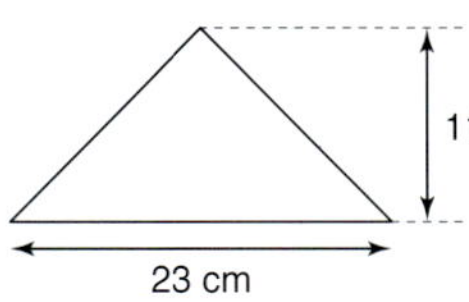

Schablone V

Diagonaler Quadratblock

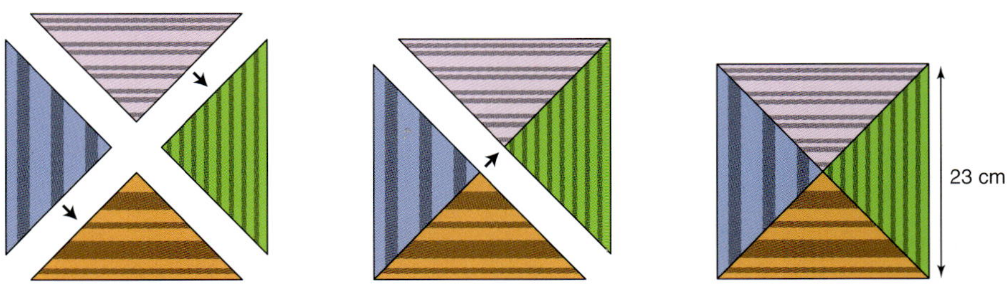

So werden die Blöcke zusammengesetzt

BLÖCKE NÄHEN

36 diagonale Quadratblöcke: Nähen Sie 36 Blöcke, in dem Sie jeweils 4 nach Schablone V zugeschnittene Dreiecke zusammensetzen (siehe Abb. auf S. 128). Arbeiten Sie einige der Blöcke aus 4 verschiedenen Stoffen, einige aus 3 oder aus 2 Stoffen sowie 2 oder 3 Blöcke aus nur einem Streifenstoff. Arbeiten Sie grundsätzlich mit den auf den Schablonen angegebenen Nahtzugaben.

QUILT-OBERSEITE ZUSAMMENSETZEN

Legen Sie die Blöcke auf dem Fußboden oder an einer flanellbezogenen Entwurfswand (siehe S. 144) zu 6 Reihen von je 6 Blöcken aus. Wenn Ihnen die Anordnung gefällt, nähen Sie die Blöcke zu Reihen und dann die Reihen zur Fläche zusammen.

FERTIGSTELLEN

Bügeln Sie die Patchwork-Oberseite sehr sorgfältig. Legen und heften Sie Oberseite, Vlies und Rückseitenstoff aufeinander (siehe S. 148).

Quilten Sie mit der Maschine mit graugrünem Quiltgarn (oder einer anderen unauffälligen Farbe) horizontale, vertikale und diagonale Linien in den Nähten aller Stoffteile. Begradigen Sie die Quiltkanten. Schneiden Sie den gestreiften Stoff der Einfassung im diagonalen Fadenlauf zu und nähen Sie ihn um den Quilt (siehe S. 149).

Hemdenstreifen-Karos

Jeweils 4 gleiche gestreifte Stoffdreiecke bilden diagonale Quadratblöcke in diesem Quilt. Die Streifen, die an den Nähten aufeinander treffen, bilden in jedem Block konzentrische Quadrate. Versuchen Sie gar nicht erst, die Streifen exakt aufeinander treffen zu lassen. Sie dürfen ruhig ein wenig „hin und her wackeln" – gerade das ist ein Teil des Vergnügens.

QUILTGRÖSSE

Der fertige Quilt misst etwa 137 x 220 cm. Beachten Sie bitte, dass die Maße bei den Abbildungen für die fertigen Teile gelten und die Nahtzugaben nicht einschließen.

Anmerkung: Beim ersten Hinsehen scheinen die Blöcke aus exakt aufeinandertreffenden konzentrischen Streifenquadraten genäht zu sein. Doch in manchen der Blöcke ist ein Dreieck aus einem ganz anderen Stoff, und oft treffen sich die Streifen in den Nähten nicht. Die Blöcke werden zwar in Sets von 4 identischen Dreiecken zugeschnitten, doch dann werden einige vertauscht.

SCHABLONEN

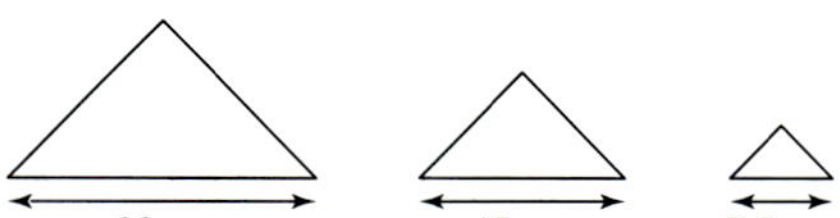

MATERIAL

112–153 cm breite gestreifte Hemdenstoffe aus 100 % Baumwolle:

- **Stoffe:** je 25–50 cm von mindestens 15 verschiedenen Hemdenstoffen mit Webstreifen, vorwiegend in Blau und Weiß sowie in Rot, Blau und Weiß. Wir fügten auch ein paar Reste der Streifenstoffe „Ombré Stripes" OS02 und „Blue and White Stripes" BWS01 von Kaffe Fassett hinzu.
- **Rückseitenstoff:** 5 m
- **Einfassung:** zusätzlich 70 cm eines der blauweiß gestreiften Stoffe
- **Dünnes Baumwollvlies:** 155 x 240 cm
- **Farbe des Quiltgarns:** Hellblau
- **Schablonen:** Arbeiten Sie mit den Schablonen V, W und X von den Seiten 153 und 156.

ZUSCHNEIDEN

20 große Quadratblöcke aus Dreiecken: 20 Sets von je 4 gleichen Dreiecken nach Schablone V aus den verschiedenen Streifenstoffen. Schneiden Sie so, dass das Streifenmuster parallel entlang der langen Kante des Dreiecks

So werden die Blöcke zusammengesetzt

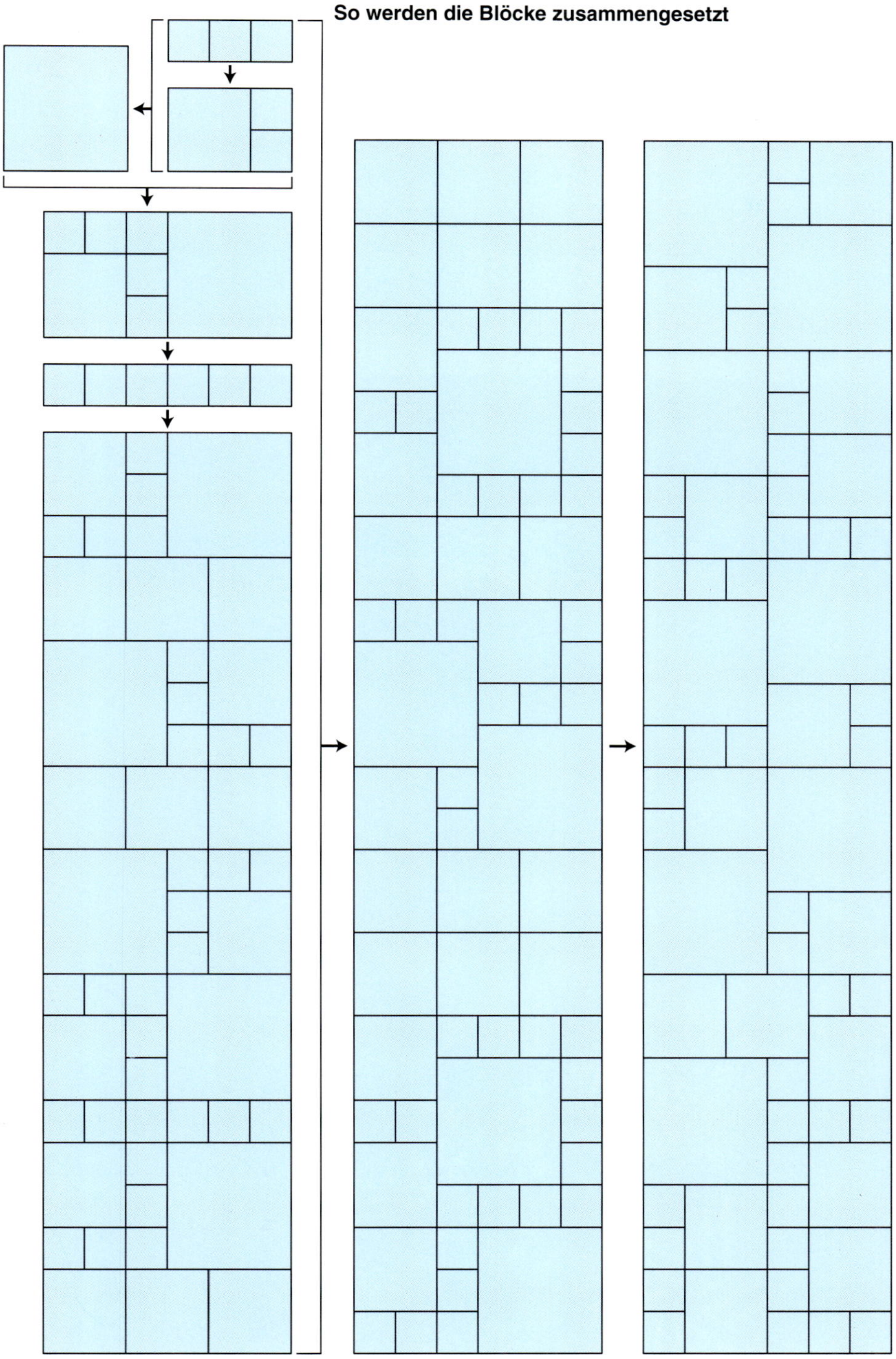

Quadratblöcke aus Dreiecken

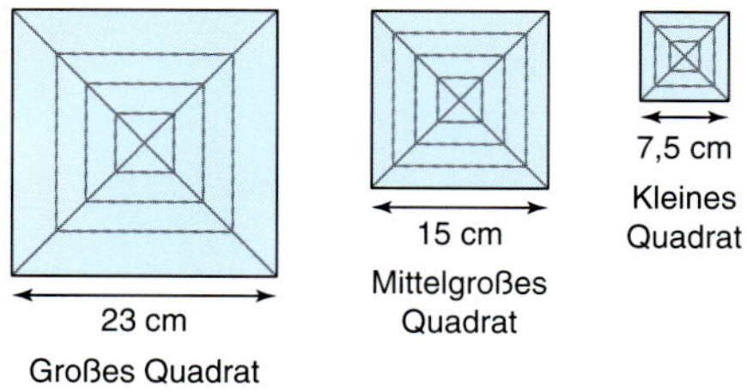

20 große Quadratblöcke: Nähen Sie 20 große Quadratblöcke, indem Sie jeweils ein Set von 4 nach Schablone V zugeschnittenen Dreiecken zu einem Block zusammensetzen (siehe Tischdecke „Optische Quadrate", S. 128). Arbeiten Sie grundsätzlich mit den auf den Schablonen angegebenen Nahtzugaben.

53 mittelgroße Quadratblöcke: Nähen Sie 53 mittelgroße Quadratblöcke, indem Sie jeweils ein Set von 4 nach Schablone W zugeschnittenen Dreiecke zu einem Block zusammensetzen.

130 kleine Quadratblöcke: Nähen Sie 130 kleine Quadratblöcke, indem Sie jeweils ein Set von 4 nach Schablone X zugeschnittenen Dreiecke zu einem Block zusammensetzen.

QUILT-OBERSEITE ZUSAMMENSETZEN

Arrangieren Sie die Blöcke auf dem Fußboden oder an einer flanellbezogenen Entwurfswand (siehe S. 144) zu 3 langen Streifen. Wenn Ihnen die Anordnung gefällt, setzen Sie die Blöcke jedes Streifens zusammen. Nähen Sie in einer Reihenfolge, die keine Y-Nähte erfordert. Dann nähen sie die 3 großen Streifen zusammen.

verläuft und die 4 Stoffdreiecke völlig identisch sind.

53 mittelgroße Quadratblöcke aus Dreiecken: 53 Sets von je 4 gleichen Dreiecken nach Schablone W (siehe große Quadratblöcke)

130 kleine Quadratblöcke aus Dreiecken: 130 Sets von je 4 gleichen Dreiecken nach Schablone X (siehe große Quadratblöcke)

QUADRATBLÖCKE NÄHEN

Bevor Sie die Blöcke zusammennähen, vertauschen Sie einige Teile so, dass in einigen der Blöcke 2 oder 3 verschiedene Stoffe zusammentreffen.

Nehmen Sie auch ein paar der Dreiecke-Sets aus den gleichen Stoffen und mischen Sie diese, sodass zwar die passenden Stoffe zusammentreffen, nicht aber die Streifen.

FERTIGSTELLEN

Bügeln Sie die Quilt-Oberseite. Legen und heften Sie Oberseite, Vlies und Rückseitenstoff aufeinander (siehe S. 148). Quilten Sie mit der Maschine und hellblauem Quiltgarn nur in den diagonalen Nähten. Begradigen Sie die Quiltkanten. Dann schneiden Sie den Stoff der Einfassung im diagonalen Fadenlauf zu und nähen ihn um den Quilt (siehe S. 149).

Stars and Stripes

Dieses eindrucksvolle Patchwork mit seinen frechen blauweißen Sternen ist nichts für zaghafte Naturen – viele Y-Nähte verlangen eine hohe Handfertigkeit (Tipps dazu auf S. 147). Doch das Ergebnis ist alle Mühe wert.

QUILTGRÖSSE

Der fertige Quilt misst etwa 230 × 240 cm. Die Quiltstiche verringern das Maß der Arbeit etwas.
Beachten Sie bitte, dass die Maße bei den Abbildungen für die fertigen Teile gelten und die Nahtzugaben nicht einschließen.

MATERIAL

Stoffe aus 100 % Baumwolle, 112–114 cm breit:

- **Stoff A (blaue Sterne in der Mitte):** je 50 cm von mindestens 15 verschiedenen Stoffen in Blau mit Weiß oder Naturweiß, vorwiegend mit schmalen und breiten Streifen, großflächig kariert oder gewürfelt, und zusätzlich einige kleine Druckmuster.

SCHABLONEN

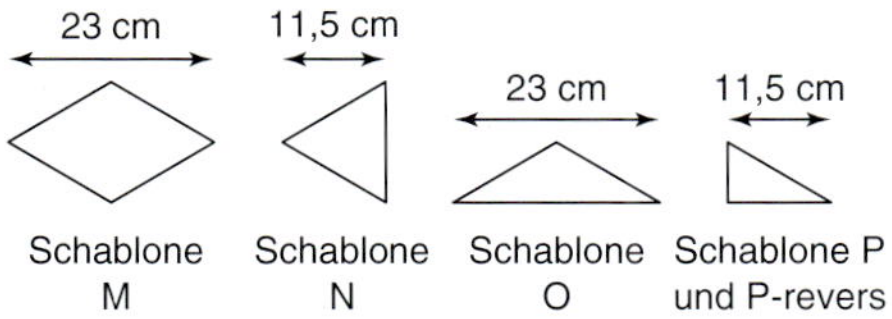

Sternenblöcke

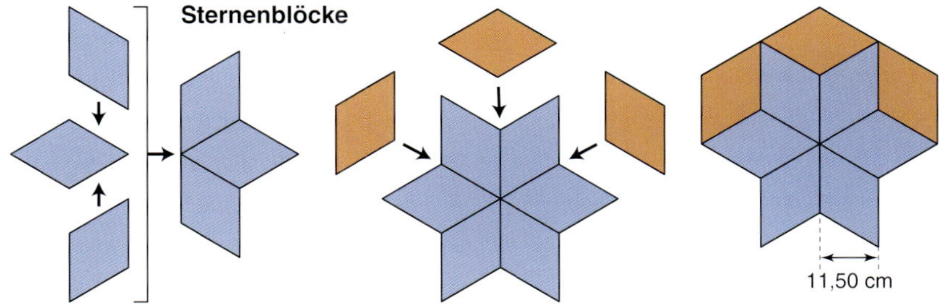

So werden die Blöcke zusammengesetzt

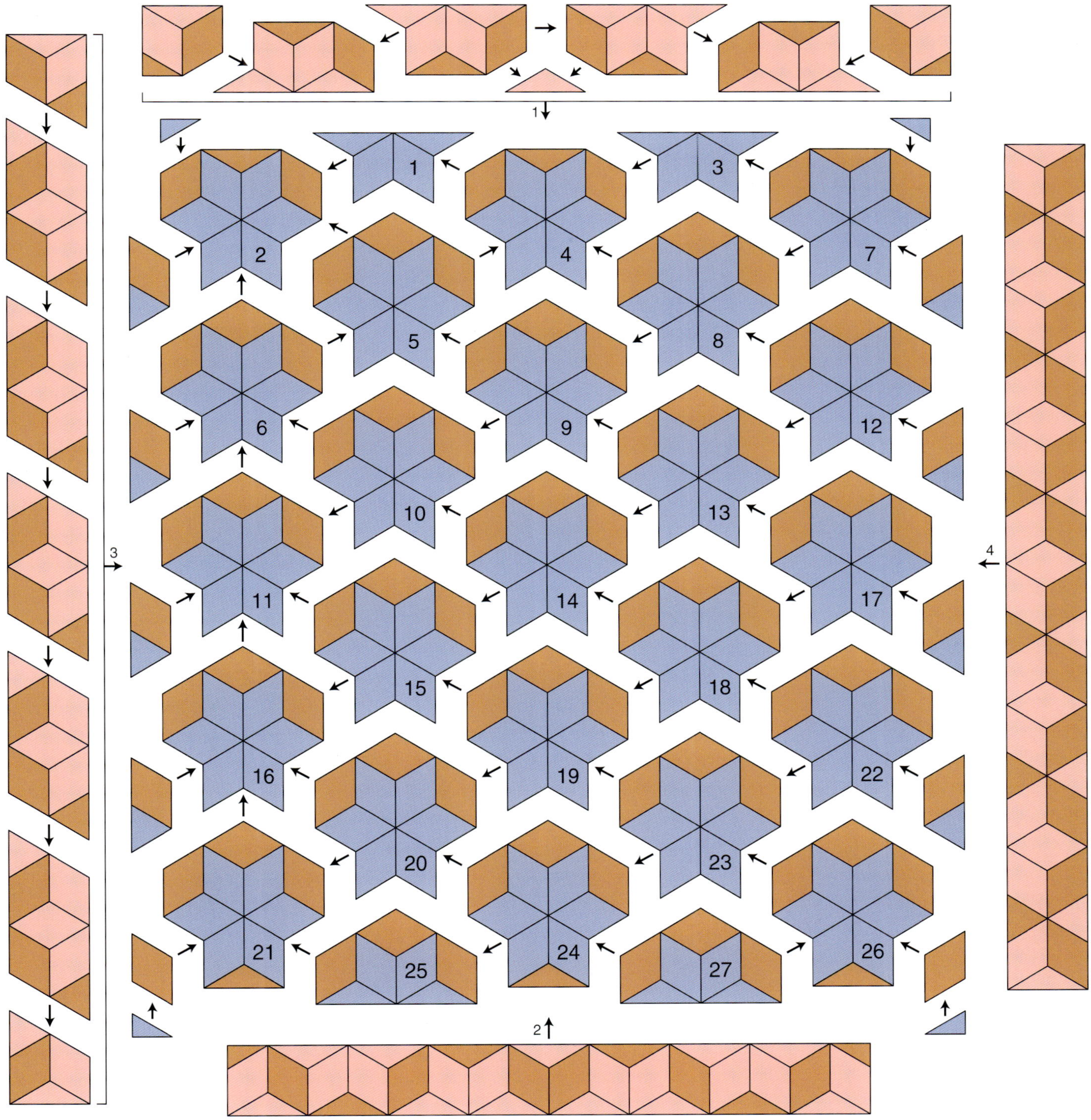

Farbschlüssel

Stoff A (blaue Sterne)

Stoff B (rote Sterne)

Stoff C (Hintergrund)

Quiltlinien für „Stars and Stripes“

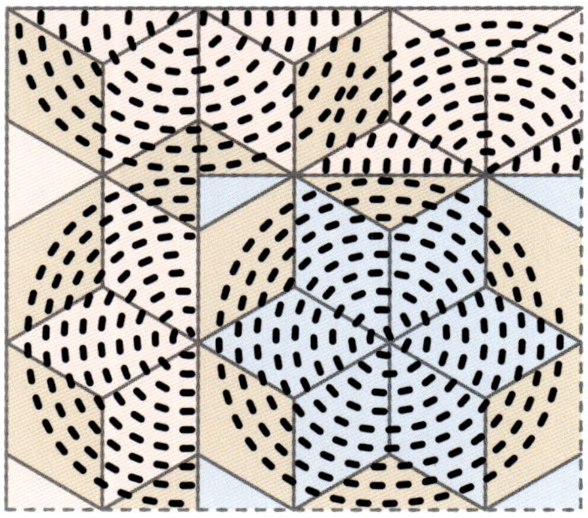

- **Stoff B (rote Sterne am Rand):** je 45 cm von mindestens 6 verschiedenen Stoffen in auffallenden Streifen und Druckmustern in Burgunderrot mit Weiß oder Naturweiß
- **Stoff C (Hintergrund):** 3 m eines einzelnen groß gemusterten Blumenstoffes in Beige, Pink und Rot auf schlammbraunem Grund (siehe auch Einfassung)
- **Rückseitenstoff:** 6,5 m
- **Einfassung:** zusätzlich 1 m von Stoff C
- **Baumwollvlies:** 250 x 260 cm
- **Quiltgarn:** dickes Baumwollstickgarn und/oder dünnes Baumwollhäkelgarn in leuchtenden und dunklen Rottönen, Malve und Koralle für die Quiltmitte, Blau für den Quiltrand
- **Schablonen:** Arbeiten Sie mit den Schablonen M, N, O, P und P-revers von Seite 151.

ZUSCHNEIDEN

Achten Sie beim Zuschneiden der Teile auf die Richtung des Streifenmusters.

Quiltmitte

23 Sterne: für jeden der 23 ganzen Sterne ein Set von 6 Rauten nach Schablone M. Schneiden Sie etwa die Hälfte aller Sets aus jeweils einem einzelnen Stoff A zu und die andere Hälfte der Sets aus zweierlei Stoffen A.

4 halbe Sterne: für jeden der 4 halben Sterne für Ober- und Unterkante der Quiltmitte ein farbgleiches Set von 2 Rauten nach Schablone M und 2 halben Rauten nach Schablone O aus einem einzelnen Stoff A

8 Sternenspitzen: für die einzelnen Spitzen entlang der Kanten der Quiltmitte 8 Dreiecke nach Schablone N aus verschiedenen Stoffen A

4 Eckdreiecke: für die kleinen Eckdreiecke der Quiltmitte 4 Dreiecke – 2 nach Schablone P und 2 nach Schablone P-revers – aus verschiedenen Stoffen A

Hintergrund der Quiltmitte: 82 Rauten aus Stoff C nach Schablone M und 6 halbe Rauten aus Stoff C nach Schablone O

Randstreifen

12 halbe Sterne: für jeden der 12 halben Sterne ein Set von 2 Rauten nach Schablone M und 2 halben Rauten nach Schablone O aus einem einzelnen Stoff B

10 halbe dreizackige Sterne: Schneiden Sie für jeden der 10 halben dreizackigen Sterne je ein Set von 3 Rauten nach Schablone M aus einem einzelnen Stoff B zu.

Hintergrund des Randes: aus Stoff C 36 Rauten nach Schablone M, 8 halbe Rauten nach Schablone O, 12 Dreiecke nach Schablone N und 4 kleine Eckdreiecke (2 nach Schablone P und 2 nach Schablone P-revers)

QUILTMITTE

Blöcke nähen

23 Sternenblöcke: Nähen Sie 23 Sternenblöcke, indem Sie je ein Set von 6 Rauten aus Stoff A und 3 Hintergrundrauten aus Stoff C zusammensetzen (siehe Abb. auf S. 133). Arbeiten Sie grundsätzlich mit den auf den Schablonen angegebenen Nahtzugaben und beachten Sie die Tipps zum Nähen von Y-Nähten (siehe Grundtechniken auf S. 147).

4 halbe Sternenblöcke: Nähen Sie 4 halbe Sternenblöcke, indem Sie je ein Set von 2 Rauten und 2 halben Rauten aus Stoff A zusammensetzen. Anschließend nähen Sie je 3 Hintergrundrauten aus Stoff C an 2 dieser halben Sternenblöcke (siehe Abb. auf S. 133).

8 kleine Blöcke für die Kanten: Nähen Sie 8 kleine Blöcke, indem Sie je 1 Sternenspitze aus Stoff A nach Schablone N und 1 Hintergrundraute aus Stoff C zusammensetzen.

Quiltmitte zusammensetzen

Arrangieren Sie die Blöcke für die Quiltmitte entsprechend der Abb. auf S. 133 auf dem Fußboden oder an einer flanellbezogenen Entwurfswand (siehe S. 144). Wenn Ihnen die Anordnung gefällt, nähen Sie die Blöcke in der angegebenen Reihenfolge zusammen: Block 1 an Block 2; Block 2 an den angrenzenden Kantenblock; Block 3 an Block 4; Block 4 an Block 1; Block 5 an die Blöcke 4, 1 und 2; Block 6 an die Blöcke 5, 2 und den Kantenblock. Fahren Sie nach diesem Prinzip fort. Sind alle Blöcke zusammengesetzt, nähen Sie die Eckteile an.

RANDSTREIFEN

Setzen Sie die Blöcke für die 4 Randstreifen zusammen (siehe Abb. auf S. 133). Nähen Sie zuerst die kürzeren Randstreifen an Ober- und Unterkante des Quilts, dann die beiden übrigen Streifen an die Seiten.

FERTIGSTELLEN

Bügeln Sie die Quilt-Oberseite. Legen und heften Sie Oberseite, Vlies und Rückseitenstoff aufeinander (siehe S. 148).

Quilten Sie jeden Stern von Hand mit einer Spirallinie, die von der Mitte nach außen führt (siehe Abb. links oben). Verwenden Sie leuchtendes und dunkles Quiltgarn in Rot, Malve und Koralle für die blauen Sterne und in Blau für die roten Sterne am Rand.

Begradigen Sie die Quiltkanten. Schneiden Sie den Einfassstreifen zu und nähen Sie ihn um den Quilt (siehe S. 149). Wenn Sie gestreiften Stoff dafür verwenden, schneiden Sie ihn im diagonalen Fadenlauf zu, das verstärkt die Wirkung.

Kissen „Optische Quadrate“

Die folgende Anleitung gilt für das Kissen „Leuchtende optische Quadrate“. Die Stoffbeschreibung für eine andere Farbstellung finden Sie auf Seite 136, das dazugehörige Foto auf Seite 66.

GRÖSSE

Die fertige Kissenhülle misst etwa 46 x 46 cm.
Beachten Sie bitte, dass die Maße bei den Abbildungen für die fertigen Teile gelten und die Nahtzugaben nicht einschließen.

MATERIAL

Stoffe aus 100 % Baumwolle, 112–114 cm breit:

- **Stoffe:** viele Reste oder je 12 cm von mindestens 6–10 verschiedenen, klein- und mittelgroß gemusterten Streifenstoffen, bedruckt und gewebt, meist mehrfarbig, einige zweifarbig, vorwiegend in Rot, Grün und Goldgelb und zusätzlich einige in Blau und Orange. Wenn Sie möchten, fügen Sie einen andersartigen, klein gemusterten Karostoff hinzu, um die Stoffmischung beleben.
- **Rückseitenstoff:** 70 cm
- **Einfassung:** 2 m rote Bommelborte
- **Kissenfüllung:** 45 x 45 cm
- **Schablone:** Arbeiten Sie mit Schablone X von Seite 153.

ZUSCHNEIDEN

144 Dreiecke: 144 Dreiecke nach Schablone X aus den verschiedenen gestreiften Stoffresten. Achten Sie darauf, dass das Streifenmuster entlang der längsten Dreieckskante verläuft. Die Streifen müssen beim Zusammensetzen nicht aufeinandertreffen – zerbrechen Sie sich beim Zuschneiden darüber nicht den Kopf.

BLÖCKE NÄHEN

36 zentrierte Quadratblöcke: Nähen Sie 36 Blöcke, indem Sie jeweils 4 nach Schablone X zugeschnittene Dreiecke zusammensetzen (siehe Tischdecke, S. 128). Nähen Sie einige der Blöcke aus 4 verschiedenen Stoffen, einige aus 3 verschiedenen, einige aus 2 verschiedenen und einige aus nur einer Sorte Streifenstoff. Arbeiten Sie grundsätzlich mit den auf den Schablonen angegebenen Nahtzugaben.

QUILT-OBERSEITE ZUSAMMENSETZEN

Arrangieren Sie die Blöcke entsprechend der Abbildung auf Seite 129 auf dem Fußboden oder an einer flanellbezogenen Entwurfswand (siehe S. 144) zu 6 Reihen von je 6 Blöcken. Wenn Ihnen die Anordnung gefällt, nähen Sie die Blöcke zuerst zu Reihen und dann zur Fläche zusammen.

FERTIGSTELLEN

Bügeln Sie das Patchwork. Schneiden Sie ein Stück Rückseitenstoff auf die Größe der Patchwork-Oberseite zu. Bevor Sie Oberseite und Rückseitenstoff aufeinander legen, nähen Sie die Bommelborte auf die rechte Seite der Patchwork-Oberseite (Bommeln weisen zur Mitte), sodass sie anschließend in der Naht mitgefasst wird. Nähen Sie das Patchwork rechts auf rechts auf der Rückseite. Schließen Sie drei Seiten und lassen Sie die vierte offen. Wenden Sie die Kissenhülle auf rechts, schieben Sie das Kissen hinein und nähen Sie die offene Kante zu.

SCHABLONE

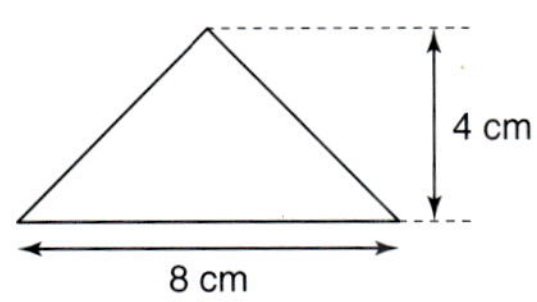

Schablone X

FARBVARIANTE
Für die pastellfarbene Variante der Kissenhülle folgen Sie der Anleitung auf S. 135, verwenden aber andere Farben.

Kissen „Pastellfarbene optische Quadrate"

• **Stoffe:** unterschiedliche Stoffreste oder je 12 cm von mindestens 6 bis 10 verschiedenen Stoffen mit aufgedruckten oder eingewebten Streifen, meist zweifarbig, mit einigen wenigen bunten Stoffen, vorwiegend in pudrigen, gedämpften Farben wie Rosa oder Hellblau auf Weiß oder Naturweiß; zusätzlich ein andersartiger Streifenstoff in leuchtendem Gelb und Blaugrün, der die Stoffmischung belebt

• **Einfassung:** 2 m graublaue Bommelborte

Turban-Hocker

Dieser runde Patchworküberzug aus keilförmigen Teilen kann für jedes runde Fußpolster passend gearbeitet werden. Wir benutzten ein Polster mit Holzboden aus dem Handarbeitsfachhandel (Ø ca. 46 cm; siehe S. 158). Halten Sie ihre Farbpalette herbstlich, wie beim Originalmodell, oder wählen Sie Ihr eigenes Farbschema.

MATERIAL

Stoffe aus 100 % Baumwolle, 112–114 cm breit:

• **Stoffteile:** je 25 cm von mindestens 16 mittelgroß und klein gemusterten, mit punktähnlichen Motiven bedruckten Stoffen in herbstlichen Farbtönen wie Rostrot, grünlichem Gold, Kastanienbraun, Orange und Dunkelbraun; zusätzlich zwei Unistoffe in Lavendel und Piniengrün. Wenn Sie möchten, können Sie wie beim Originalmodell „Shot Cotton" SC14/Lavender und SC21/Pine von Kaffe Fassett als Uni-Akzente einsetzen und zusätzlich die Fassett-Stoffe „Beads" GP04-J/Jewel, „Pebble Beach GP06-J/Jewel und „Exotic Stripe" ES21 vorwiegend in Pflaumenblau und Rot verwenden.

• **Stoff für den Knopf:** Rest von „Roman Glass" GP01/Gold von Kaffe Fassett oder ein vergleichbarer, mittelgroß bedruckter Stoff mit kreisförmigen Motiven auf goldgelbem Grund und farbigen Akzenten

• **Nesselstoff:** 1 m

• **Knopf zum Beziehen:** Ø 5 cm, überziehbar

• **Rundes Fußpolster**

NESSELTEILE ZUSCHNEIDEN

Messen Sie zuerst den Umfang des Polsters an seiner breitesten Stelle (siehe Abb. S. 137). Dann teilen Sie dieses Maß durch 8, um die Breite eines Achtel-Keiles (A) für das Polster zu erhalten. Als Nächstes messen Sie den Radius der Oberseite (B). Zuletzt messen Sie von der Kante des Radius bis ca. 10 cm unter das Polster, wo später der Bezug befestigt wird (C). Zeichnen Sie die Form des Achtelkeiles in Originalgröße auf Papier. Machen Sie sich nicht die Mühe, das untere Ende der Form wieder spitz zulaufend zu zeichnen, denn dort wird später der Stoff in Falten gelegt.

Legen Sie Ihre Papierschablone auf das Fußpolster und prüfen Sie, ob sie wirklich ein Achtel bedeckt. Seien Sie eher etwas zu großzügig als zu sparsam mit dem Maß. Wenn nötig, messen und schneiden Sie die Papiervorlage neu.

Mit Hilfe der Papierschablone übertragen Sie die Form auf Nesselstoff und schneiden sie aus. Lassen Sie entlang der beiden Seitenkanten 2 cm Nahtzugabe stehen. Übertragen und schneiden Sie 7 weitere Nesselteile auf die gleiche Weise zu. Zeichnen Sie auf jedem dieser Teile die Lage von 8 Streifen ein, etwa von der Spitze bis zur unteren Kante. Fächern Sie die Linien von der Mitte ausgehend auf.

Die Streifen sollten nicht alle gleich breit

So ermitteln Sie ein Achtel des Fußpolsters

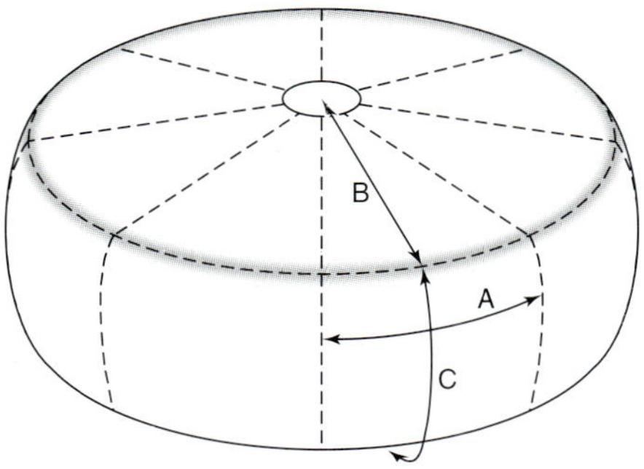

Basisteile aus Nesselstoff

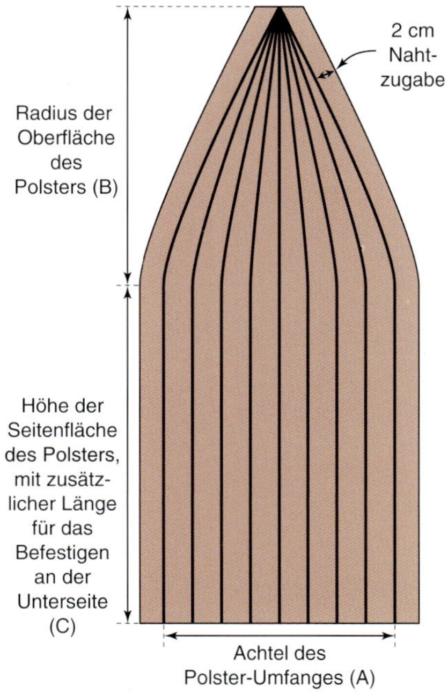

sein und brauchen sich am oberen Ende nicht exakt in einem Punkt zu treffen. Ein großer Stoffknopf verdeckt später eventuelle Lücken 2,5 cm um den Mittelpunkt herum.

STREIFEN ZUSCHNEIDEN

Schneiden Sie die unterschiedlichen Stoffe in Streifen, die ungefähr 5 cm breit und etwas länger sind als die Nesselteile. Am besten schneiden Sie von jedem Ihrer Stoffe ein paar Streifen für den Anfang ab. Schneiden Sie dann noch so viele Streifen zu, wie Sie für die Keilform benötigen.

KEILFORM NÄHEN

Bedecken Sie jeden der Nesselteile mit Stoffstreifen, wie beim üblichen Nähen auf Papiervorlagen. Dafür drehen Sie den Nesselstoff um, sodass die Seite ohne Linien nach oben weist. Legen Sie einen Stoffstreifen mit der rechten Seite nach oben so auf, dass er einen „Streifen" nahe der Mitte des Keiles bedeckt. Dann stecken Sie einen zweiten Stoffstreifen darüber, rechts auf rechts, eine der Kanten genau passend. Drehen Sie den Basisstoff nach oben und nähen Sie mit der Nähmaschine auf der Linie entlang, sodass beide Stoffstreifen in der Naht mit gefasst werden. Drehen Sie die Arbeit wieder um und schneiden Sie die Nahtzugabe auf etwa 6 mm an die Naht zurück, zur Spitze hin schmaler. Falten Sie den zweiten Streifen auf, sodass die rechte Stoffseite nach oben weist und bügeln Sie. Stecken Sie den dritten Streifen auf, wieder kantengleich mit Streifen 2. Wenden Sie die Arbeit wieder und nähen Sie entlang der nächsten aufgezeichneten Linie auf dem Nessel. Schneiden Sie die Nahtzugaben zurück wie zuvor und bügeln Sie die Stoffe auseinander. Nähen Sie weitere Streifen auf, bis Sie die Kante des Nesselstoffes erreicht haben. Der letzte Streifen muss die Nahtzugabe am Nesselstoff bedecken. Dann nähen Sie Streifen auf die andere Hälfte des Basisstoffes, wobei Sie wieder in der Mitte beginnen.

Haben Sie alle Nesselteile mit keilförmigen Stoffstreifen bedeckt, schneiden Sie die überstehenden Stoffe ab, sodass sie mit der Kante des Nesselstoffes abschließen. Heften Sie die äußeren Stoffe an der Nesselkante entlang der aufgezeichneten Linien auf.

PATCHWORKKEILE ZUSAMMENSETZEN

Legen Sie die Patchworkkeile mit der rechten Seite nach unten auf das Fußpolster und stecken Sie sie an den Nahtlinien aneinander, um die Weite anpassen zu können. Nehmen Sie den Überzug wieder ab und heften Sie die Nahtlinien – machen Sie sich nicht die Mühe, bis ganz zur Spitze zu nähen, denn der Knopf verdeckt später die Lücke. Nähen Sie die Keile mit der Nähmaschine zusammen. Dann schneiden Sie die Nahtzugaben wenn nötig zurück und bügeln sie auseinander.

FERTIGSTELLEN

Das Anbringen des Patchworküberzugs erfordert einige Erfahrung. Unser Tipp daher: Beauftragen Sie einen professionellen Polsterer damit. Nehmen Sie den Überziehknopf ebenfalls mit in die Polstererwerkstatt, wo man ihn professionell mit Stoff überzieht.

Sollten Sie Erfahrung mit Polsterbezügen haben und das Patchwork selbst anbringen wollen, so brauchen Sie eine 15 cm lange Polsterernadel, festen Knopfzwirn, eine Nadelzange, einen kräftigen Tacker und dunklen Stoff, um damit die Unterseite des Polsters zu bedecken.

Wenn Ihr Fußschemel abschraubbare Beine hat, entfernen Sie diese. Vielleicht möchten Sie die Beine farblich passend streichen. Ziehen Sie den fertigen Überzug glatt über das Polster, die rechte Seite nach oben. Dann beziehen Sie den Knopf mit dem Stoff Ihrer Wahl. Fädeln Sie in die Polsterernadel ein langes Stück Zwirn, ziehen Sie den Zwirn doppelt gelegt durch die Öse des Knopfs und stechen Sie dann durch die Mitte des Polsters. Sie müssen dabei die Oberfläche zu einer tiefen Mulde nach unten drücken. Fassen Sie die Nadel von unten mit der Nadelzange durch das Loch im Holzboden und ziehen Sie sie durch. Tackern Sie den Faden auf der unteren Platte des Polsters fest. Spannen Sie den Überzug zur Unterseite hin und tackern Sie die Kanten an. Legen Sie die Stoffkante in gleichmäßige Falten. Schneiden Sie über die Tackerklammern hinausstehenden Stoff ab. Bedecken Sie den Boden mit dunklem Stoff. Wenn Ihr Fußschemel abschraubbare Beine hat, so bohren Sie Löcher durch den dunklen Stoff und schrauben die Beine wieder an.

Babyquilt „Wellblech“

Die meisten Stoffe in diesem Quilt sind Hemdenstoffe, einige auch Kaffe Fassetts „Blue and White Stripes“. Wenn Sie den Quilt aus alten Hemden nähen, schneiden Sie die fadenscheinigen Stellen zuerst weg.

GRÖSSE

Das fertige Patchwork misst etwa 63 × 108 cm.
Beachten Sie bitte, dass die Maße bei den Abbildungen für die fertigen Teile gelten und die Nahtzugaben nicht einschließen.

MATERIAL

Stoffe aus 100 % Baumwolle, 112–114 cm breit. Die meisten Hemdenstoffe liegen breiter, korrigieren Sie den Stoffbedarf entsprechend:

- **Stoff A:** je 12 – 25 cm von mindestens 15 verschiedenen Hemdenstoffen mit Webstreifen; den größten Anteil haben 2 davon – einer mit grau-blauen Streifen auf Weiß oder Ecru und einer mit schmalen lavendelfarbenen und schwarzen Streifen auf Weiß (siehe Einfassung)
- **Stoff B:** Reste von meist unifarbenen Stoffen und einigen Ton in Ton bedruckten Stoffen in Rosa, Blaugrün, Papaya-Orange, Türkis, Lindgrün und Lavendel
- **Stoff C:** 25 cm eines Webstreifens mit schmalen grauen Streifen auf weißem Grund
- **Stoff D:** 12 cm eines pastellfarbenen Karostoffes in Blau, Lindgrün und Lavendel
- **Rückseitenstoff:** 1,2 m
- **Einfassung:** zusätzlich 50 cm eines Webstreifens mit schmalen lavendelfarbenen und schwarzen Streifen auf weißem Grund
- **Dünnes Baumwollvlies:** 80 × 125 cm
- **Farbe des Quiltgarns:** Weiß

ZUSCHNEIDEN

Quiltmitte

220 Quadrate: 220 Quadrate von 6,5 × 6,5 cm aus Stoff A

Randstreifen

4 Randstreifen: 2 Streifen von 5,5 × 102 cm und 2 Streifen von 5,5 × 56,5 cm aus Stoff C (bei allen verlaufen die Streifen parallel zu den Schmalseiten).
4 Eckquadrate: 4 Quadrate von 5,5 × 5,5 cm aus Stoff D

So werden die Blöcke zusammengesetzt

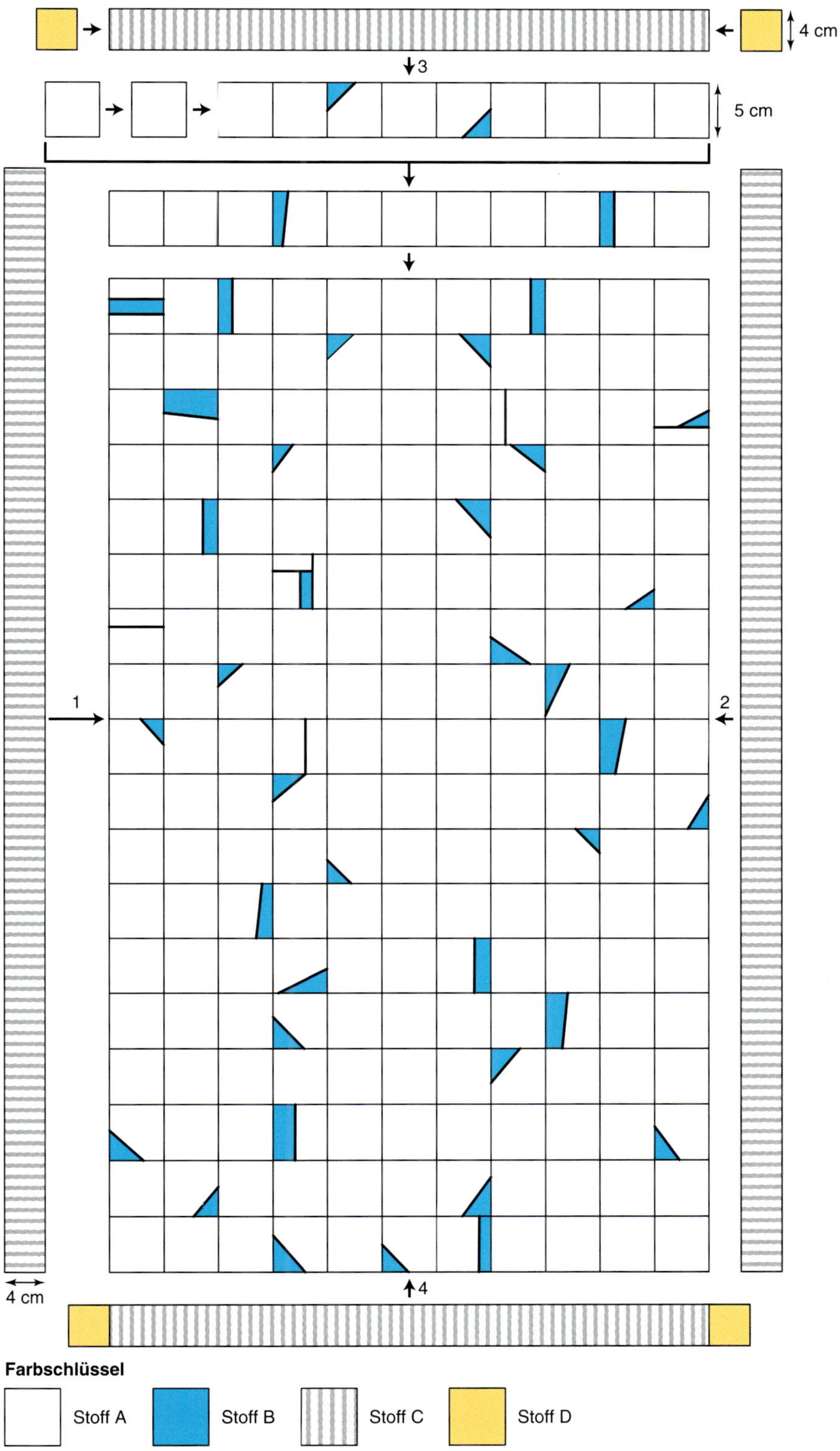

BLÖCKE ZUSAMMENSETZEN

Fertigen Sie insgesamt 45 Quadrate, die verschieden zusammengesetzt sind – einige mit angesetzten Ecken und einige mit seitlichen Streifen, wie unten beschrieben. Die Abbildung über das Zusammensetzen zeigt, wie Sie Ecken oder Streifenteile einsetzen können. Dies soll wie zufällig wirken, Sie brauchen also die Teile nicht exakt auszumessen.

26 Quadrate mit angenähten Ecken: Nähen Sie an 26 der Quadrate (6,5 × 6,5 cm) aus Stoff A eine unregelmäßig geformte Ecke: Legen Sie einen Flecken von Stoff B rechts auf rechts auf eine Ecke des Stoff-A-Quadrats, nähen Sie ihn diagonal auf und bügeln Sie ihn nach außen. Schneiden Sie überflüssigen Stoff unter der Ecke ab und schneiden Sie das Quadrat wieder auf 6,5 × 6,5 cm zurecht.

14 Quadrate mit kontrastfarbenen Streifen: Nähen Sie an 14 der Quadrate (6,5 × 6,5 cm) aus Stoff A einen Streifen oder ein Trapez aus Stoff B. Nähen Sie den Stoff auf wie zuvor beschrieben an einer Seite des Quadrats, dann bügeln Sie das Teil und schneiden es wieder auf 6,5 × 6,5 cm zu.

5 Quadrate mit angesetzten Streifen: Nähen Sie an 5 der Quadrate (6,5 × 6,5 cm) aus Stoff A einen Streifen aus einem anderen Stoff A. Entweder laufen

die Streifen in dieselbe Richtung wie die des Quadrates oder quer dazu. Nähen Sie den Stoff auf, wie zuvor beschrieben, dann bügeln Sie das Teil und schneiden es wieder auf 6,5 x 6,5 cm zu.

QUILT-OBERSEITE ZUSAMMENSETZEN

Quiltmitte

Legen Sie die zusammengesetzten und die schlichten Quadrate auf dem Fußboden oder an einer flanellbezogenen Entwurfswand (siehe S. 144) zu 20 Reihen von 11 Quadraten aus; die meisten Streifen sollten parallel zu den langen Seiten des Quilts verlaufen, und die zusammengesetzten Blöcke sollten wie zufällig über der Fläche verteilt sein. Wenn Ihnen die Anordnung gefällt, nähen Sie die Quadrate zu Reihen und die Reihen zur Fläche zusammen. Arbeiten Sie grundsätzlich mit 7,5 mm Nahtzugabe.

Randstreifen

Nähen Sie einen der längeren Streifen aus Stoff C an jede Seite der Quiltmitte. Fügen Sie ein kleines Quadrat aus Stoff D an beide Enden der verbleibenden Streifen an und nähen Sie diese an Ober- und Unterkante des Quilts.

FERTIGSTELLEN

Bügeln Sie die Quilt-Oberseite. Legen und heften Sie Oberseite, Vlies und Rückseitenstoff aufeinander (siehe S. 148).

Quilten Sie mit der Maschine und mit weißem Quiltgarn Parallel-Linien von oben nach unten, genau in den Nähten zwischen den Quadraten. Dann quilten Sie in der Naht entlang der Innenkante des Randstreifens.

Begradigen Sie die Quiltkanten. Schneiden Sie den gestreiften Stoff der Einfassung im diagonalen Fadenlauf zu und nähen Sie ihn um den Quilt (siehe S. 149).

Afrikanisches Gewebe

Alle Stoffe der Decke „Afrikanisches Gewebe" stammen aus der Kollektion von Kaffe Fassett (siehe S. 159). Wenn Sie andere Stoffe verwenden und der Quilt trotzdem wie das Original wirken soll, so suchen Sie nach weichen, kräftigen Farben.

GRÖSSE

Das fertige Patchwork misst etwa 160 x 160 cm. Beachten Sie bitte, dass die Maße bei den Abbildungen für die fertigen Teile gelten und die Nahtzugaben nicht einschließen.

MATERIAL

Stoffe aus 100 % Baumwolle, 114 cm breit, aus der Stoffkollektion von Kaffe Fassett:

- **Stoff A:** 50 cm „Ombré Stripe" OS05 von Kaffe Fassett in Rosa und Lila oder ein vergleichbarer Stoff mit Schattenstreifen in Rosa und Lila auf Ecru
- **Stoff B:** 50 cm „Ombré Stripe" OS01 in Salbeigrün oder ein vergleichbarer Stoff mit grünen Schattenstreifen auf Ecru
- **Stoff C:** 50 cm „Ombré Stripe" OS04 in Braun oder ein vergleichbarer Stoff mit Schattenstreifen in weichem Braun auf Ecru
- **Stoff D:** 70 cm „Ombré Stripe" OS02 in Blau oder ein vergleichbarer Stoff mit Schattenstreifen in Blau auf Ecru
- **Stoff E:** 70 cm breiter „Blue and White Stripe" BWS02 oder ein vergleichbarer Stoff mit breiten, pudrig blauen Streifen auf Ecru
- **Stoff F:** je 25 cm „Shot Cotton" SC01/Ginger, SC05/Opal, SC11/Orange, SC12/Chartreuse, SC14/Lavender, SC16/Mustard, SC17/Sage, SC18/Tobacco, SC 9/Lichen, SC20/Smoky und SC26/Duck Egg Blue oder eine vergleichbare Sammlung von verschiedenen Unistoffen in kühlen und warmen Farben
- **Stoff G:** 70 cm schmaler „Blue and White Stripe" BWS01 oder ein vergleichbarer Stoff mit pudrig blauen und ecrufarbenen Webstreifen (siehe Rückseitenstoff und Einfassung)
- **Rückseitenstoff:** zusätzlich 3,2 m von Stoff G
- **Einfassung:** zusätzlich 50 cm von Stoff G
- **Dünnes Baumwollvlies:** 180 x 180 cm
- **Farbe des Quiltgarns:** Beige
- **Schablonen:** Arbeiten Sie mit den Schablonen W, X, Y und Z von den Seiten 152, 153 und 157.

ZUSCHNEIDEN

Quiltmitte

Sind die Quadrate aus den gestreiften Stoffen zugeschnitten, so wird das Streifenmuster nicht in jedem Quadrat genau an derselben Stelle verlaufen, und die Streifen werden sich beim Zusammennähen nicht exakt treffen – dies ist geplant und Teil des Entwurfs.

Stoff A (rosalila Schattenstreifen): 52 Quadrate nach Schablone W aus Stoff A

Stoff B (grüne Schattenstreifen): 52 Quadrate nach Schablone W aus Stoff B

Stoff C (braune Schattenstreifen): 50 Quadrate nach Schablone W aus Stoff C

Stoff D (blaue Schattenstreifen): 77 Quadrate nach Schablone W aus Stoff D

Stoff E (breite blauweiße Streifen): 77 Quadrate nach Schablone W aus Stoff E

Stoff F (uni): 170 gleiche Paare von Dreiecken nach Schablone X aus den Stoffen F (= insgesamt 340 Dreiecke).

SCHABLONEN

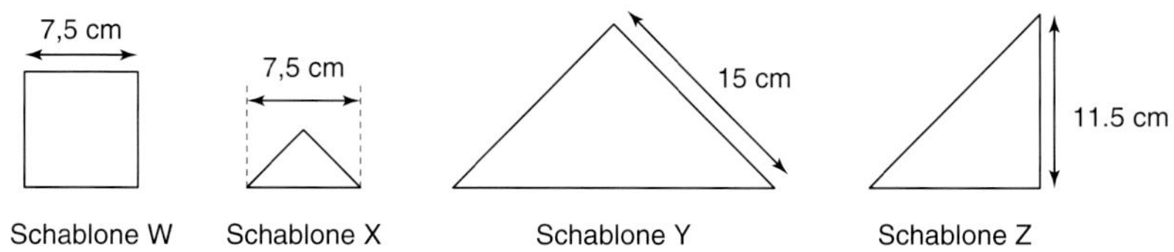

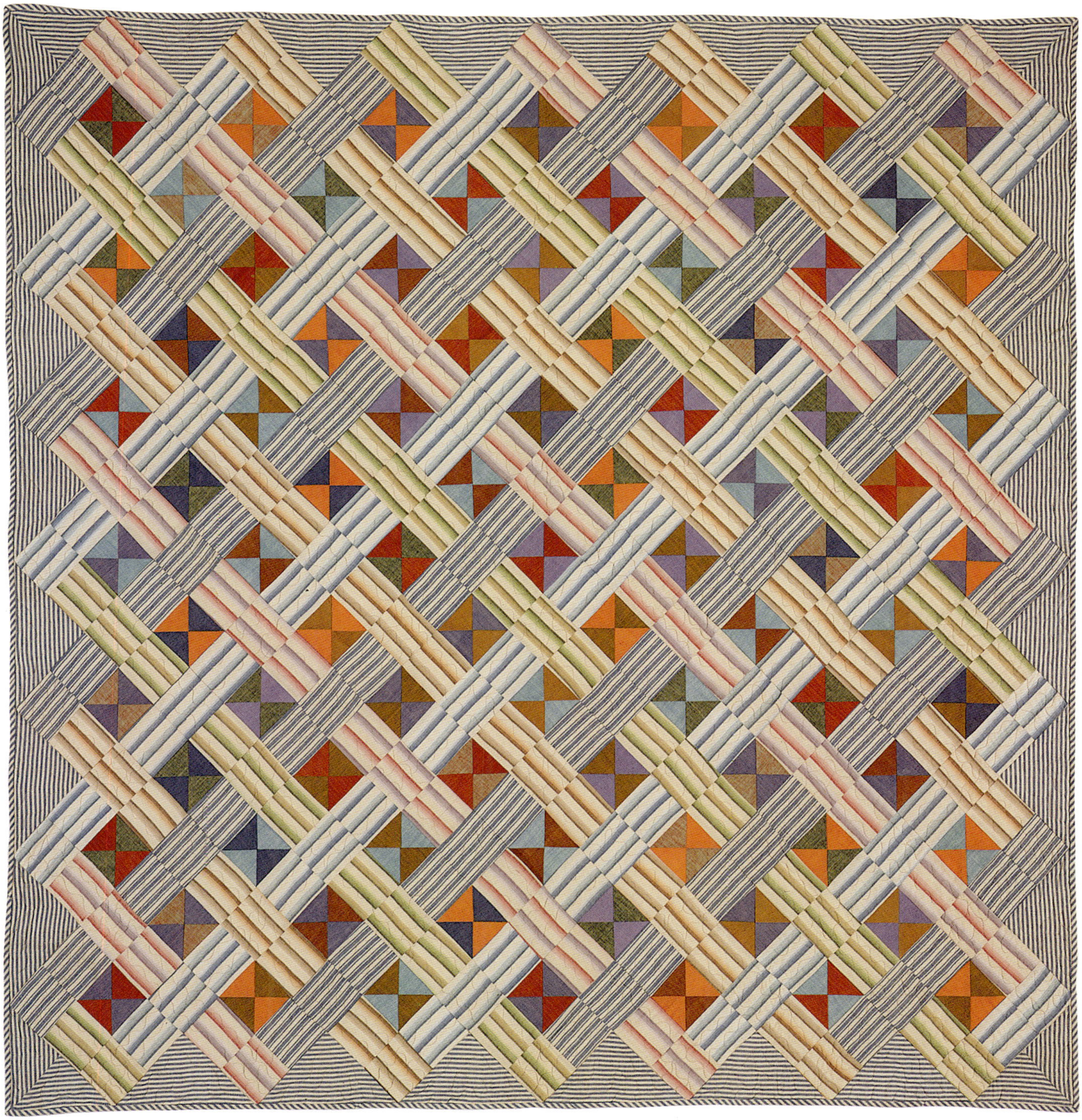

Rand

Stoff G (schmaler blauweißer Streifen): 24 Dreiecke nach Schablone Y und 8 Eckdreiecke nach Schablone Z aus Stoff G. Achten Sie darauf, dass das Streifenmuster parallel zur langen Seite der Dreiecke verläuft, entlang des geraden Fadenlaufes, der auf der Schablone eingezeichnet ist.

Block aus 4 Dreiecken

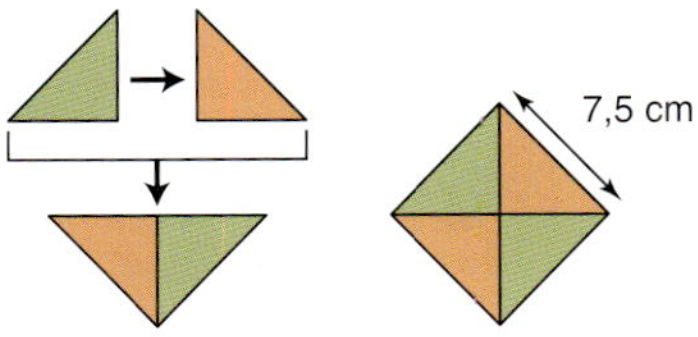

BLÖCKE NÄHEN

85 Dreiecksblöcke: Nähen Sie 85 Dreiecksblöcke, indem Sie je 2 gleiche, nach Schablone X zugeschnittene Dreiecke aus Stoff F zusammensetzen (siehe Abb. links). Arbeiten Sie grundsätzlich mit den auf den Schablonen angegebenen Nahtzugaben.

QUILT-OBERSEITE ZUSAMMENSETZEN

Arrangieren Sie die Blöcke für die Quiltmitte entsprechend der Abb. auf S. 142

auf dem Fußboden oder an einer flanellbezogenen Entwurfswand (siehe S. 144). Achten Sie darauf, dass das Streifenmuster der Quadrate in Richtung der „Bänder" verläuft, sodass sich ein Auf- und Ab-Webmuster bildet. Fügen Sie Stoffteile und Blöcke in diagonalen Reihen aneinander, wie abgebildet und nähen Sie dann die Reihen zur Fläche zusammen.

So werden die Blöcke zusammengesetzt

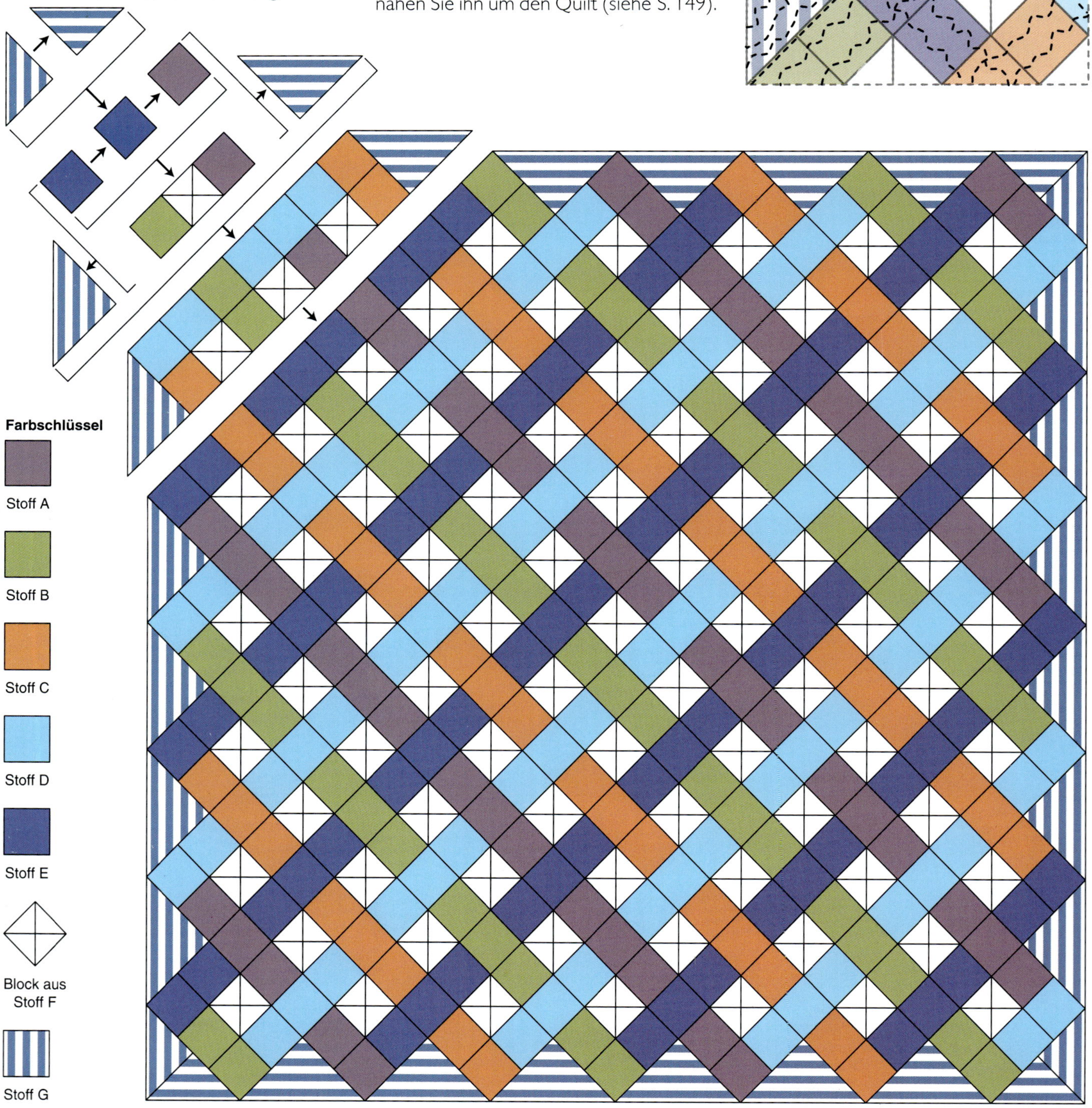

FERTIGSTELLEN

Bügeln Sie die Quilt-Oberseite. Legen und heften Sie Oberseite, Vlies und Rückseitenstoff aufeinander (siehe S. 148). Quilten Sie mit der Maschine mit beigefarbenem Quiltgarn (siehe Abb. rechts). Begradigen Sie die Quiltkanten. Schneiden Sie den gestreiften Stoff G (schmaler blauweißer Streifen) für die Einfassung im diagonalen Fadenlauf zu und nähen Sie ihn um den Quilt (siehe S. 149).

Quiltlinien für „Afrikanisches Gewebe"

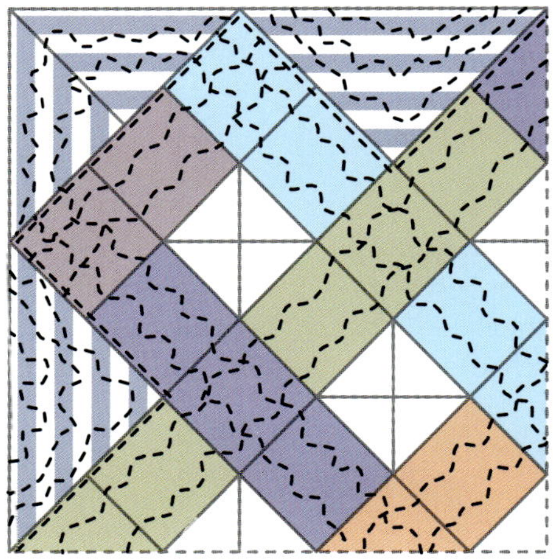

Grundwissen Patchwork

Patchwork-Quilting umfasst eine Fülle interessanter Techniken. Sie alle hier vorzustellen, würde zu weit führen. Doch Sie lernen auf den folgenden Seiten die wichtigsten Grundtechniken kennen und erhalten nützliche Tipps aus der Praxis. Wer gerne unterwegs näht, nutzt die traditionelle Handnähtechnik; wer auf schnelle Ergebnisse Wert legt, sollte es mit Maschinennähen versuchen. Beide Methoden werden erklärt.

Lassen Sie sich nicht durch schwierige Techniken abschrecken. Mit etwas Übung beherrschen Sie die Technik wie im Schlaf und können sich auf das Vergnügen konzentrieren, mit den Stoffen und der Geometrie des Patchworks zu spielen.

PATCHWORKSTOFFE

Leichte, speziell für Patchwork hergestellte Stoffe aus 100 % Baumwolle eignen sich am besten. Sie sind dicht gewebt, lassen sich leicht schneiden und bügeln, halten Falze gut und fransen kaum. Außerdem gibt es sie in einer fantastischen Auswahl an Farben und Mustern, wodurch sich unendlich viele Kombinationsmöglichkeiten ergeben.

Die wunderbaren Oberflächen und weichen Schattierungen von Deko- und Polsterstoffen verwandeln sich wie von selbst in die schönsten Patchworkmuster (siehe die „Hutschachteln" auf den Seiten 24 und 25), doch sind sie nicht ganz so leicht zu verarbeiten wie dünne Baumwollstoffe und sind daher für Anfängerinnen weniger zu empfehlen.

Liza und ich kaufen unendlich viele Stoffe für unser Vorratslager ein. So wie ein Maler seine Farben benötigt, so braucht eine Quilterin eine große Palette von Stoffen. Denken Sie daran, auch nach unscheinbaren und „hässlichen" Farben für Ihren Vorrat Ausschau zu halten. Manche Farben sind immer leicht zu finden – wie Kirschrot oder Marineblau – aber wenn Sie einem seltenen grünlichen Beige oder dem puderigem Blau von Immergrünblüten begegnen, schnappen Sie sich ein Stück von 25 bis 50 cm für Ihre Stoffpalette. Auch Streifenstoffe zu sammeln ist nützlich. Für einen Einfassstreifen um einen Quilt in Bettgröße benötigen Sie etwa 70 cm Stoff.

Stoffreste

In den meisten Patchworkentwürfen verwende ich so viele verschiedene Stoffe wie möglich, damit die Farbkomposition abwechslungsreich und lebendig wird. Aus diesem Grund eignen sich meine Entwürfe besonders zum Aufbrauchen von Stoffresten, die gerade noch groß genug sind.

Als leidenschaftliche Patchworkerin besitzen Sie wahrscheinlich bereits einen Stoffvorrat oder viele Reste und warten nur auf die richtige Gelegenheit, sie endlich verbrauchen zu können. Haben Sie sich für einen Quilt entschieden, so rate ich Ihnen, die benötigten Farben zuerst in Ihren Stoffresten zu suchen. Dann kaufen Sie kleine Mengen Stoff in den noch fehlenden Farben dazu. Das können auch gebrauchte Kleidungsstücke aus Secondhandläden oder vom Flohmarkt sein. Denken Sie daran, dass sich Kunstfasern schwieriger quilten lassen als reine Baumwolle und beim Bügeln keine Falten halten, was das Nähen erschwert.

Farben und Muster

Bei jeder Arbeitsanleitung finden Sie die Beschreibung der verwendeten Stoffe als Anhaltspunkt für Ihre Stoffauswahl. Vor dem Einkauf sollten Sie also die Beschreibungen genau lesen und die Fotos sorgfältig studieren.

Viele der Entwürfe erfordern Ton in Ton bedruckte Stoffe. Diese Druckmuster sind ein- oder zweifarbig komponiert – beispielsweise in hellem und dunklem Blau auf mittelblauem Grund. Aus der Entfernung betrachtet, wirken klein gemusterte Ton in Ton gehaltene Stoffe wie Unistoff, sehen aber viel interessanter aus. Das gesamte Patchwork wirkt „weicher", wenn Sie solche Stoffe einarbeiten.

Manche der Arbeiten entstanden aus Druckstoffen mit drei oder mehr Farben, wie die großgemusterten Blumen- und Blätterstoffe in den „Garten"-Quilts (Seite 27 – 31). Sogar bei solchen bunten Stoffen herrscht in der Regel eine Hauptfarbe vor, die Sie bei der Auswahl berücksichtigen sollten. Alternativ dazu können Sie auch nur jene Bereiche des Stoffes benutzen, die dem gewünschten Farbton am nächsten kommen. Verwenden Sie also beispielsweise nur die gelben oder nur die magentafarbenen Blüten aus einem sehr bunten Blumenstoff.

Betrachten Sie bunte Stoffe immer aus größerer Entfernung, bevor Sie sie kaufen. Wenn Sie zum Beispiel blaue Stoffe suchen, könnte es sein, dass ein blauer Stoff mit kleinen gelben Blumen aus der Entfernung betrachtet plötzlich grün wirkt.

Nicht nur Druckstoffe, auch Streifenstoffe, Karos und Konfettipunkte können ein Patchworkmuster sehr beleben. In manchen Quilts, in denen lauter solche Stoffe vorkommen, verstärkt ein Muster das andere. Schrecken Sie also nicht vor Streifenstoffen zurück in der Annahme, sie seien wegen ihres Musters schwierig zuzuschneiden. Es gibt keinen Grund, die Streifen absolut exakt verarbeiten zu wollen – im Gegenteil, absichtlich ein wenig schief geschnittene Streifenmuster machen so manches Patchwork erst richtig interessant.

Allerdings sollten Sie unbedingt darauf achten, Stoffe gleicher Webdichte zu verarbeiten. Wenn Sie sich auf spezielle Patchworkstoffe beschränken, ist das überhaupt kein Problem, denn sie sind in der Regel alle von ähnlicher Dichte und bestehen aus reiner Baumwolle.

Stoffmengen

Leider ist es fast unmöglich, für eine Patchworkarbeit mit sehr vielen verschiedenen Druckstoffen den Stoffbedarf genau anzugeben. Derlei Berechnungen gehören nicht zu den exakten Wissenschaften, daher dürfen Sie die angegebenen Stoffmengen nur als ungefähren Wert ansehen. Es ist besser, zu viel Stoff und zu viele Muster zu haben als zu wenige; Reststoffe können immer in späteren Projekten untergebracht werden. Manche Anleitungen in diesem Buch enthalten Angaben über die ungefähre Stoffmenge, andere wiederum verlangen so viele verschiedene Stoffe, dass nur „eine große Menge Stoffreste" angegeben wird.

Wenn Ihnen mitten in der Arbeit ein Stoff ausgeht, so ist das keine Tragödie – betrachten Sie es als eine gute Gelegenheit, das Design zu verändern. Suchen Sie einen neuen, ähnlichen Stoff und arbeiten Sie damit weiter. An alten Quilts ist gerade die Tatsache so interessant, dass man über die Arbeitsweise der Quilterin philosophieren kann. Diese alten, eigenwillig schrulligen Farbkombinationen, die sich aus dem spontanen Einsatz von Stoffen ergeben haben, sind ausgesprochen liebenswert.

Wenn Sie den Stoffbedarf für Ränder, Einfassstreifen oder Rückseiten ganz genau berechnen möchten, so berücksichtigen Sie dabei, dass die üblichen Patchworkstoffe etwa 112 bis 114 cm breit liegen. Für die Verarbeitung bleiben aber höchstens 107 bis 109 cm, da die Stoffe durch das Waschen noch eingehen und die Webkanten abgeschnitten werden.

Stoffe vorbereiten

Waschen Sie Baumwollstoffe immer vor, bevor Sie sie zuschneiden. Dies ist sowohl ein Test für die Farbechtheit als auch eine Möglichkeit, die Stoffe vorzuschrumpfen. Waschen Sie helle und dunkle Stoffe immer getrennt in heißem Seifenwasser für den Fall, dass ein Stoff stark ausblutet. Um absolut sicher zu sein, dass ein Stoff die Farbe hält, drücken Sie den feuchten Stoff zwischen weißen Papierhandtüchern aus.

Spülen Sie die Lauge gut aus, und bügeln Sie die noch feuchten Stoffe. Nach dem Bügeln schneiden Sie die Webkanten mit dem Rollschneider ab (siehe Seite 145).

WERKZEUG

Patchwork zu nähen erfordert wenig Werkzeug. Wenn Sie einen Nähkorb besitzen, sind darin sicherlich Stoffschere, Stecknadeln, Nähnadeln, Lineal und Maßband; Bügelbrett und Bügeleisen besitzen Sie auch. Dies ist alles, was Sie brauchen, um einfaches Quadrate-Patchwork zu nähen.

Für kompliziertere Muster benötigen Sie Schablonen. Man kann sie in verschiedenen Formen kaufen oder selber herstellen. Dafür nehmen Sie kariertes Papier, Lineal, Bleistift, Papierschere oder Bastelmesser und für die Schablone ein Stück dünnen, festen Karton oder spezielles Schablonenplastik.

Die vielleicht nützlichste Erfindung des Jahrhunderts ist der Rollschneider. Mit dem Rollschneider, dem Quiltlineal und der Schneideunterlage schneiden Sie exakte Streifen in einem Bruchteil der Zeit, die das Schneiden mit der Schere erfordert. Es tauchen ständig neue Hilfsmittel auf dem Markt auf, und es lohnt sich, die Augen offen zu halten für alles, was Zeit und Mühe spart.

Für das Maschinennähen benötigen Sie natürlich eine Nähmaschine. Das Quilten per Maschine ist möglich mit einem Stopffuß und versenktem Stofftransporteur.

Hilfsmittel beim Entwerfen

Liza und ich haben zwei wichtige Hilfsmittel: eine Entwurfswand und ein Verkleinerungsglas. Sie können das komplette Patchwork zwar auch auf dem Fußboden auslegen, aber wenn Ihnen der Fußboden nicht zur Verfügung steht oder wenn Sie für einen Gesamtüberblick nicht weit genug zurücktreten können, ist eine flanellbezogene Entwurfswand die ideale Lösung.

Unsere Entwurfswand ist groß genug, um einen kompletten Bettquilt aufzustecken und wurde aus zwei Isolierplatten von je 122 x 244 cm gebaut. Isolierplatten sind etwa 2 cm dick, haben einen Kern aus Styropor und sind auf der einen Seite mit festem Papier, auf der anderen Seite mit Kunststoff beschichtet. Sie können zwar auch jede andere feste, leichte Platte benutzen, aber diese Isolierplatten kann man mit dem Teppichmesser schneiden. Wenn Sie eine Entwurfswand bauen möchten, so beziehen Sie die Platten auf einer Seite mit Baumwollflanell in einer neutralen Farbe wie blassem Hellbraun, Graubraun oder Mittelgrau. Dann verbinden Sie die Platten mit drei „Scharnieren" aus starkem Klebeband. Kleben Sie dieses auf die Rückseiten der Platten, sodass Sie sie mit den Flanellseiten aufeinander zusammenklappen können. Durch die Scharniere ist es auch möglich, die Entwurfswand aufrecht zu stellen. Wenn Sie Ihre Entwurfswand während der Arbeit beiseite stellen müssen, so bedecken Sie die Oberfläche mit Papier, klappen sie mit der Flanellseite zusammen und schieben sie unter ein Bett.

Ein Verkleinerungsglas sieht aus wie eine Lupe, doch erscheinen die Dinge dadurch betrachtet kleiner. So erkennen Sie den Druck eines Stoffes oder sogar ein ganzes ausgelegtes Patchwork wie aus der Entfernung. Wenn man durch ein solches Glas schaut, springen einem Fehler sofort ins Auge. Verkleinerungsgläser sind in Patchwork-Fachgeschäften erhältlich. Durch den Sucher einer Kamera zu sehen hat denselben Effekt.

PATCHWORKTEILE VORBEREITEN

Haben Sie alle Stoffe für Ihren Quilt zusammengesucht und vorbereitet (siehe oben), können Sie mit dem Zuschneiden der Teile beginnen. Die Anleitungen für die Quilts in diesem Buch zeigen alle Teile, die Sie jeweils benötigen. Auf diese Weise erkennen Sie, ob ein Muster einfach oder eher kompliziert ist.

Die Teile für ein Patchwork aus Quadraten können schnell und genau mit dem Rollschneider zugeschnitten werden, während für Dreiecke, Parallelogramme oder Trapeze in der Regel Schablonen nötig sind.

Mit Rollschneider zuschneiden

Der Rollschneider ist zum Zuschneiden exakter Quadrate und langer Streifen besonders hilfreich. Schneidematten und Lineale aus Acryl gibt es in verschiedenen Größen. Obwohl es sehr praktisch ist, große und kleine Matten und Lineale zu haben, genügen für den Anfang eine Matte von 45 x 60 cm und ein Lineal von 15 x 60 cm. Damit können Sie Randstreifen und Stoffteile bequem zuschneiden. Das Lineal hat eine genaue Maßeinteilung und Markierungen für Winkel von 90°, 60° und 45°.

Bevor Sie zu schneiden beginnen, bügeln Sie alle Falten aus dem Stoff. Streifen werden in der Regel aus der Breite eines Stoffes, von Webkante zu Webkante geschnitten. Sie müssen zuerst die Ansatzkante glatt schneiden, indem Sie den Stoff von Webkante zu Webkante zur Hälfte falten, glatt streichen und noch einmal die Webkanten zur Mitte falten. Eine 112 cm breite Stoffbahn erhält so eine ca. 28 cm lange Kante, an der entlang geschnitten wird.

Legen Sie die Schneidematte unter den gefalteten Stoff und richten Sie die Webkanten an einer der Markierungslinien auf der Matte aus. Bedecken Sie ca. 10 mm der Kante mit dem Quiltlineal und richten Sie auch dieses an den Linien der Matte aus, damit es exakt rechtwinklig zur Webkante liegt. Drücken Sie das Lineal fest auf den Stoff und führen Sie den Rollschneider mit gleichmäßigem Druck an der Linealkante entlang.

Schneiden Sie vom Körper weg. Wenn Sie mit Rollschneider arbeiten, sollten Sie den Stoff so wenig wie möglich bewegen. Schneiden Sie sehr sorgfältig, denn dann brauchen Sie später beim Nähen keine schief geschnittenen Kanten auszugleichen.

Wenn Sie einen Streifen mit dem Rollschneider abschneiden, begradigen Sie zuerst die Kante des gefalteten Stof-

fes (siehe oben). Dann richten Sie diese zugeschnittene Kante an einer der Linien des Lineals aus. Halten Sie das Lineal gut fest und führen Sie den Rollschneider von sich weg. Prüfen Sie immer wieder, ob die Kante noch richtig unter dem Lineal liegt.

Für Quadrate schneiden Sie zuerst einen Streifen in der gewünschten Sei-

tenlänge der Quadrate ab. Von diesem Streifen schneiden Sie dann die erforderliche Menge an Quadraten (siehe oben). Für noch schnelleres Schneiden kleben Sie ein Stück Klebeband auf die Unterseite des Lineals, genau an der benötigten Markierungslinie entlang.

Mit etwas Übung können Sie mit einem großen Rollschneider bis zu sechs Stofflagen gleichzeitig durchschneiden; so erhalten Sie viele Teile in einem Arbeitsgang. Denken Sie nur daran, sofort die Klinge zu wechseln, wenn sie beginnt, stumpf zu werden.

Schablonen anfertigen

Für andere Formen als Quadrate und Streifen benötigen Sie eine entsprechende Schablone. Diese legen Sie auf den Stoff, zeichnen den Umriss und schneiden den Stoff aus. Standardschablonen erhalten Sie in Patchwork-Fachgeschäften.

Sie können Schablonen auch selbst herstellen. Das geeignetste Material ist durchsichtiges Schablonenplastik. Es ist leicht zu schneiden, sehr haltbar und behält seine Form, auch wenn man die Schablone sehr oft benutzt. Außerdem ist dieses Material durchsichtig, sodass Sie das Stoffmuster durch die Schablone hindurch sehen können. Wenn Sie kein Schablonenplastik bekommen, genügt auch dünner fester Karton.

Für eine selbst hergestellte Schablone übertragen Sie die originalgroßen Schablonenformen entweder direkt auf den Karton oder zuerst auf Transparentpapier und dann auf den Karton. Zeichnen Sie mit dem Lineal und übertragen Sie auch Schneidelinie, Nählinie und Fadenlauf. Schneiden Sie die Schablone aus.

Stanzen Sie an jeder Ecke der Schablone, dort wo die Nählinie endet, ein

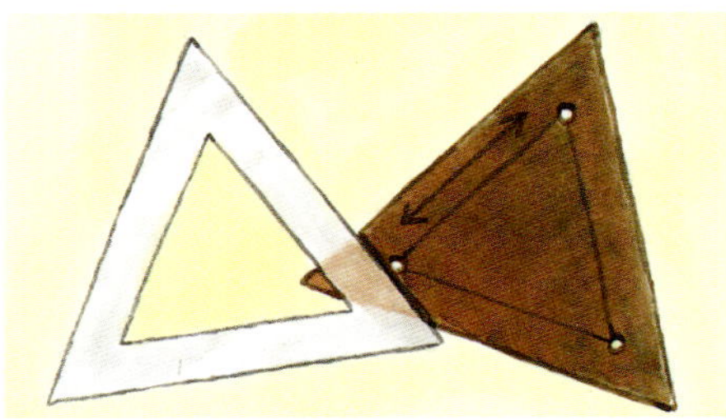

Loch. Verwenden Sie eine 3 mm dicke Punze. Diese Schablone eignet sich für das Maschinennähen (siehe oben rechts). Schablonen für das Handnähen sind an der Nählinie abgeschnitten, nicht an der Schneidelinie. Die Form der Schablone wird auf den Stoff gezeichnet, den Sie dann mit einer Nahtzugabe nach Augenmaß zuschneiden können. Vielleicht erscheint es Ihnen genauer, ob für das Handnähen oder für das Maschinennähen, die Nählinie **und** die Schneidelinie auf den Stoff zu zeichnen. Für diesen Fall fertigen Sie eine Fensterschablone aus Schablonenplastik an (siehe unten links). Eine Fensterschablone ist ein Rahmen, der nur aus der Nahtzugabe besteht.

Nähen Sie zuerst einen Probeblock aus Testteilen, bevor Sie alle Teile für das Patchwork zuschneiden. Daran sehen Sie, ob Ihre Schablonen genau gearbeitet sind, was bei Blöcken mit Y-Nähten besonders wichtig ist.

Mit Schablonen zuschneiden

Legen Sie die Schablone mit der rechten Seite nach unten auf die linke Stoffseite. Die eingezeichnete Fadenlauflinie muss mit dem geraden Fadenlauf des Stoffes übereinstimmen (entweder Längs- oder Querfadenlauf).

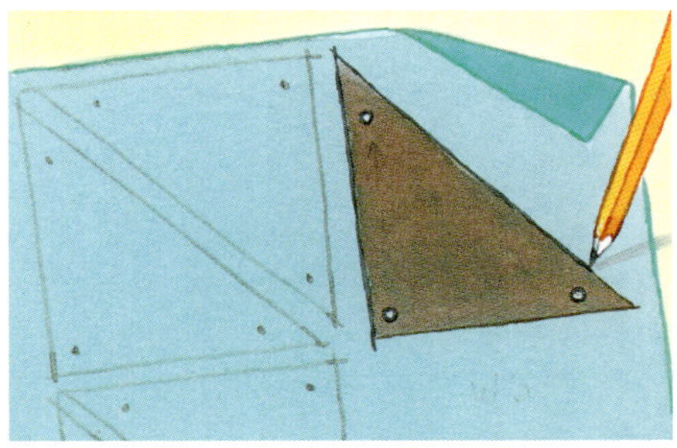

Drücken Sie die Schablone mit der einen Hand fest auf den Stoff und zeichnen Sie mit der anderen Hand und einem spitzen, weichen Bleistift um den Umriss (siehe oben). Legen Sie die Schablonen so dicht wie möglich nebeneinander, die Linien dürfen einander sogar berühren.

Bei der Arbeit mit gestreiften Stoffen werden Sie feststellen, dass Sie, obwohl Sie die Schablonen ganz gerade auflegen und sorgfältig zeichnen, trotzdem nicht genau am Streifenmuster schneiden. Machen Sie sich deswegen keine Sorgen. Man wird diese Ungenauigkeit nach dem Zusammennähen kaum bemerken und wenn doch, unterstreicht sie den handwerklichen Charakter des Patchworks.

Arbeit mit Revers-Schablonen

Eine Revers-Schablone ist das Spiegelbild einer normalen Schablone. Wenn in der

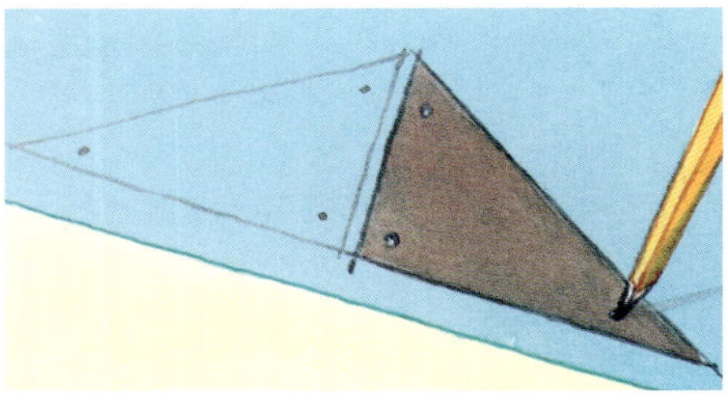

Anleitung nach einer Schablone und ihrer Revers-Form verlangt wird, so verwenden Sie ein und dieselbe Schablone für beide.

Für eine Revers-Form legen Sie die Schablone mit der rechten Seite nach oben auf die linke Seite des Stoffes. Zeichnen Sie um den Umriss wie üblich (siehe oben).

NÄHEN VON HAND ODER MIT MASCHINE

Sie können Stoffteile sowohl von Hand, als auch mit der Maschine zusammensetzen. Obwohl das Maschinennähen schneller geht, bevorzugen Sie es vielleicht, Ihre Arbeit jederzeit mitnehmen zu können, um daran zu arbeiten. Wählen Sie die Methode, die Ihnen zusagt.

Stoffteile anordnen

Bei allen Anleitungen finden Sie eine Abbildung, wie die vielen verschiedenen Teile zu einem großen Muster angeordnet werden. Natürlich ist es möglich, ein Teil nach dem anderen aus dem Berg zugeschnittener Stoffe herauszuziehen und in dieser zufälligen Folge aneinander zu nähen. Die Arbeit wird jedoch schöner, wenn Sie Ihre Farbanordnung von vornherein genau planen und dann erst mit dem Nähen beginnen.

Legen Sie die Teile auf dem Fußboden aus oder befestigen Sie sie an einer flanellbezogenen Entwurfswand (siehe Seite 144). Dann treten Sie zurück und studieren den Effekt. Fehlt Ihnen ein ausreichender Platz dafür, so können Sie einzelne Blöcke arrangieren und zusammennähen und dann die fertigen Blöcke auf dem Fußboden so lange hin und her legen, bis Ihnen die Anordnung gefällt.

Eine eindrucksvolle Farbanordnung ist das Wichtigste des ganzen Entstehungsprozesses. Sie werden feststellen, dass die Farbe selbst und ihr Farbwert – von sehr hell bis ganz dunkel – in Ihrem Patchwork miteinander korrespondieren. Auch die Farben selbst besitzen eine relative Leuchtkraft, von pudrig stumpf bis zu edelsteinfarben. Stumpfe Farben wirken grauer als andere und treten optisch zurück, während leuchtende Farben hervorstechen.

Die Farbanordnung sollte perfekt sein, bevor Sie mit dem Zusammennähen beginnen. Lassen Sie die Anordnung einige Tage lang ruhen und ändern Sie sie dann, oder ersetzen Sie Farben, die sich nicht richtig einfügen. Trauen Sie sich ruhig, auch „falsche" Teile einzuarbeiten, das macht die Arbeit lebendig und überraschend. Eine verblüffende Anordnung hat immer mehr Energie und Leben als eine strikt eingehaltene Hell-Dunkel-Ordnung.

Wenn ein Quilt keinen Rand oder nur eine unkomplizierte Einfassung hat, so können Sie seine Größe sehr leicht verändern. Denken Sie aber daran, dass Sie Randstreifen entsprechend dem neuen Maß zuschneiden müssen.

Maschinennähen

Mit einer Nähmaschine können Sie Ihre Stoffteile besonders schnell zusammennähen. Folgen Sie der angegebenen Reihenfolge, in der am rationellsten zu nähen ist. Nähen Sie zuerst die Blöcke und dann die Blöcke zu Reihen zusammen.

Der wichtigste Tipp für Anfängerinnen ist, das gesamte Patchwork in derselben neutralen Fadenfarbe zu nähen. Nähfaden in Beige oder Hellgrau eignet sich für die meisten Arbeiten, außer wenn alle Stoffe hell oder sehr dunkel sind. Arbeiten Sie mit reinem Baumwollfaden.

Stecken Sie die Teile rechts auf rechts, sodass die Nählinien und Ecken genau aufeinander treffen. Möglicherweise gelingt es Ihnen, kleinere Teile zu nähen, ohne sie vorher zu stecken – probieren Sie es aus. Nähen Sie mit der Nähmaschine füßchenbreit an der Kante entlang und entfernen Sie jede Stecknadel kurz vor dem Nähfüßchen. Maschinennähte reichen von Stoffkante zu Stoffkante, außer bei Y-Nähten. Sie brauchen am Ende einer Naht keine Rückstiche zu machen, denn die Nähte werden von der nächsten Quernaht befestigt.

Durch Kettennähen sparen Sie Zeit und Faden. Diese Arbeitstechnik bedeutet, dass Sie die zusammengesteckten Stoffteile dicht hintereinander nähen,

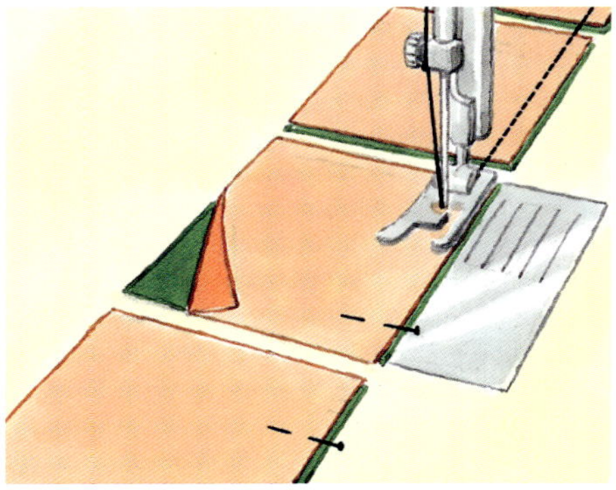

ohne das Nähfüßchen anzuheben. Nähen Sie ein paar Stiche in der Luft, bevor Sie das nächste Stoffpaar nachschieben (siehe oben).

Nähte bügeln

Nachdem Sie eine Naht genäht haben und bevor Sie die Stoffteile auseinander falten, bügeln Sie einmal über die Nählinie, um die Fäden einzubetten. Danach schneiden Sie kettengenähte Teile auseinander. Nun falten Sie die einzelnen Teile auf und bügeln die Nahtzugaben zu einer Seite hin.

Nähen Sie die nachfolgenden Teile an, bis der Block fertig ist, und bügeln Sie alle Nahtzugaben zu einer Seite hin. Sind alle Blöcke genäht, setzen Sie sie zu Reihen zusammen und dann die Reihen zur Fläche.

Versuchen Sie, die Nahtzugaben jeder folgenden Reihe in die entgegengesetzte Richtung der vorhergehenden zu bügeln, damit Sie beim Zusammensetzen nicht durch doppelte Lagen von Nahtzugaben nähen müssen.

Blöcke von Hand nähen

Blöcke von Hand zusammenzusetzen dauert etwas länger, sieht aber sehr schön und handwerklich aus.

Für das Handnähen stecken Sie zwei Stoffteile rechts auf rechts, sodass die Bleistiftlinien außen liegen. Arbeiten Sie mit einem einzelnen Faden und machen Sie zu Beginn der Naht einige Rückstiche (siehe nächste Seite oben). Dann nähen Sie mit kleinen, gleichmäßigen Vorstichen auf der Nählinie entlang, wobei Sie an den Eckpunkten beginnen und enden (siehe oben).

Wenn Sie mit der Hand arbeiten, nähen Sie nie über die Nahtzugaben hinweg. Einige Rückstiche am Ende der Naht sichern das Fadenende.

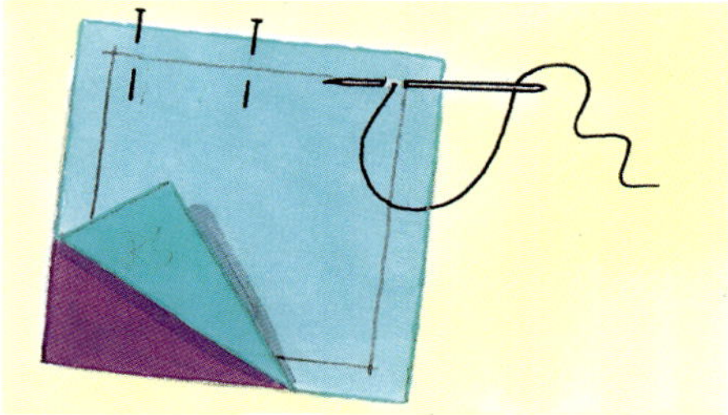

Bügeln Sie die Nahtzugaben nach einer Seite hin, wie beim Maschinennähen beschrieben, oder bügeln Sie alle Nahtzugaben auseinander.

Y-Nähte mit der Maschine nähen

Die meisten Stoffteile können mit geraden Nähten aneinander genäht werden, doch bei manchen Mustern muss ein Teil in eine Ecke eingesetzt werden, die von zwei anderen Teilen gebildet wird. Dies erfordert eine Naht, die um die Ecke führt – eine Y-förmige Naht.

Zuerst legen Sie die Teile an einer Seite der offenen Ecke aufeinander und stecken sie aufeinander, sodass beide

Eckpunkte exakt passen. Nähen Sie mit der Nähmaschine auf der Nählinie dieser Kante entlang bis zum Endpunkt der Linie und machen Sie ein paar Rückstiche (siehe oben).

Dann drehen Sie das Teil am Eckpunkt. Jetzt stecken Sie das einzusetzende Teil auf die zweite Kante der Ecke und nähen die beiden Teile aufeinander. Beginnen Sie genau am mittleren Eck-

punkt, machen Sie einige Rückstiche und nähen Sie auf der Nählinie bis zum äußeren Eckpunkt (siehe oben).

Schneiden Sie gegebenenfalls überschüssigen Stoff aus den Nahtzugaben des eingesetzten Teiles ab. Bügeln Sie die neuen Nähte und drücken Sie die Ecke in die richtige Form (siehe unten).

APPLIZIEREN

Bei einigen Quilts in diesem Buch wurde die Applikationstechnik angewandt. Eine Applikation ist das Aufnähen eines Motivs auf die Oberseite eines Stoffes. Für das Anfertigen des Motivs sind Schablonen nötig.

Die Kanten eines Applikationsmotivs werden in der Regel nach hinten umgeschlagen, wie bei den „Dunklen Reisschalen“ auf Seite 15, oder die Kanten werden mit Maschinenstickerei bedeckt, wie bei den „Hutschachteln“ auf Seite 25 oder den „Pastell-Punkten“ auf Seite 19. Zwei andere, weniger geläufige Techniken sind das Annähen von Kanten mit einem Schrägstreifen wie beim Suzani-Quilt auf Seite 23 oder das Offenlassen der Kanten, wie bei der Fensterblende „Quadrate“ auf Seite 42.

Welche Applikationsmethode Sie auch anwenden, Sie müssen die Formen auf jeden Fall aus gut gebügeltem Stoff ausschneiden. Vorheriges Einsprühen mit Sprühstärke macht das Schneiden einfacher und verhindert vorzeitiges Ausfransen der Kanten. Schneiden Sie die Stoffmotive mit einer sehr scharfen Schere zu, und bewegen Sie sie anschließend so wenig wie möglich. Legen Sie sie flach beiseite, bis Sie sie brauchen.

Wenn Sie mit der Nähmaschine arbeiten, verwenden Sie den Applikationsstich, den Knopflochstich oder den Zickzackstich in der engsten Einstellung und bedecken die Stoffkanten damit. Stecken und heften Sie die Motive auf den Unterstoff. Untergelegtes Nähpapier (Stickvlies) hilft dabei, die Arbeiten leichter unter dem Nähfüßchen hindurch gleiten zu lassen. Dies ist auch bei den anderen Applikationsmethoden mit der Nähmaschine nützlich.

Die Kanten der Motive nach hinten umzuschlagen ist etwas schwieriger. Rechnen Sie um alle Kanten eine Saumzugabe von 6 mm hinzu. Schneiden Sie diesen Saum an den Rundungen und Kurven ein wenig ein und falten Sie ihn zur Rückseite hin. Als Hilfsmittel eignet sich Freezerpapier, ein einseitig gewachstes Einwickelpapier. Schneiden Sie ein Stück Freezerpapier exakt nach der Schablone zu und bügeln Sie es mit der gewachsten Seite auf die linke Seite des Stoffmotivs. Dann bügeln Sie die Saumzugabe über das Papier und ziehen das Papier wieder heraus. Die Applikation ist nun fertig zum Aufstecken und zum Heften, und Sie brauchen sie nur von Hand oder mit der Maschine aufzunähen.

Haben Sie Ihr Motiv auf den Unterstoff genäht, schneiden Sie den hinter dem Motiv liegenden Bereich des Unterstoffes bis auf 6 mm an die Applikationsnaht aus. Dadurch wird die Arbeit nicht unnötig dick und die Farben der Unterstoffe können nicht durchschimmern.

QUILTEN UND FERTIGSTELLEN

Wenn Sie Ihr Patchwork fertig haben, bügeln Sie es sorgfältig. Nun kann gequiltet werden. Es gibt einige Patchworkprojekte, wie zum Beispiel Kissenbezüge und Tischdecken, die nicht gequiltet, sondern nur hinterfüttert werden müssen.

Quiltmuster

Das Quilten hält die drei Lagen aus Oberseite, Vlies und Rückseite zusammen. Wenn das Patchworkmuster eine starke optische Wirkung hat, darf das Quiltmuster nicht von der Patchworkwirkung ablenken. In manchen Fällen eignet sich das „Quilten-in-der-Naht", weil die Quiltlinien direkt entlang der Stoffteile verlaufen und auf der Quiltoberseite nahezu unsichtbar sind.

Das „Umrissquilten" ist eine andere Möglichkeit, die zu vielen Patchworkmustern passt. Sie arbeiten die Quiltlinien 6 mm neben den Nähten.

Kompliziertere Quiltmotive sollten Sie auf die Stoffe zeichnen, bevor Sie die drei Lagen aufeinander heften. Sie können mit speziellen Quiltmarkierstiften auf Stoff zeichnen. Am einfachsten ist die Verwendung von Quiltschablonen, die man in großer Auswahl in Patchwork-Spezialgeschäften kaufen kann.

Wenn Sie sich nicht sofort für ein Quiltmuster entscheiden können, so arbeiten Sie zuerst ein Probestück auf einem übriggebliebenen Block. Auf diese Weise können Sie auch überprüfen, ob die Farbe des Quiltgarns passend gewählt ist. Quiltgarn ist ein spezieller Baumwollfaden, der dicker und stärker ist als normaler Faden. Die Fadenfarbe sollte sich unauffällig in die Farbe der Stoffe einfügen.

Rückseitenstoff und Vlies vorbereiten

Für die meisten großen Quilts benötigen Sie etwa 6 bis 8 m Rückseitenstoff. Liza und ich sind keine begeisterten Anhänger von Nesselstoff als Quiltrückseite, wir ziehen gemusterte Druckstoffe oder Streifenstoffe vor, die gut zur Quiltoberseite passen. Liza sucht immer nach Sonderangeboten, wenn sie Rückseitenstoff braucht.

Schneiden Sie von den Stoffen die Webkanten ab und nähen Sie die Teile mit Längsnähten aneinander, um einen ausreichend großen Rückseitenstoff zu erhalten. Er soll an allen Seiten etwa 7 cm größer sein als die Oberseite.

Haben Sie ein gerolltes Vlies gekauft, so rollen Sie es auf und lassen Sie es eine Weile liegen, damit sich die Falten glätten. Schneiden Sie es gleich groß wie die Rückseite zu. Vlies gibt es in verschiedenen Qualitäten und Stärken, doch ein Vlies aus reiner Baumwolle oder ein mitteldickes Polyestervlies eignen sich für die meisten Quiltprojekte. Dickeres Vlies sollten Sie nur verwenden, wenn Sie die Quiltlagen knoten. Reines Baumwollvlies verleiht einem Quilt eine attraktive, relativ flache Oberfläche und eine „antike" Wirkung.

Quiltlagen heften

Legen Sie die Rückseite mit der linken Seite nach oben und streichen Sie sie flach. Breiten Sie das Vlies darüber aus und legen darauf die genähte Patchworkoberseite mit der rechten Seite nach oben. Streichen Sie alles gut glatt.

Beginnen Sie in der Mitte und heften Sie zwei diagonale Linien von Ecke zu Ecke durch alle Lagen hindurch (siehe unten links). Arbeiten Sie etwa 7 cm lange Stiche und versuchen Sie, die Lagen dabei nicht zu sehr anzuheben. Dann heften Sie, wieder von der Mitte

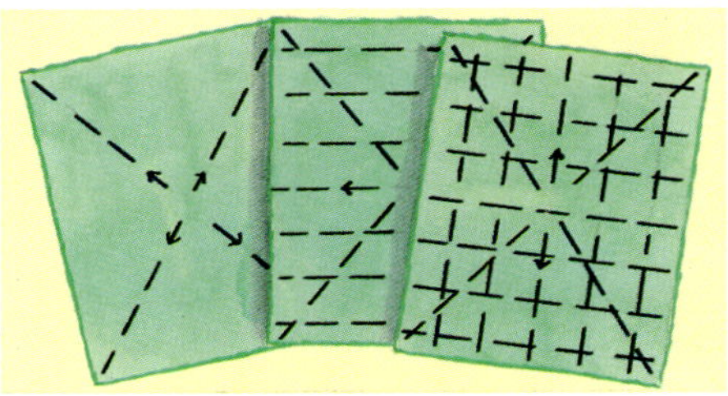

nach außen, ein Gitter von horizontalen und vertikalen Heftlinien über den Quilt (siehe oben Mitte und rechts). Die Heftlinien sollten etwa 10 cm Abstand voneinander haben.

Handquilten

Zum Handquilten spannen Sie den Quilt am besten in einen Quiltrahmen oder -reifen. Fädeln Sie ein kurzes Stück Baumwoll-Quiltgarn (etwa 50 cm) in eine kurze Quiltnadel ein (Nr. 8 – 11, halblang) und verknoten Sie ein Ende. Beginnen Sie auf der Oberseite und etwa in der Mitte des Quilts. Stechen Sie die Nadel etwa 2 cm vom Startpunkt entfernt durch die oberste Stofflage in das Vlies und am eigentlichen Startpunkt wieder aus. Ziehen Sie am Faden, damit der Knoten in das Vlies rutscht.

Fassen Sie drei oder vier Vorstiche auf die Nadelspitze. Eine Hand unter dem Quilt und drückt die Nadelspitze wieder zur Oberfläche. Arbeiten Sie kleine gleichmäßige Vorstiche. Ziehen Sie den Faden durch und quilten Sie alle Linien.

Es ist wichtiger, auf beiden Seiten des Quilts gleichmäßige Stiche zu haben als möglichst kurze. Ist der Faden zu Ende, machen Sie einen Rückstich und einen zweiten direkt auf den ersten, wobei Sie durch das Garn stechen und es spalten. Zum Schluss verbergen Sie das Fadenende im Vlies.

Maschinenquilten

Für das Quilten mit der Nähmaschine brauchen Sie einen Geradstichfuß für gerade Linien und einen Stopffuß für geschwungene Linien. Arbeiten Sie mit normalem Nähgarn in einer Farbe, die sich den Farben der Patchworkoberseite gut anpasst. Verwenden Sie die gleiche Fadenqualität als Unterfaden; die Farbe soll zur Quiltunterseite passen. Beginnen und beenden Sie die Quiltlinien mit einigen sehr kurzen Stichen, um den Faden zu fixieren und lassen Sie lange Fadenenden hängen, um sie später im Vlies zu vernähen. Zum Arbeiten mit dem Stopffuß folgen Sie der Gebrauchsanweisung Ihres Nähmaschinenherstellers.

Quilts knoten

Haben Sie nicht die Zeit, einen Quilt komp ett zu quilten, können Sie die aufeinandergehefteten Lagen auch knoten. Verwenden Sie dickes Vlies, denn dünne Vliese müssen in der Regel dicht gequiltet werden.

Arbeiten Sie die Knoten mit einer spitzen Nadel mit großem Öhr und mit Wollgarn, dickem Stickgarn oder einem feinen Bändchen. Für ganz einfache Knoten fädeln Sie etwa 20 cm Garn in die Nadel

Machen Sie die ersten Knoten in der Mitte des Quilts. Stechen Sie durch alle drei Lagen und verknoten Sie die Fadenenden mit einem Doppelknoten. Schnei-

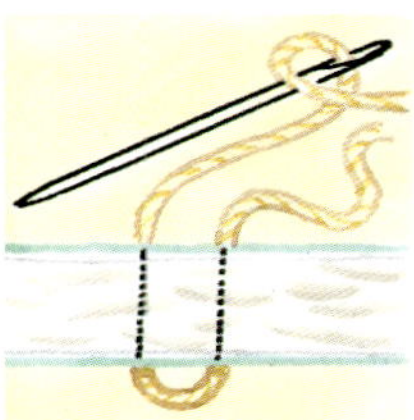

den Sie die Fadenenden ab (siehe vorige Seite unten). Wenn Sie Schleifen binden möchten, benötigen Sie einen längeren Faden.

Quiltkanten einfassen

Haben Sie den Quilt fertig gequiltet oder geknotet, entfernen Sie die Heftfäden. Dann nähen Sie eine Heftlinie um den ganzen Quilt, 5 mm von der Außenkante entfernt. Begradigen Sie die Quiltkante, indem Sie überstehendes Vlies und den Rückseitenstoff bis an die Kante zurückschneiden. Wenn nötig, schneiden Sie bei dieser Gelegenheit auch die Kante der Oberseite gerade.

Schneiden Sie 5 cm breite Einfassstreifen zu, entweder im geraden oder im diagonalen Fadenlauf. Besonders die gestreiften Stoffe sehen gut aus, wenn sie diagonal geschnitten werden. Setzen Sie die Stoffstreifen mit diagonalen Nähten auf die erforderliche Länge zusammen.

Schneiden Sie den Anfang des Schrägstreifens im 45°-Winkel zu, falten Sie ihn 6 mm zur linken Stoffseite hin und bügeln sie. Dann falten Sie den Streifen

längs zur Hälfte, links auf links, und bügeln ihn (Abb. oben).

Legen Sie diese doppelt gelegte Einfassung auf die Oberseite des Quilts; die offenen Stoffkanten liegen aufeinander, das längere Stück des schrägen Streifenanfangs weist zum Quilt.

Beginnen Sie oberhalb des schräg geschnittenen Anfangs (Abb. oben), und nähen Sie das Band füßchenbreit an.

Beenden Sie die Naht 6 mm vor der ersten Ecke.

Falten Sie den Einfassstreifen im 45°-Winkel nach oben (Abb. unten links). Halten Sie die diagonale Falte fest, und legen Sie den Einfassstreifen entlang der

nächsten Kante nach unten. Beginnen Sie an dem Punkt, an dem die letzte Naht endete, und nähen Sie den Streifen entlang der nächsten Kante fest (Abb. oben rechts).

Nähen Sie den Einfassstreifen an alle Kanten des Quilts und schieben Sie das Ende unter den Anfang des Streifens.

Legen Sie die gefaltete Kante des Einfassstreifens zur Rückseite, und nähen Sie sie dort von Hand fest. Formen Sie diagonale Ecken (Abb. unten).

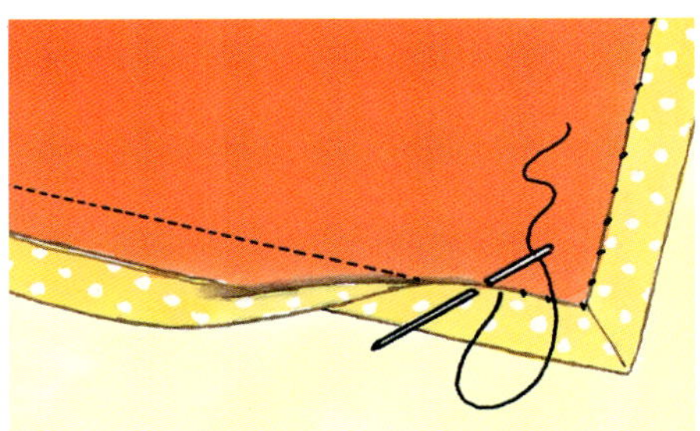

ANTIKE BLÖCKE VERARBEITEN

Viele Leute kaufen antike Quiltoberseiten oder Blöcke und möchten sie in historisch korrekter Weise verarbeiten. Sie kaufen alte Stoffe, um damit schadhafte Stellen zu reparieren und den Quilt zu vervollständigen. Dies ist eine Möglichkeit, alte Stücke zu verarbeiten. Liza und ich ziehen es jedoch vor, alte Patchworkteile mit neuen Stoffen zu kombinieren und geben ihnen auf diese Art eine moderne Wendung. Beispiele dafür sind die Quilts „Medaillon-Kreise“, „Großmutters Blumengarten“ und „String Stars“ auf den Seiten 6, 9 und 11. Der Hintergrund, den wir für unsere alten Patchworkdecken gewählt haben, hebt die Blöcke nicht besonders hervor, sondern verschmilzt mit ihnen zu einem lebendigen Gefüge.

Blöcke vorbereiten

Antike Patchworkblöcke sind selten in bestem Zustand und nicht immer flach, doch sollte Sie das nicht davon abhalten, sie in einem neuen Quilt zu verarbeiten. Zuerst bügeln Sie die Blöcke so gut wie möglich und schneiden sie zu der Größe und Form zurecht, die Sie benötigen.

Zur Reparatur eines Loches oder Schlitzes in einem antiken Stoff können Sie ein „Pflaster“ herstellen, indem Sie einen passenden Stoffflecken mit Hilfe von aufbügelbarem Klebevlies befestigen. Bügeln Sie dies unter das Loch oder den Schlitz. Sie können über das Loch aber auch einen passenden Stoff sorgfältig von Hand applizieren.

Auf eine neue Rückseite nähen

Sind alle nötigen Reparaturen ausgeführt, können die Blöcke auf einen Untergrund aus neuen Stoffen genäht werden. Manchmal färben wir einen solchen Hintergrundstoff mit Tee, falls er gar zu neu und „geleckt“ wirkt. Testen Sie eine Teefärbung zuerst an einem kleinen Stoffstück, bevor Sie den ganzen neuen Stoff eintauchen.

Liegt Ihr antiker Block nicht glatt, so legen Sie kleine Fältchen, während Sie ihn auf den Untergrund nähen. Sind die Blöcke appliziert, so schneiden Sie den darunter liegenden Stoff ausnahmsweise nicht zurück, denn er dient zur Stabilisierung für das alte Material. Sobald Sie über ausgebeulte Stellen gequiltet haben, liegen sie flach.

Rand anfügen

Auch für die Randbordüren können Sie so viele antike Blöcke verwenden, wie Sie haben, oder neue nähen, die Elemente der Quiltoberfläche widerspiegeln.

Schablonen

Die Schablonen für die Quilts finden Sie auf den Seiten 150–157. Alle sind in Originalgröße abgebildet, außer denen für die „Dunklen Reisschalen" und die „Hutschachteln", die vergrößert werden müssen. Die durchgezogenen Linien geben die fertige Größe der Schablone an, die gestrichelten Linien markieren die Nahtzugaben. Manche der Schablonen werden für mehr als ein Projekt benötigt; suchen Sie also stets die richtigen Schablonen zusammen.

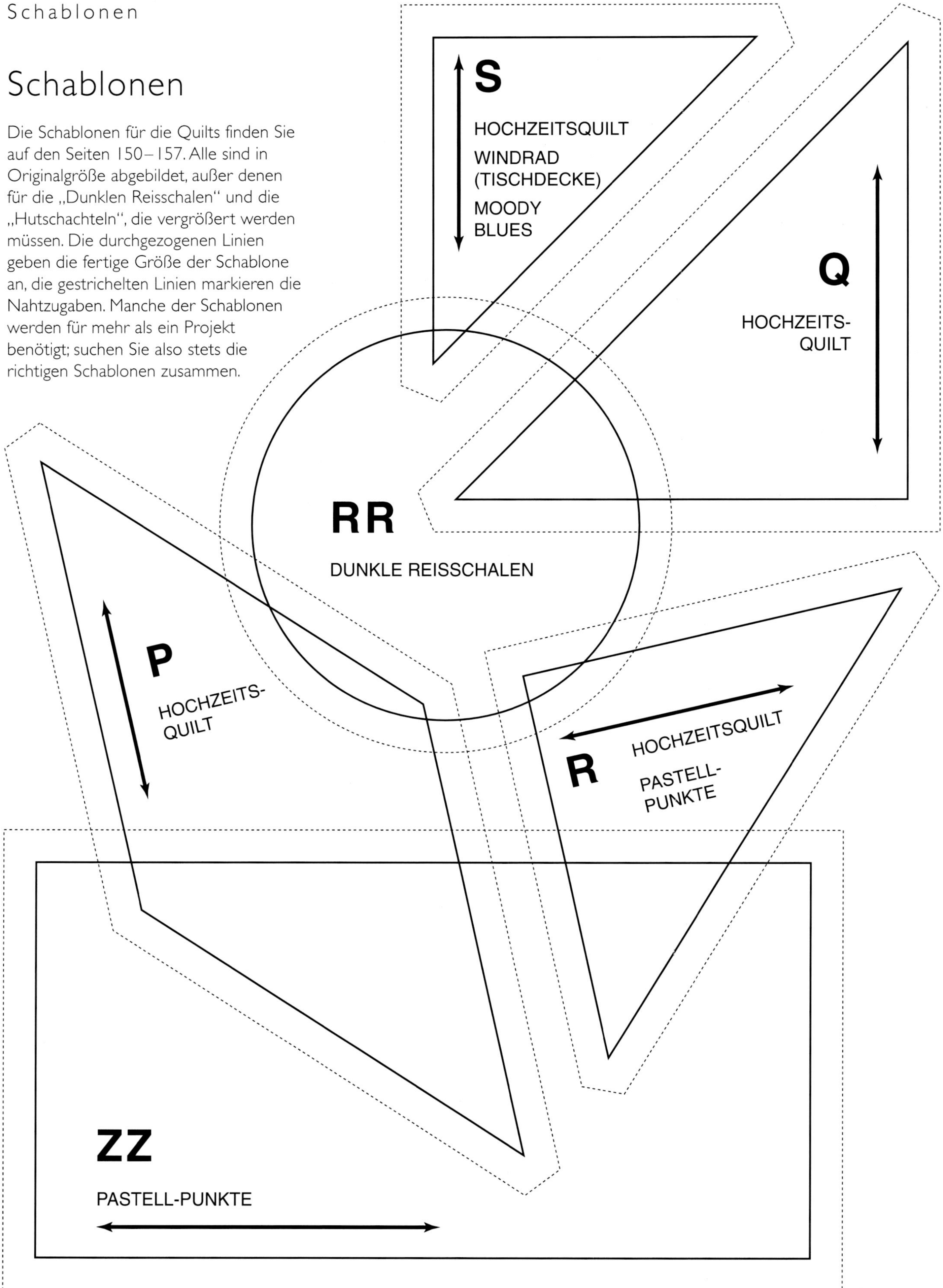

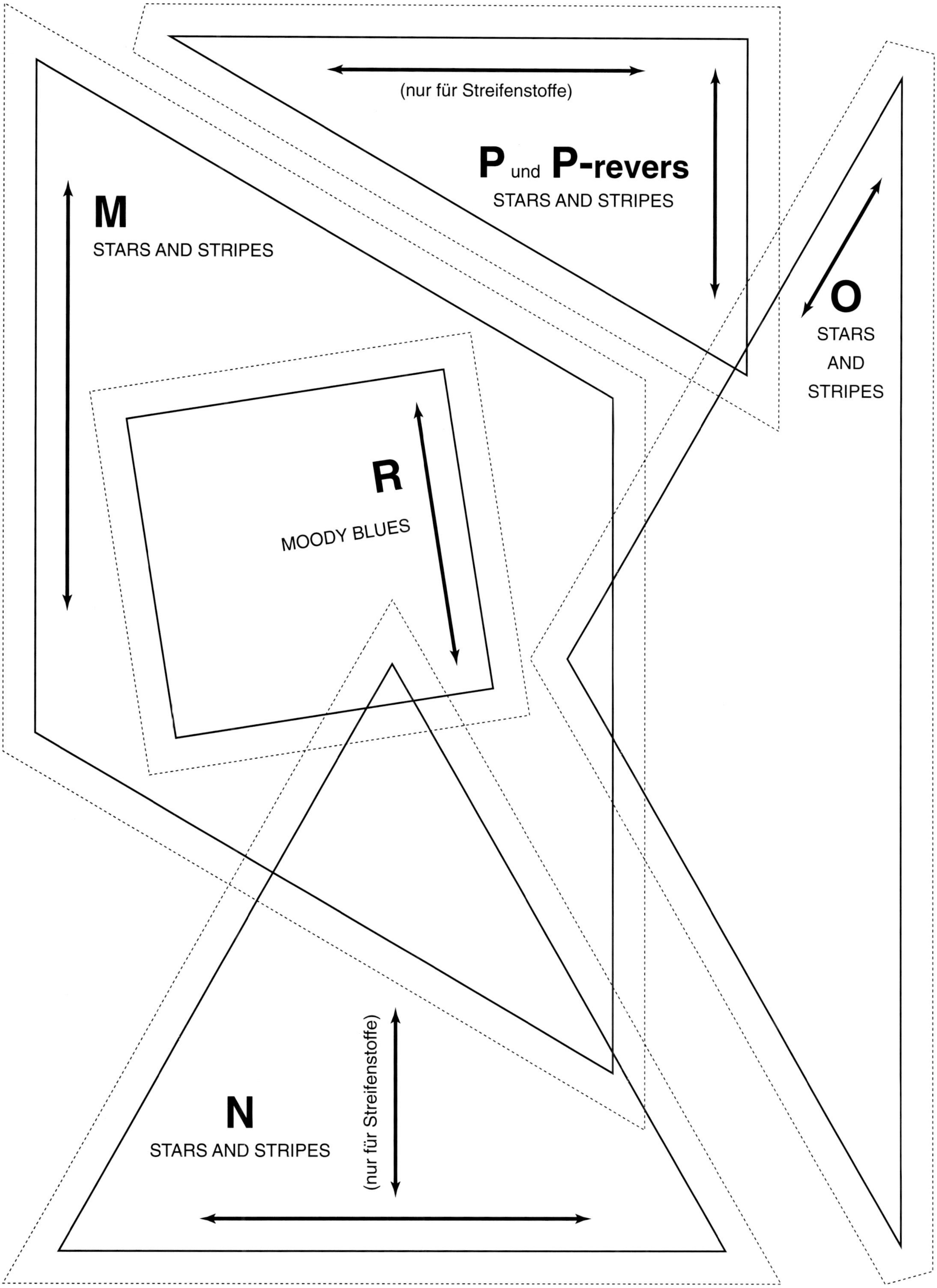
(nur für Streifenstoffe)
P und P-revers
STARS AND STRIPES
M
STARS AND STRIPES
O
STARS
AND
STRIPES
R
MOODY BLUES
N
STARS AND STRIPES
(nur für Streifenstoffe)

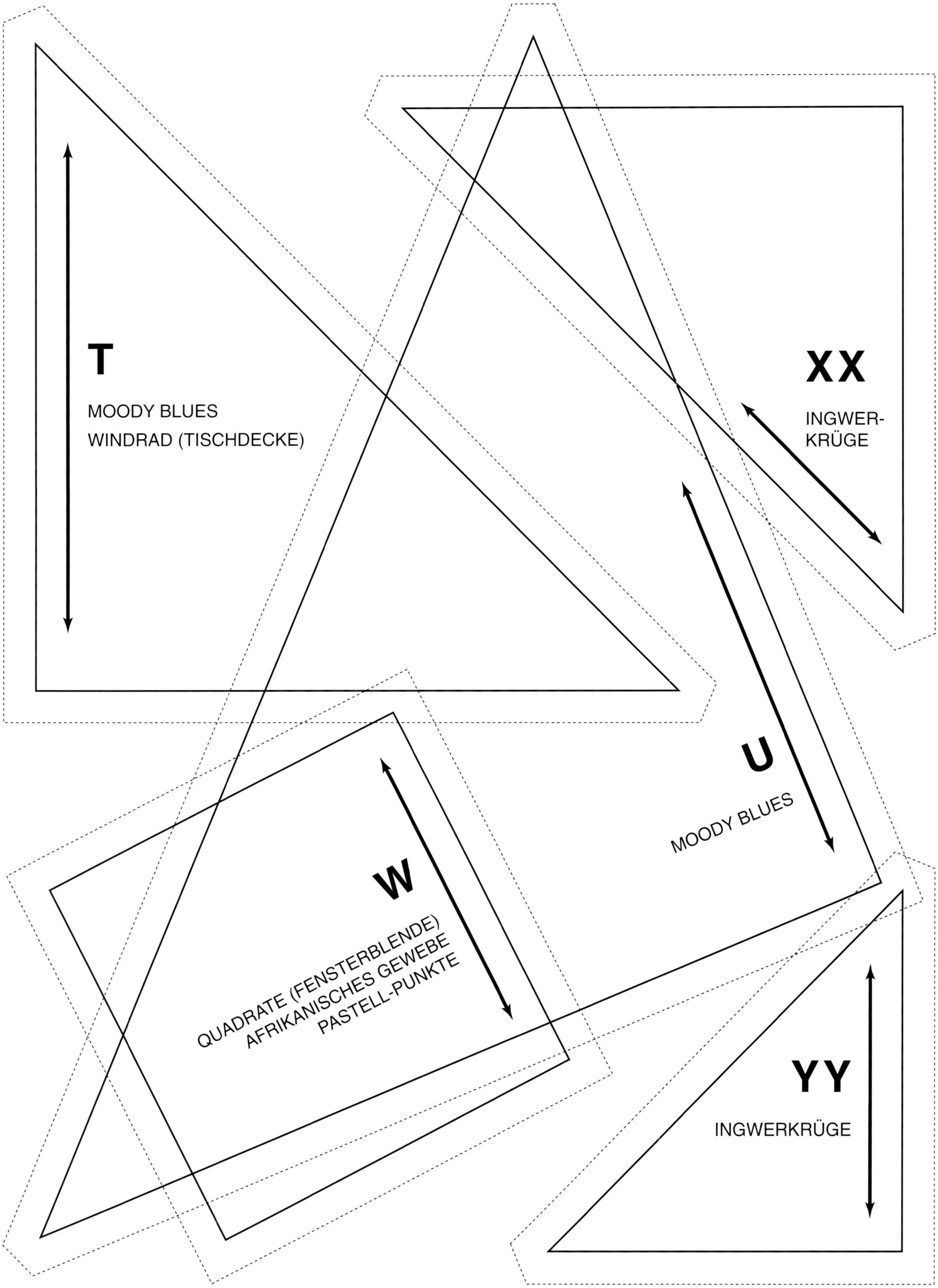
T
MOODY BLUES
WINDRAD (TISCHDECKE)
XX
INGWER-
KRÜGE
U
MOODY BLUES
W
QUADRATE (FENSTERBLENDE)
AFRIKANISCHES GEWEBE
PASTELL-PUNKTE
YY
INGWERKRÜGE

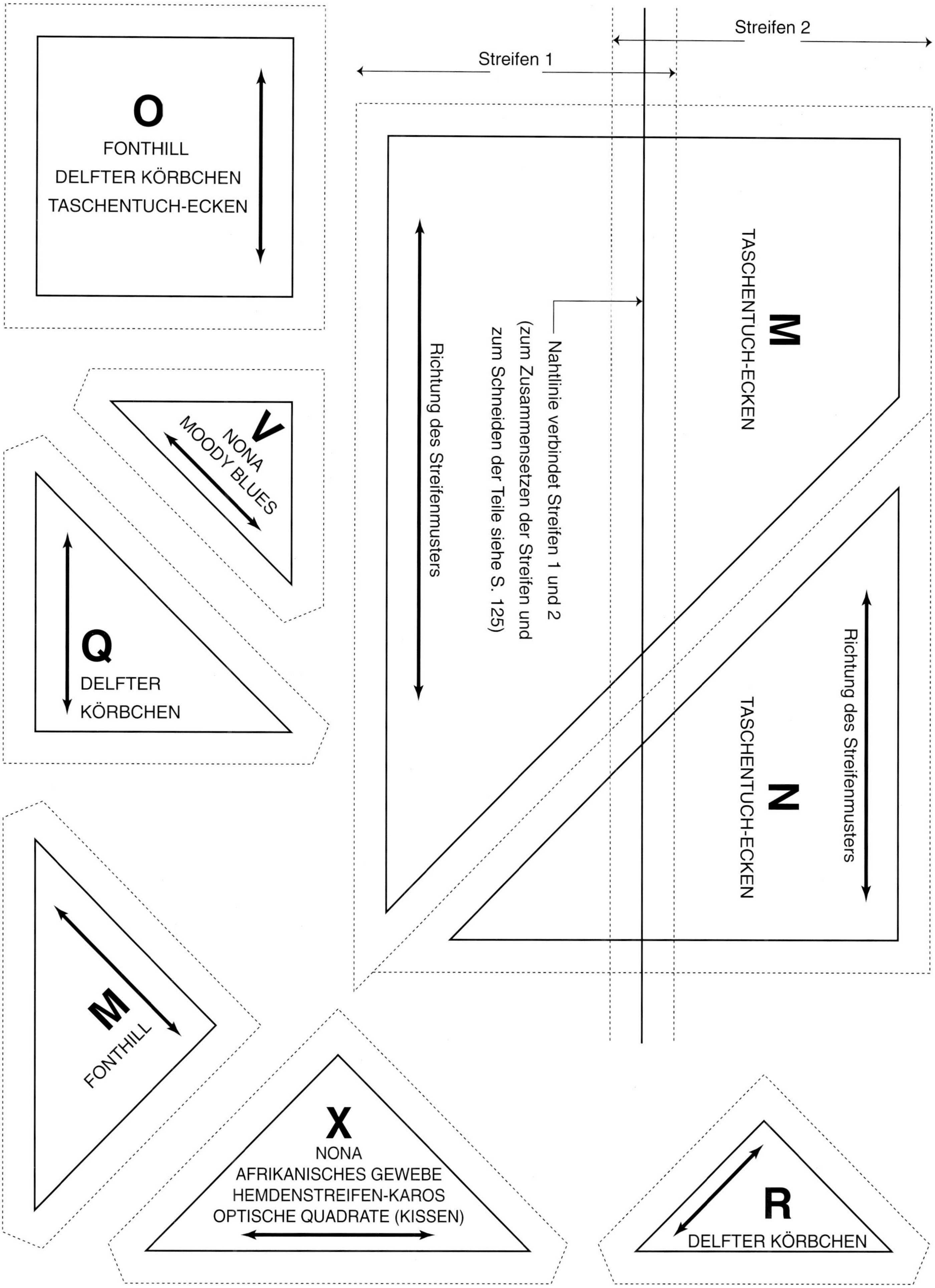
O
FONTHILL
DELFTER KÖRBCHEN
TASCHENTUCH-ECKEN
Streifen 1
Streifen 2
M
TASCHENTUCH-ECKEN
Nahtlinie verbindet Streifen 1 und 2
(zum Zusammensetzen der Streifen und
zum Schneiden der Teile siehe S. 125)
Richtung des Streifenmusters
V
NONA
MOODY BLUES
Q
DELFTER
KÖRBCHEN
N
TASCHENTUCH-ECKEN
Richtung des Streifenmusters
M
FONTHILL
X
NONA
AFRIKANISCHES GEWEBE
HEMDENSTREIFEN-KAROS
OPTISCHE QUADRATE (KISSEN)
R
DELFTER KÖRBCHEN

DUNKLE REISSCHALEN
Die Anleitung für „Dunkle Reisschalen" beginnt auf Seite 72. Die Schablonen und Applikationsformen finden Sie hier; sie sind jedoch nur in 66 % ihrer Originalgröße abgebildet. Vergrößern Sie sie auf 150 % der Abbildungsgröße. Die Schablonen PP und QQ überschneiden sich und sind so abgebildet, wie sie fertig genäht aussehen. So war es möglich, die Applikation in ihrer endgültigen Position abzubilden. Haben Sie die Vorlagen vergrößert, muss der Block inklusive Nahtzugabe 30,5 x 25,5 cm groß sein. Wie Sie die Applikationsschablonen mit Nahtzugabe herstellen, lesen Sie auf Seite 73.

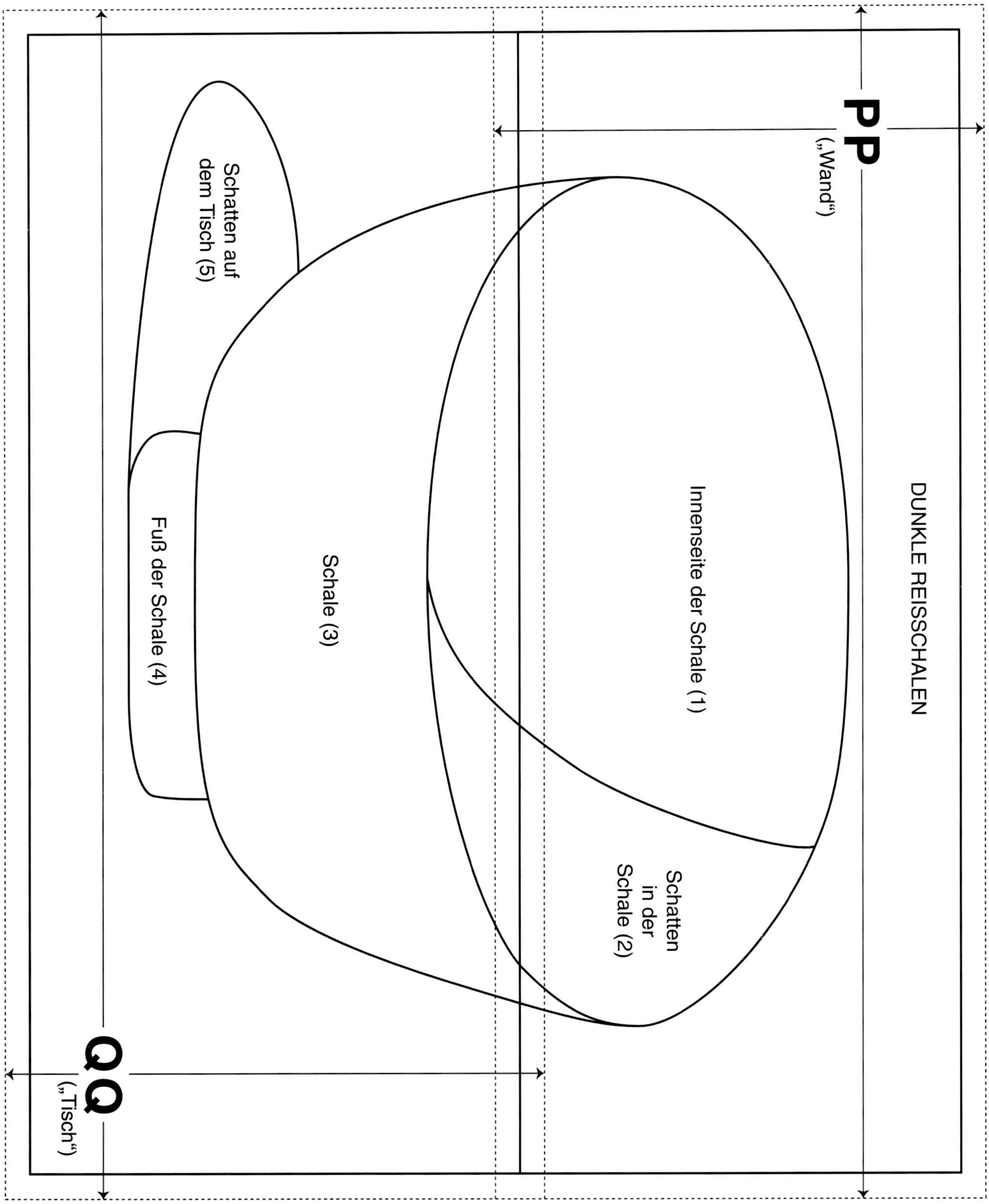

HUTSCHACHTELN

Die Anleitung für den Hutschachtel-Quilt beginnt auf Seite 83. Die Schablonen und Applikationsformen für diesen Quilt sind hier auf 50 % der Originalgröße verkleinert; vergrößern Sie sie auf 200 % der Abbildungsgröße. Die Schablonen K (Quadrat), J und J-revers (Trapeze) überschneiden sich und sind so abgebildet, wie sie genäht werden sollen. Dadurch ist es möglich, die Applikation in ihrer endgültigen Position abzubilden. Haben Sie die Vorlagen vergrößert, sollte der Block inklusive der Nahtzugaben 31,7 x 31,7 cm groß sein. Wie Sie die Applikationen zuschneiden und festnähen, lesen Sie auf Seite 84.

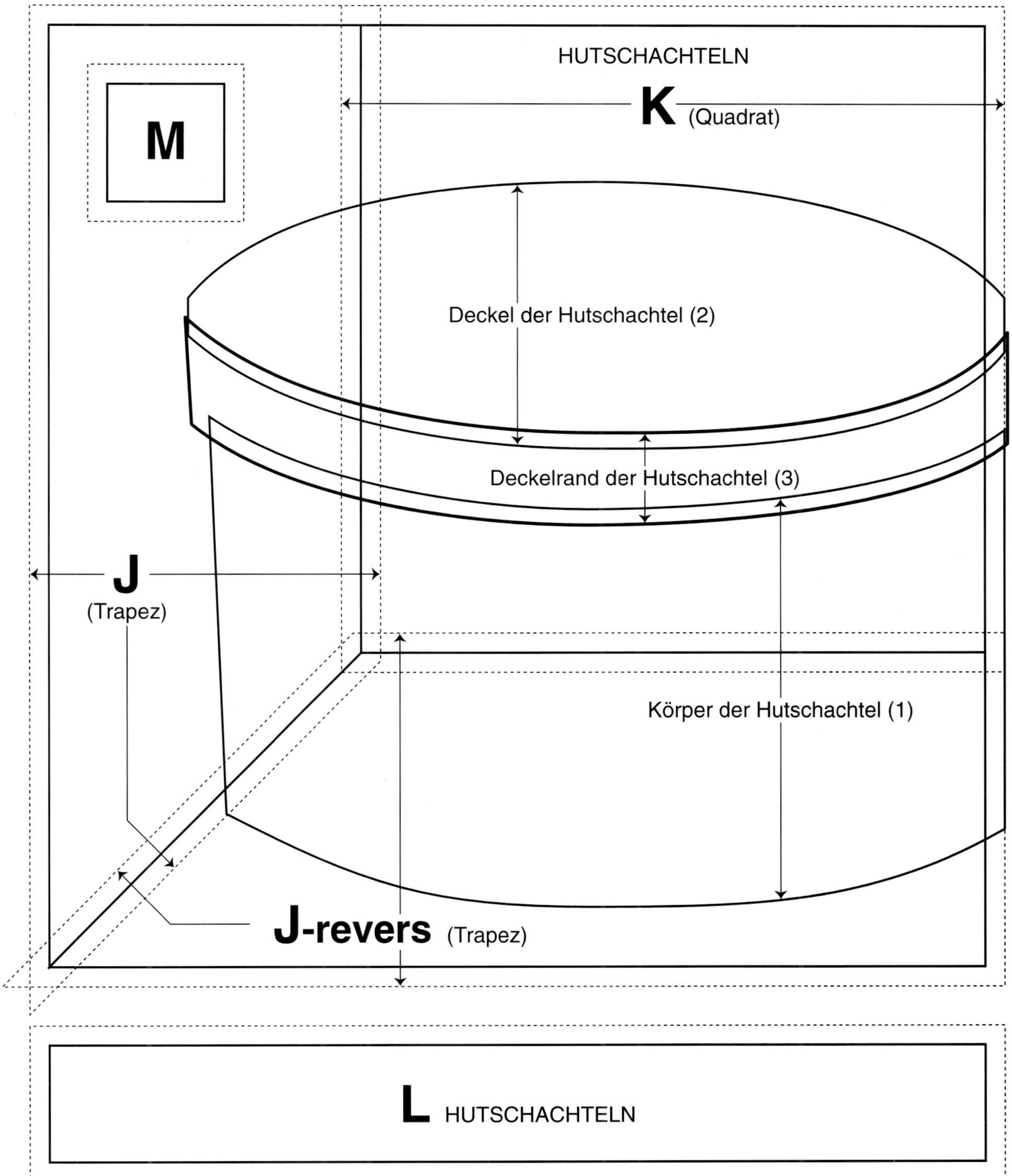

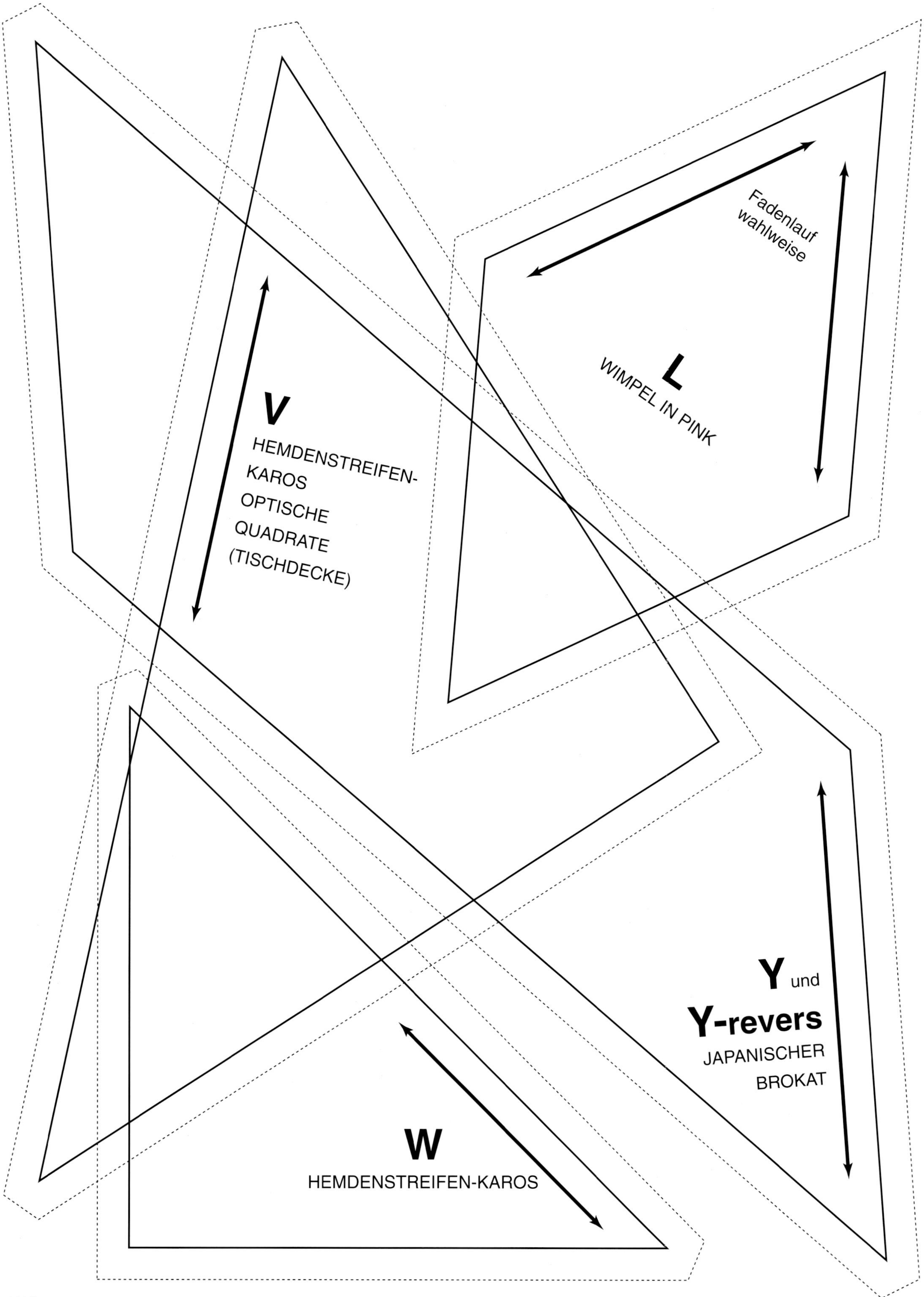
Fadenlauf wahlweise
L
WIMPEL IN PINK
V
HEMDENSTREIFEN-KAROS
OPTISCHE QUADRATE (TISCHDECKE)
Y und Y-revers
JAPANISCHER BROKAT
W
HEMDENSTREIFEN-KAROS

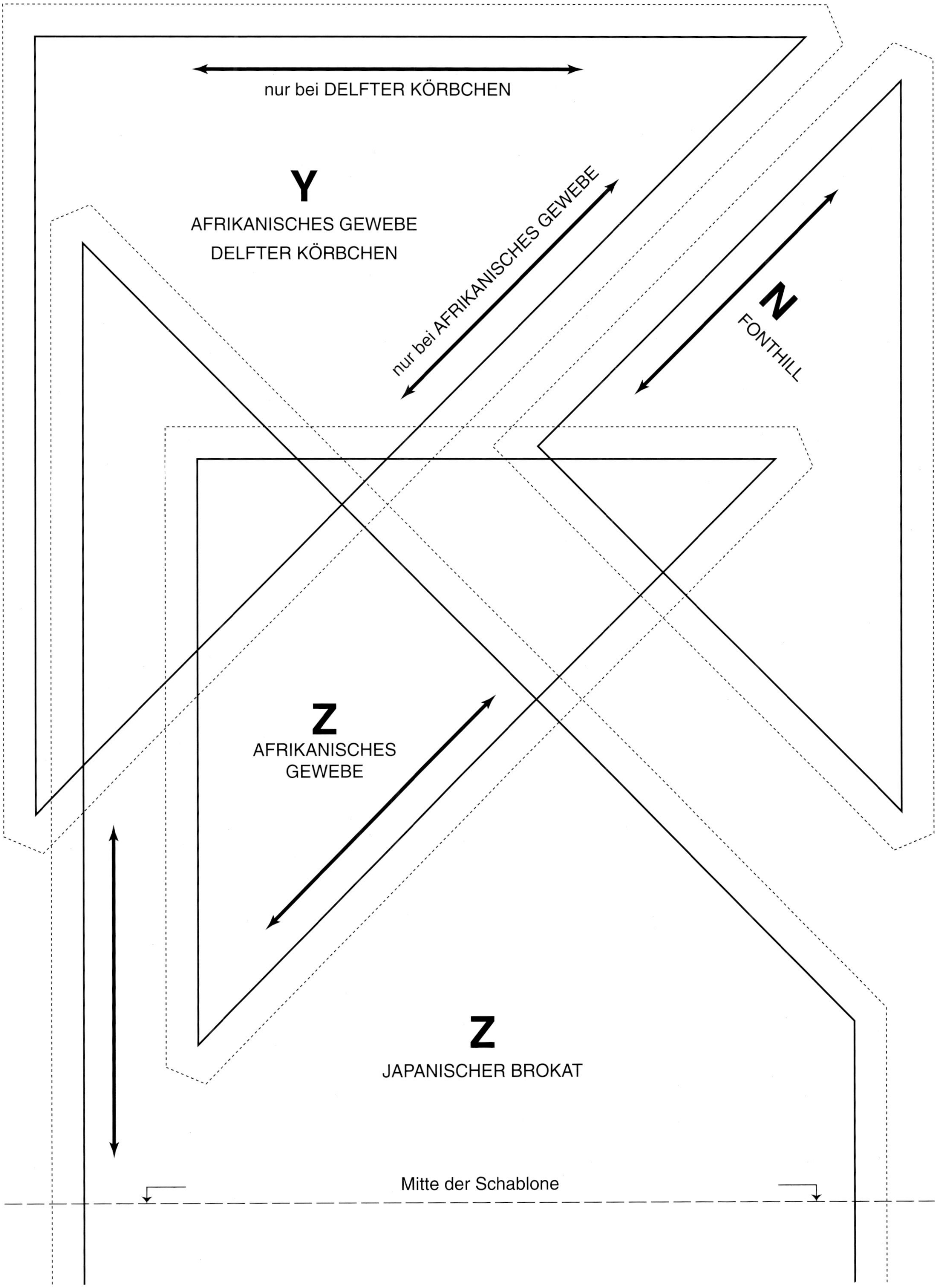
nur bei DELFTER KÖRBCHEN
Y
AFRIKANISCHES GEWEBE
DELFTER KÖRBCHEN
nur bei AFRIKANISCHES GEWEBE
N
FONTHILL
Z
AFRIKANISCHES
GEWEBE
Z
JAPANISCHER BROKAT
Mitte der Schablone

Dank

Kaffe Fassett und Liza Prior Lucy bedanken sich bei den folgenden Personen für ihre Hilfe:

Vielen Dank den wunderbaren Quilterinnen, die alle unsere Quilts fertiggenäht haben – Judy Irish und Cara Gulati.

Dank an die Näherinnen der Quiltoberseiten – Penny Armagost, Andrea Graham, Cara Gulati, Faye Lucas, Rebekah Lynch, Meg Maas, Yvonne Mably, Judy Melson, Patricia Petrie, Kim Rowe, Anne Soriero, Pauline Smith und Janet Stoner.

Danke auch den helfenden Händen – Bonnie Adams, Maxine Farkas, Lois Griffin, Bobbi Penniman, Anne Pietropinto, Jane Rawes und Tonny Shankland.

Vielen Dank an Stephen Sheard von der Firma Rowan und Ken und June Bridgewater von der Firma Westminster Fibers mit ihren Mitarbeitern für ihre Arbeit an der Kaffe-Fassett-Stoffkollektion.

Ganz besonderen Dank den Eigentümern all der herrlichen Orte, an denen wir die Quilts fotografieren durften – Marilyn Phipps von „The Battery"; Rupert und Carolyn Spira von der „Church Farm", More; Prinzessin Romanoff, Rye; Genetta Sindell, Withersham; Justin Cordwell, More; Parham House in West Sussex und dem dortigen Obergärtner; Mills Farm, Rye; Donald Evans dafür, dass er uns Kirby Hall in Northamptonshire zeigte. Ebenso Dank an das American Museum, Bath; das Bat Center, Durban, Südafrika; Fonthill in Doylestown, Pennsylvania.

Unser spezieller Dank für die Unterstützung geht an Richard Womersley, Yvonne Mably, Margaret Hill, Susan Druding, Sandy Donabed, Victoria Slind-Flor, Judy Smith, Valerie Clarke, Deanna Apfel, Trubey Walker und den Familien Roos und Lucy.

Herzlichen Dank dem kreativen und geduldigen Team der Büchermacher – Polly Dawes, Debbie Patterson, Sally Harding, Denise Bates, Ethan Danielson und Jon Stewart.

Für ihre Unterstützung, Ermunterung und nicht zuletzt dafür, dass sie sich an ein Leben zwischen allgegenwärtigen Fäden, Stoffen und Quilts gewöhnt hat, danken wir Lizas Familie: Drew, Alex und Elizabeth Luzy.

Für seine nie endende Bereitschaft, all seine Ideen mit mir zu teilen und für seine tatkräftige Unterstützung danke ich Brandon Mably.

Fotos

Alle Fotos in diesem Buch wurden von Debbie Patterson aufgenommen, außer den Frontalaufnahmen auf den Seiten 72 bis 142, die von Jon Stewart stammen.

OBEN D e zarten Blumenmuster des Quilts „Japanischer Brokat" (siehe Seite 32) verschmelzen perfekt mit dem alten Gestein von Kirby Hall, einem elisabethanischen Anwesen in der Nähe von Gretton in Northamptonshire, England.

Hersteller

Das Fußpolster für den Turban-Fußschemel auf den Seiten 67 und 136 stammt von Fleur De Paris, 8255 Beverly Boulevard, Los Angeles, CA 90048, USA.

Die Stoffkollektion von Kaffe Fassett

Kaffe Fassett hat eine Serie von Patchworkstoffen in reiner Baumwolle entworfen. Manche sind mit Mustern bedruckt, andere werden auf Handwebstühlen über die Fair Trading Trust India hergestellt, eine Firma für fairen Indienhandel. Keine zwei der handgewebten Stoffe sind wirklich identisch, und die kleinen Webfehler darin besitzen den Charme der Handarbeit.

Viele Quilts in diesem Buch enthalten Stoffe aus der Kaffe-Fassett-Kollektion, manche sind sogar vollständig aus Kaffe-Fassett-Stoffen genäht. Sie können selbstverständlich Ihre eigene Stoffauswahl treffen, doch wenn Sie ebenfalls gerne mit Kaffe-Fassett-Stoffen arbeiten möchten, folgen hier die Bezugsadressen:

Informationen über Bezugsquellen in aller Welt erhalten Sie bei:
Rowan
Head Office
Green Lane Mill
Holmfirth
West Yorkshire HD9 2DX
England
Telefon 0044-1484 681 881
Fax 0044-1484 687 920.
E-Mail: Mail@knitrowan.com
Internet: www.knitrowan.com

Bezugsquellen in Deutschland, Belgien, Frankreich und Holland nennt:
Rhinetex
Geurdeland 7
6673 DR Andelst
Niederlande
Telefon 0031-488-480030
Fax 0031-488-480422.

In Deutschland sind alle Kaffe-Fassett-Stoffe im Versand zu beziehen bei:
Quilthouse Hamburg
Mundsburger Damm 36
22087 Hamburg
Telefon 040-22 69 70 70
Fax 040-22 69 70 71
E-Mail: quilthouse@t-online.de
Internet: www.quilthouse.de

In der Schweiz sind Fassetts Stoffe erhältlich über:
Stoffe & Patchwork
Hauptstr. 66
CH-4436 Oberdorf
Telefon 0041-61-9 61 18 08
Fax 0041-61-9 63 00 35
Internet: www.stoffe-patchwork.ch
E-Mail: stoffe.patchwork@tiscalinet.ch

Patchwork-Packungen von Kaffe Fassett:
Van Rijn – Textiel + Hobby BV
De Hoogjens 1
4254 XV Sleenwijk
Niederlande
Telefon 0031-183-304 838
Fax 0031-183-304 801

Offerta Versand
Sigurd Plaumann
Postfach 2160
64511 Groß-Gerau
Telefon 06152-5 69 64
Fax 0 61 52-5 37 05

Außergewöhnliche afrikanische Indigo-Stoffe und andere exotische Stoffe:
St. Theresa Textile Trove Inc.
1329 Main Street
Cincinnati
OH 45210
USA
E-Mail: info@sttheresatextile.com

Indigostoffe aus Südafrika:
Cotton In The Cabin
17727 State Road 1
Spencerville
IN 46788
USA
Internet: www.cottoninthecabin.com

Informationen über Designers-Guild-Stoffe:
Designers Guild Einrichtungs GmbH
Dreimühlenstr. 38a
80469 München
Telefon 089-231 16 20
Fax 089-23 11 62 66
Internet: www.designersguild.com
E-Mail: dmsales@designersguild.com

Register